NIHILISM AND THE SUBLIME POSTMODERN

THE (HI)STORY OF A DIFFICULT RELATIONSHIP
FROM ROMANTICISM TO POSTMODERNISM

虚无主义
与崇高的后现代

从浪漫主义到后现代主义
一段艰难关系的历史（故事）

〔英〕威尔·斯洛克姆 著
（Will Slocombe）

张红军 译

社会科学文献出版社
SOCIAL SCIENCES ACADEMIC PRESS (CHINA)

Nihilism and the Sublime Postmodern—The (Hi)Story of a Difficult Relationship from Romanticism to Postmodernism 1st Edition / by Will Slocombe / ISBN: 9780415975292

目　录

致　谢

　　有很多人帮助我把这项研究计划从头脑里的一片模糊意识变成您正在读的这本书，但我却不能在这里当面感谢他们中的每一个人。众多无论如何都需要被提及的人物中首先要感谢的是蒂姆·伍兹，他指导了这本书所属的课题，而且非常敏锐地指出了它们之间的诸多关联，很惭愧，我自己并没有看出来这些关联。多年以来，他的赞扬和批评为我提供了莫大帮助，而且尽管他培养我的学术地位的努力并不是特别成功，但我的绝大部分学术能力还是要归功于他的耐心教导。除了他，我还要感谢达米安·沃尔弗德·戴维斯关于崇高的崇高总结——一种并不那样富有反讽意味的"妙不可言"。感谢马尔特·乌尔班和"言词空洞的"约翰·莱顿，我们曾在许多喝咖啡的时间进行了极有价值的讨论。我必须感谢彼得·巴瑞和马克·柯里，他们在本书由手稿变成能让人尊敬的论文的过程中提供了宝贵建议，而比尔·该隐和麦克斯·诺维克为本书的发表提供了帮助。其次，我要感谢阿伯里斯特威斯的威尔士大学英语系，它为我提供了不遗余力的支持，而威尔士大学也为最初的项目提供了资金。没有这些帮助，这份青春焦虑时期的产物可能依旧湮没无闻，我也不可能比其他正在变成熟的青春期虚无主义者拥有更多的机会。最后，我要感谢珍妮·希尔，她指出，无论我完成多少论文，我本质上永远是一个青春期虚无主义者。我必须有点羞愧地承认，本书并不献给这些人中的任何一位。它不会，也不可能"献给任何特定的人"。

"前言"

　　这本书很多方面都是对与后现代主义相关的虚无主义的探讨，尽管它并非简单考查这一范围内所有的虚无主义事件。比起仅仅发现其他人已经发现的东西，还有至关重要的东西：虚无主义的未来。虚无主义不仅仅是大卫·莱文（David Levin）所谓"对存在的狂怒"，或者"对存在的毁灭"（*Opening of Vision* 5）。虚无主义的未来不仅仅是"关于未来的虚无主义"（在这种关于未来的看法中，所有的东西都是阴暗的），还是我们通过它来承认詹尼·瓦蒂莫（Gianni Vattimo）的呼吁——今日哲学应该"承认虚无主义是我们（唯一）的机会"（*End of Modernity* 23）——的路径。尽管本书的观点明显不同于瓦蒂莫，但虚无主义——关于缺席和虚无的哲学——必须悖论式地保留于当下的哲学与文化中，这一事实依然存在。虚无主义如果被根除，就会招致一种新的基础主义，一种可能比第一次启蒙运动更危险的新的启蒙运动。虚无主义是我们"（唯一的）"机会。

　　此刻，有必要解释一下这本书为什么要被赋予如此古怪的名字：为什么是《虚无主义与崇高的后现代》，而不是《虚无主义与后现代的崇高》？崇高（the sublime），作为一种对超越于我们理性之上的事物的强烈情绪反应（注意，这充其量也只是一个宽泛的定义），它不只是后现代思想的组成部分，因为"后现代"（the postmodern）——
与"后现代主义"（postmodernism）或"后现代性"（postmodernity）
相对——就是崇高本身。尽管有一种"后现代"的崇高形式，它不
同于历史上其他的崇高构想，但需要着重指出的是，没有崇高，后
现代将不复存在。崇高不是后现代的某个方面；相反，后现代是崇
高的一个方面。这个区别至关重要，因为所有的后现代人工制
品——不管是艺术还是理论——某种程度上必然都是崇高的，否则
它们就不是后现代的：它们不是"后现代崇高"的一部分，而就是
"崇高的后现代"。

　　如果以这种方式观察，关于一种"虚无主义的"后现代的观点
就必须被重新评价。关于何谓后现代主义的争论，在某种程度上总
是与虚无主义牵扯在一起：那些反对后现代主义的人主张后现代主
义是虚无主义，因为它具有无节制的文本性，缺乏政治或道德责任；
那些支持后现代主义的人主张后现代主义绝非虚无主义，因为它是
对先前"现代主义的"虚无主义的回应。这两种观点不可通约，因
此也不能被驳倒（于是我也不会尝试驳倒它们），但有必要指出的
是，这两种观点建立在一种多少有些宽泛的"虚无主义"的定义之
上。双方都宣称虚无主义是消极性的，这一定义尽管根本上是真实
的，但过于简单。尽管 20 世纪已经过量使用了这个概念，但是赋予
虚无主义一个纯粹消极的意义，还是过于简单化了。本书将改变这
种不公平的局面。

　　本书第一部分"历史"，可以被概括为一份简单的考察报告：
虚无主义和崇高，彼此尽管有区别，但又紧密相关。就像关于崇高
的讨论在 17 世纪后期和 18 世纪早期变得非常流行一样，关于虚无
主义的讨论随之也变得非常流行。这主要是因为，在启蒙运动过程
中，尤其是在浪漫主义时期，文化转型出现了，当时科学理性开始
走向前台，而一度占据主宰地位的宗教意识形态开始衰落。这两个

术语是对一种类似的观念而非两种完全不同的观念的不同反应。理解这一点的最简单办法，就是把虚无主义和崇高视为一枚硬币的两面；正面拿着这枚硬币的观察者就会看到正面，反面拿着这枚硬币的观察者就会看到反面，尽管是同一枚硬币。在 18 世纪和 19 世纪，这枚硬币的两面各是“人”和“神”——那些在他们的文化里看见人的上升的人们，看到的是硬币“崇高的”一面，而那些看见上帝的衰落的人们，看到的是硬币“虚无主义的”一面。于是，被大多数人视为消极性符号的虚无主义和一再被解释为积极性符号的崇高，并非如人们假定的那样完全不同。说虚无主义和崇高对不同的人来说意味着不同的东西，这种结论过于轻率；相反，我们必须确定这些分歧出现的原因，而本书就是对这些符号的文化语源学的发掘，也是对这些与后现代主义相关的符号功能的挖掘。

本书第二部分“理论”，更加难以界定。正如我已经说过的那样，在把崇高概念带入 20 世纪文化方面，后现代扮演了关键角色，因为没有崇高，后现代就缺乏甚至没有哲学动力。在后现代理论中发现崇高的元素，这是一个比较简单的任务，就像在瓦蒂莫、让·鲍德里亚（Jean Baudrillard）和保罗·维利里奥（Paul Virilio）这些批评家的著作里寻找虚无主义的弦外之音那样简单。但是，就像本书“历史”部分所指出的——虚无主义和崇高根本上是密切相关的，虚无主义和后现代主义也密切相关。就像一种哲学不得不与之前的哲学类似（无论它怎样努力避免这种类似），后现代主义只不过是在后现代的语境中对这些观念的重写而已。尽管在后现代文学与理论中读出虚无主义或者崇高是相对简单的事情，但是要研究虚无主义和崇高在后现代主义中相互影响的方式，却比较困难。鉴于此，论证被分为两个独立板块。第 3 章“虚无主义与崇高的后现代”，探讨后现代主义怎样利用启蒙运动建构自己的同一性，然后研究两个特别的例子，看看由让-弗朗西斯科·利奥塔（Jean-

François Lyotard）和鲍德里亚支持的"后现代"描述如何使用（和滥用）虚无主义和崇高。第4章"后现代虚无主义"，从多个方面论述这一观点的理论核心。远离虚无主义和后结构主义、后现代主义哲学的重叠交错，本章给出了一个后现代的虚无主义定义，它本质上是自反性的和解构性的。通过对悖论的研究，第4章证明，这种虚无主义事实上就是崇高。

对大多数读者来说，本书的第三部分"实践"将会是最实用的，因为它探讨了"虚无主义的崇高"或"后现代虚无主义"与当代审美、伦理实践的相关性。"实践"这个术语的初始含义，指的是一种创造性的思维方式——不是为思想而思想，而是为了某个特别的目标。通过考查一系列的后现代作家如史蒂夫·艾瑞克森（Steve Erickson）、保罗·奥斯特（Paul Auster）、托马斯·品钦（Thomas Pynchon）、安吉拉·卡特（Angela Carter）和伊塔罗·卡尔维诺（Italo Calvino），该部分的章节将会主要关注"后现代虚无主义"这一概念的含义与完成。第5章考查后现代文学如何大量运用修辞性和述行性（performative）策略，这些策略深嵌在虚无主义的崇高中。这样的文体特征——部分或许可以被宽泛地（而且成问题地）命名为后现代主义"流派"——包括荒诞（absurdity）、自反（reflexivity）和叙事增殖（narrative proliferation）。第6章关注的是，接纳这样一种主要来自文学的虚无主义后会产生的伦理衍生物。不过，本章不再聚焦于后现代文学的文体特征，而是通过解读"空白小说"（blank fiction），以及缺席（absence）在后现代文学中产生（出生）的方式，研究后现代小说如何影响我们对"后现代状况"的理解。这一讨论最终指向"伦理虚无主义"和虚无主义的"伦理性"形式——它暗示一种"沉默的伦理"——的区分。

这里还要宣布一项免责声明：本书所引译文很少出自我手。虚无主义和崇高的历史，主要与孕育它们的法国、德国和俄国语言、文化纠缠在一起。在可能的情况下，非英语的短语都根据不同的文本翻译来解释，而且为了明确起见，对某些短语的译者予以标明。这样，本书提供的部分解读已经被译者提前过滤了一遍。这虽然是一个棘手的问题，但也不至于使解读本身变得无效。因此，任何被标明的不同的翻译，都是对立的翻译的结果，任何被读者指出的错误，都只属于我本人。

历 史

第1章
从无而来：建构虚无主义

"虚无主义"意味着什么？这个由弗里德里希·尼采（Friedrich Nietzsche）在《权力意志》（*The Will to Power*）中提出的问题，很难简单地回答。对尼采来说，虚无主义意味着"**最高价值的自行贬黜。目标已经丧失；'为什么?'的问题没有了答案**"（9；§ 2）。在后现代时期，情况似乎就是这样的，因为这时道德没有了理由，信仰被冷嘲热讽所替代，上帝明显也已经失踪并被假定死亡。不过，虚无主义并非起源于尼采，也没有终结于尼采。尼采之前，从古希腊到启蒙运动的欧洲，虚无主义的哲学都明确存在着；从尼采开始，尤其是从大屠杀开始，虚无主义不再是一种边缘化的哲学，而是成为用来理解现代性历史和20世纪、21世纪文化的中心哲学。我们如何在一个新的千年——只有在基督教的框架里，这个千年才偶然具有可能性——理解虚无主义，依赖于虚无主义的历史如何被理解。

如果虚无主义内含于现代性的历史，那么建构一种关于虚无主义的历史，就是一项意义深远的使命：实际上作为一种历史编纂学的练习，它把西方思想合并为一个整体。但是，每一种历史（故事）［（hi）story］都至少包含两个方面，虚无主义的历史（故事）

也是如此：一方面认为虚无主义和现代性的历史根本上纠缠不清，另一方面认为虚无主义只是现代性历史的一部分，只是诸多线索中的一条。前者最鲜明地显现在马丁·海德格尔（Martin Heidegger）关于形而上学历史的哲学计划里：

> 虚无主义是一种历史性的运动，而并不是何人主张的何种观点和学说。［……］虚无主义从其本质上来看，是［……］西方历史的基本运动。这种基本运动表明这样一种思想深度，即它的展开会导致世界灾难。虚无主义乃是被拉入现代之权力范围的全球诸民族的世界历史性运动。（"Word of Nietzsche" 62-63）

海德格尔认为，虚无主义内含于思想本身，而且同样不可避免地是现代性的历史。它是一种"世界历史性运动""西方历史的基本运动"，其中每一种既有的行为都是虚无主义发展的一部分。不同于海德格尔，斯坦利·罗森（Stanley Rosen）认为："尽管虚无主义的危险是一种永恒的人类可能性，虚无主义在今天所有的实际的普遍影响，源于过去一系列特别的哲学决定。"（*Nihilism* xiv）这里，虚无主义不再是内含于现代性历史中，而只是现代性历史的一方面，更是可以被避免的一方面。虚无主义尽管是一种"永恒的人类可能性"，但并非海德格尔所谓"从其本质上看"，而可能是"从其可能性上看"。

这些关于虚无主义问题的讨论，不仅说明虚无主义是一个与文化相关的问题，而且说明对虚无主义的定义是非常困难的。和所有的能指一样，"虚无主义"有很多的关联，而这些关联不可能从它的语源上直接推演出来。这是因为一种意识形态立场总是称那种对立于它的意识形态为"虚无主义的",因为后者会使这种意识形态变成"虚无"。于是,术语"虚无主义"历史上指的是对某种东西的感知,这种感知不同于某些特别的意识形态,而是关于**虚无**（*nihil*）的思想。尽管"虚无主义"一词被认为与否定相关,但它是一种**被授权的**否定,它建立在这样的设想之上,即与之对立的意识形态是真的,这种设想因此创造了一系列不同的"虚无主义",其中每一种虚无主义攻击一种特别的意识形态。比如说,基督教神学家不断把无神论称为一种虚无主义哲学,但这并不意味着所有的虚无主义者都是无神论者。相反,无神论只是虚无主义的一个特别的文化例子,其中上帝"变成了虚无"。

虚无主义的这种否定特征意味着虚无主义的使用具有文化特殊性。一般而言,虚无主义起源于**从无而来**（*ex nihilo*）：虚无主义是关于**虚无**（*nihil*）的"体系、原则或思想运动"（*OED*）。基于此,人们在讨论虚无主义的起源时,会发现"虚无"就像数学里的零一样,在莎士比亚的戏剧里不断重复出现。[①] 还有一些虚无主义的描述并没有被称为"虚无主义",而且也与"虚无"没有多少关系：比如说,古希腊的怀疑论,就具有虚无主义的很多特征,却并不直接相关于"虚无",因为古希腊人对虚无非常厌恶（参见 Barrow,

---

① 关于零的历史,可以参见约翰·巴鲁（John D. Barrow）的 *The Book of Nothing*,罗伯特·凯普兰（Robert Kaplan）的 *The Nothing That Is*,或者查尔斯·塞夫（Charles Seife）的 *Zero*。关于莎士比亚与"虚无",可以参看邓肯·弗雷泽（Duncan Fraser）的 "Cordelia's Nothing"。除了这些,关于虚无的历史性概念受到不同方式的处理,可以参考马霞·科利什（Marcia Colish）的 "Carolingian Debates over Nihil and Tenebrae",或者伍尔夫·科普克（Wulf Koepke）的 "Nothing but the Dark Side of Ourselves？"。

Book of Nothing 58-60，Kaplan，*Nothing That Is* 14-18，以及 Seife，*Zero* 34-35）。这样，虚无主义不仅仅考虑"虚无"问题，因为它是对关于虚无的概念——价值——的文化挪用：无论怎样消极，这种价值是由一种特别的文化用虚无来制成的。尽管"虚无"表示一种抽象的概念，但"虚无主义"在一种思想框架中用来表征"虚无"。虚无主义就是被质询的虚无，而这种虚无总是已经被一种特别的思想所欢迎。

虚无主义的文化特异性意味着，由尼采提出的问题——"'虚无主义'意味着什么？"——不可能用一句简单的声明来回答。尽管"虚无主义"这个术语在 1799 年的第一次使用意味着它作为一个明确的概念出现，但关于虚无主义的各种描述早已在之前出现。于是，虚无主义的意义依赖于对某种特别的描述的具体时空性的理解：当构建一种虚无主义的历史时，我们不能只谈论一种特别的虚无主义描述**从何时**产生，还要谈论它**从哪里**产生。因此，把虚无主义历史化有两种标准方法，一种是按年代学顺序排列，另一种是按系谱学顺序排列。

虚无主义的年代学历史证明虚无主义概念如何随着时间而发展，通过一种线性的年代学来绘制它的发展图表。迈克尔·吉莱斯皮（Michael Gillespie）的《尼采之前的虚无主义》（*Nihilism Before Nietzsche*）就属于这一类文本，因为它们根据一系列的历史事件来决定虚无主义的意义。这样一种方法，正如吉莱斯皮本人所言，是在"重述现代性的历史"（xxii），因此会像约翰·扎米特（John Zammito）所说的那样落入**宏大叙事**（*grand récit*）的陷阱（参见"Nihilism Before Nietzsche"）。尽管如罗森和海德格尔所言，虚无主义是欧洲历史的一个重要事实，但虚无主义不等于现代性，而是对现代性的各个阶段的反应。这种批评意味着一种虚无主义的年代学历史是针对现代性历史的一种解释学暴力行为，是强加给虚无主义和现代性的一种解读。相比之下，一种系谱学的历史，聚焦于由不同的虚无主义描述组成的散漫网络。比如，凯伦·卡尔（Karen Carr）的《虚无主义的平庸化》（*The Banalization of Nihilism*）和约翰·古德斯布鲁姆（Johan Goudsblom）的《虚无主义与文化》（*Nihilism and Culture*）就属于系谱学的文本，因为它们在一个空间框架里建构虚无主义，提供了一个虚无主义的家谱，其中一系列不同的虚无主义描述得到探讨。因此，一种系谱学的结构证明很多虚无主义描述都无法被纳入一种年代学的历史模式。这些描述并不独立于历史，而是包含于其中，以一种基因遗传的方式显现自身。于是，系谱学的历史在一系列属类结构（generic constructions）中探讨虚无主义的家族（*genus*）。

虚无主义的年代学历史和系谱学历史都显示，虚无主义的历史被建构的方式改变了我们对虚无主义的发展的认知。这一章概述虚无主义被历史性地建构的方式，证明"虚无"概念被具体化为各种文化系统的程度，然后写出一种关于虚无主义的历史。但是，这必然是一种自我指涉的方式，它伴随着这样一种理解，即这种结构本身就是历史的一部分：我们不可能游离于我们正在书写的历史之外。理解各种"虚无主义"的系谱学特征，允许这个术语的年代学发展被考查，尽管只是临时之举，而且本章既使用系谱学历史又使用年代学历史来揭示虚无主义概念的出现与发展。尽管在本章较迟出现的年代学参与了解释学的暴力，强加给了虚无主义的历史一种解读，但在它之前出现的系谱学证明了这样一种结构适得其所的原因，也把这种历史本身放在了其他历史的散漫之网中。

区分（*Genera-ting*）虚无主义：一种关于虚无的系谱学

存在描述虚无主义历史的多种方法，这些描述区分了各种不同的对虚无的意识形态使用。这里，虚无主义的各种属类（*genera*）应用于不同的哲学，而非应用于具有特殊历史性的意识形态。因此，那种应对伦理问题的虚无主义描述——伦理虚无主义（ethical nihilism）——只关注虚无主义与伦理学研究的相关性。不同于伦理学研究本身随着时间而发展，伦理虚无主义是对所有伦理哲学的否定，不管它们处于何时与何地。伦理虚无主义因此与哲学其他领域（比如认识论或存在论）不相关，也与历史上伦理学的各种描述不相关：某种意义上，它独立于历史，只存在于虚无主义的散漫之网中。对虚无主义的这些按属类区分很多方面都是任意的，因为虚无主义的家谱结构总是被强加的。这些区分中最简单的那些，以卡尔·雅斯贝尔斯（Karl Jaspers）和尼采为代表，前者把虚无主义区分为"对价值的否定"和"对存在的否定"（Goudsblom，*Nihilism and Culture* 43），后者把虚无主义区分为"消极的"虚无主义和"积极的"虚无主义（尽管古德斯布鲁姆注意到尼采式的虚无主义有八种，它们又被划分为四组两两相对的虚无主义；参见 Goudsblom 10）。虚无主义最复杂的谱系由卡尔提出，她定义了五种虚无主义：认识论的、真理论的、形而上学或存在论的、伦理或道德的、存在主义或价值论的虚无主义。

前两个范畴——认识论虚无主义和真理论虚无主义——通常被认为是一个东西。认识论虚无主义宣称知识是不可能的，而真理论虚无主义宣称任何真理的构想都是不可能的。在大多数情况下，如果有人否认知识的可能性，他一定也否认真理的可能性，反之亦然。但是卡尔不同意这种看法，她指出：

> 如果知识被看作已经被证明了的真实信仰，那么真理论虚无主义就涉及认识论虚无主义；没有真理，就没有知识。然而，如果对知识的理解有所不同（比如，就像信仰会被一个话语共同体视为合理的那样），那么可以说一个人在真理问题上是虚无主义的，但在知识问题上不是虚无主义的。［……］请注意，一个人可以持一种真理观——说明证明一个命题需要做些什么——同时又相信要满足那些必要条件是不可能的（也就是说，这是作为一个真理论虚无主义者的态度）。(17)

这种区别允许否认知识和/或真理的可能性。人们可以相信知识的同时否认真理，或者相信真理的同时否认知识，尽管这是不正确的，因为卡尔所说的"话语共同体"，就像斯坦利·费什（Stanley Fish）的"阐释共同体"，只是一个"被证明了的真实信仰"，在这种信仰中，知识和真理被相互证明（而且因此既是真理论虚无主义又是认识论虚无主义）。① 这样的区分确实包含一种关于"真理"的考查，但是根据卡尔的定义，真理的意义依赖于它是大写的真理（Truth）（一种绝对的真理，后现代主义者会称之为"宏大叙事"）还是小写的真理（truth）（一系列可能的、通常彼此排斥但同时共存的真理中的一种）。

当这两个术语通常情况下是同义的时候，认识论虚无主义（如

---

① 参见斯坦利·费什（Stanley Fish）的 *Is There a Text in this Class?*。

它被称呼的那样）包含一种知识和真理的可能性的完全缺席。我们不知道什么是真的，什么不是真的。认识论虚无主义的最早例子之一是怀疑论，尤其是最有名的古希腊怀疑论，它宣称理解力不能推理出真理，（来自感官的）经验数据不能发现知识：

> 无论我们的感知还是我们的判断，都不能教我们认识真理或非真理。因此，我们必须既不能信任我们的感官，也不能信任我们的理性，而只能坚持没有观点，无动于衷，不倾向于任何一方。不管正在讨论的问题是什么，我们都要说人们既不可能否定它，也不可能肯定它，或者人们同时既肯定它又否定它。（引自 Goudsblom 114）

这两个关于知识与真理的内在问题不断地相互规定，因为为了认识，我们必须承认真理，而为了承认真理我们必须知道真理是什么。一旦这两个术语中一个是确定的，另一个也会得到确定，但对大多数极端的虚无主义者来说，没有一个术语可以被确定，因此，也就没有知识和真理。

卡尔的第三种虚无主义描述即形而上学的虚无主义或存在论的虚无主义，以"否认（独立存在的）世界"（17）为标志。这只是一种唯我论的声明——"没有我，世界不存在"——尽管在被视为一种信仰（无物存在；也就是只有虚无存在，没有与之相对的现实可以衡量这种虚无，而且没人可以衡量它）时，它具有非常广泛的影响。它建立在这种信仰之上，即现实是虚幻的，也建立在一系列任意的法则之上，而这些法则没有意义。认为虚无是真实的，这种观点究竟会导致一种极度的狂热，即认为自己是宇宙的中心——观察者并不清楚宇宙并不存在——还是会导致面对绝对的空无时彻底的无能为力，完全取决于这种虚无主义描述被继续追求的程度。

卡尔的第四种虚无主义描述，伦理或道德的虚无主义，宣称不存在绝对的道德，没有任何伦理体系可以宣称有效性。所有的判断都是无效的，因为它们没有终极的理由。迄今为止伦理虚无主义最为重要的方面，是它似乎倾向于自我中心和享乐主义，因为如果没有绝对道德存在，人们随便怎么样都可以（上一段所谓"极度的狂热"）。这种虚无主义的伦理——"如果没有什么是真的，那么什么事情都是合理的"——是虚假设想的最终结果，它假设如果没有什么是真的，那么任何事情必然都是合理的，尽管如果没有什么是真的，那么就**没有什么**是合理的："人们只需浏览一下选择的多样性［……］就可以得出这样的结论，即没有什么是真的；如果下一步是骄傲地宣称'什么事情都是合理的'，人们就找到了一个新的行动原则。"（Goudsblom, *Nihilism and Culture* 137）这种"新的行动原则"，不管是自我主义还是暴力，都没有虚无主义的基础，都只是个体发现意义不存在的结果：它是对虚无主义问题的个体反应，而非虚无主义的逻辑结果。

卡尔的第五种虚无主义描述，实际上并不一定是虚无主义。她把存在主义的一种形式定义为"存在主义的或价值论的虚无主义"，这种虚无主义是"对虚无和无意义的感受，它追随的口号是'生活没有意义'"（18）。卡尔认为，这种无意义感是虚无主义最常见的类型，而且前面的几种描述尽管并不必然导致存在主义的绝望，但通常会导致这种虚无主义描述变成现实。不过，值得怀疑的地方在于，像让-保罗·萨特这样的存在主义者是否真的同意这是一种虚无主义。比如说，萨特在《存在与虚无》（1943）里主张，虚无是存在开始"自为"存在的地方：

作为意识的意识的存在，就是作为面对自我的在场**相距自我**而存在，而这个存在带到它的存在中去的缥缈的距离，就是虚无。因而，为了要有一个**自我**存在，必须使这个存在的统一包含有作为同一的虚无化的固有的虚无。［……］自为是自己规定自己存在的存在，因为它不能与自身重合。(78)

这一观点并没有在逻辑上暗示虚无会导致存在主义的绝望，而是说虚无是意识的必要组成部分，意识只有通过在自身与它对自身的感知之间制造一个裂缝（"虚无"），才能存在。同样，存在主义尽管是虚无主义，但并不必然导致绝望（因此它并非必然是价值论的虚无主义），因为它是一种"被质询的虚无"。

除卡尔定义的虚无主义之外还有一些虚无主义描述，其中最突出的是神学虚无主义、政治虚无主义和语义学虚无主义等，它们大致对应于虚无主义的年代学发展。作为对上帝的否定，神学虚无主义自从尼采宣布上帝之死（参见 *Gay Science* 181；III，§108）以及启蒙运动中无神论形成以来，已经是现时代虚无主义的基石之一。它否定上帝和任何其他超越性存在（通常还包括任何超越性的"存在"形式）的可能性，尽管对这种信仰还存在大量的癖好。尽管政治虚无主义相关于对任何有效的政府管理手段的哲学拒绝，但它经常与恐怖主义、无政府主义和政治极端主义关联在一起，比如，俄国虚无主义者的虚无主义。① 政治虚无主义和神学虚无主义都是**合成**范畴，由拒绝政治或神性的哲学描述分别组成，尽管本身（*per se*）与虚无没有多大关

---

① 更多关于"政治虚无主义"和恐怖主义的比较，参见唐纳德·A. 克罗斯比（Donald A. Crosby）的 *The Spectre of the Absurd*。

系。第五种相关的虚无主义分类范畴是语义学虚无主义，它主张语词和概念是分离的，交流只是一种幻觉，语言不起作用。相较于认识论虚无主义或真理论虚无主义，语义学虚无主义在共识问题或共享真理问题面前起作用，因为这样的共识**必须经过交流得出**。

这些范畴揭示了虚无主义内部的各种不同，尽管这些范畴都很相似，因为它们都与真理相关。这样，伦理虚无主义认为任何伦理体系中都不存在真理，认识论虚无主义认为任何知识体系中都不存在真理。对真理的这种使用对虚无主义来说造成了很多问题，因为虚无主义并不考虑任何体系的真理，而只考虑它自己的真理。比如说，马克思主义可以批评基督教的真理，因为它依据生产与经济的法则，而不是普遍的真理问题。相比之下，虚无主义在真理的水平上和其他哲学对话，强迫自己进入一种矛盾：如果没有真理，虚无主义怎么可能是"真的"？如果虚无主义的存在只是为了否定其他意识形态，那么它只能在类的意义上（generically）而非普遍意义上（generally）是真的。这种对其他意识形态的依赖意味着虚无主义的意义总是在发生历史性的变化，就像新的意识形态替代一度居于统治地位的意识形态，术语"虚无主义"也不断获得新的意义。因此很明显，虚无主义是历时性的，这要求重点从系谱学转到年代学上来。

人道主义的虚无主义："上帝之死"

作为一种历史性的文化实体，虚无主义的出现伴随着无神论在17世纪后期和18世纪早期的出现，而且同样深深植根于欧洲人的经验中。虚无主义的踪迹还可以追溯至勒内·笛卡尔（René Descartes）和尼古拉·哥白尼（Nicolaus Copernicus）这样的哲学家，也正是这些哲学家和他们的哲学，导致了这个术语的使用。① 尽管我们可以很容易就给这样的哲学家贴上虚无主义祖先的标签——如果我们承认虚无主义的发展是西方历史无情进程的一部分的话——但这个标签并不完全准确，正如西蒙·克里奇利（Simon Critchley）在《一点点，几乎是虚无：死亡、哲学与文学》（*Very Little…Almost Nothing*）中所言："给予［正统信仰的］瓦解最恰当的名字，就是**现代性**。"（2）说现代性就是虚无主义的，这是错误的，因为正如先前已经指出的，虚无主义只是对现代性的各种进程的反应。不过，现代性——以及与之暗中相伴随的虚无主义——起源于无神论的兴起，后者在这一时期横扫了整个欧洲。

无神论出现的一个例子，是 1697 年的《亵渎神明法案》（"Blasphemy Act"），这项法案有效禁止了任何无神论者的信仰的表达；这项"有效镇压渎神行为的法案"禁止否认上帝和任何泛神论命题。正如大卫·伯曼（David Berman）所指出的，尽管"这项法案没有任何地方为无神论定罪"，但存在一种暗含的假设，即"没人能够堕落到成为一个无神论者"（35-36）。无神论不能被容忍，主要是因为一个无神论者会威胁社会机体：比如说，约翰·洛克（John Locke）的《论宗教宽容》（*Letter Concerning Toleration*，1689）就宣称："允诺、契约和誓言，这些人类社会的纽带，不可能控制住一个无神论者。即使只是在思想中取消上帝，一切也都会分崩离析。"（64）这样的态度在 17 世纪后期和整个 18 世纪都一直占据上风，只是在 18 世纪后期，支持无神论的一贯态度的著作才开

---

① 吉莱斯皮认为虚无主义开端于笛卡尔，他在《尼采之前的虚无主义》中用了整整一章来分析笛卡尔的著作，而尼采却把哥白尼视为"从中心被抛到 X"（*Will to Power* 8；§1）这一转变的根源。

始出现。这时候，第一批真正的"无神论"著作才开始出现，比如霍尔巴赫（Baron d'Holbach）的《自然的体系》（*The System of Nature*，1770），马修·特纳（Matthew Turner）的《对普利斯特列博士致哲学异教徒的信件的回答》（*Answer to Dr. Priestley's Letters to a Philosophical Unbeliever*，1782）。① 这些著作聚焦于自然与社会的机械论方面而非神性方面，因此导致对理性主义哲学与日俱增的不信任，这种哲学寻求在不涉及上帝的情况下解释世界。即使是这样，这些著作也遇到了抵制，虽然这些抵制不那么激烈（而且因此影响逐渐减少）。比如说，埃德蒙·伯克（Edmund Burke）的《反思法国大革命》（*Reflections on the Revolution in France*，1790）推进了这一观念，即如果不加干涉，无神论会自我消解："我们知道，而且很荣幸地知道，人天生就是一种信仰的动物；无神论不仅反对我们的理性，还反对我们的本能；它不会盛行长久。"（187）否认上帝，尽管只是暗含于理性人道主义中，但不是理性主义话语的唯一目的。启蒙运动并非从一种一度占据主宰地位的宗教文化向一种世俗文化转变的单一进程，它还包含理性与信仰之间的谈判。具有讽刺意味的是，正是这种谈判导致了主宰文化的无神论的出现。尽管无神论著作还远没有流行，但它们刺

---

① 我在这里要感谢伯曼（Berman）的 *History of British Atheism*，正如伯曼所言，这部著作从"过度的晦涩"中恢复了《回答》，尽管关于谁是它的真正作者，还有很多不确定性（参见112-16）。关于无神论信仰的一般轨迹，有必要提及无神论历史中出现的其他重要著作，尽管它们本身并非无神论的。比如，伯曼就正确地把托马斯·霍布斯（Thomas Hobbes）的《利维坦》（*Leviathan*，1651）视为"秘密的无神论"（111）著作，这一标签同样适用于约翰·洛克（John Locke）的《人类理解论》（*Essay Concerning Human Understanding*，1690），因为它们都属于无神论作为一种明确学说开始出现的时期。尽管霍布斯和洛克都不能被完全视为"无神论者"，但他们的著作可以被解释为无神论信仰实际上的哲学基础。

激了这样的争论，以至于它们获得了某种文化货币的衡量尺度。从这个方面看，对无神论的批判**恰好因为**对无神论的**抵制**促进而非限制了关于这些观念的讨论。

与此类似，虚无主义从这些有关无神论的讨论中出现，也极具讽刺性。比如说，詹姆斯·希恩（James Sheehan）注意到，"［德国思想家们］并不想消灭基督教，而是想要看到它得以改进，清除它的不完美性，使之现代化"（175）。伊曼纽尔·康德（Immanuel Kant），启蒙运动时期最有名的德国思想家之一，就是一个想促进人类福祉的很好例子，他的"先验唯心主义"，最初致力于促进人类的基本理性，因而并非无神论或虚无主义信仰的表达。但是，约翰·费希特（Johann Fichte），康德传统中的一个德国唯心主义者，把康德哲学推进到一个节点，使之成为一种变态的唯我论。费希特的唯心主义，对他的同代哲学家弗里德里希·雅克比（Friedrich Jacobi）来说就是："把所有的东西都归纳为我的行动，因此也把上帝归纳为仅仅是人类想象力的创造物［……］那些善的、美的和神圣的事物都只剩下空洞的名字。"（引自 Gillespie 66）1799 年，由于一封来自雅克比的信，费希特获得了一个不光彩的殊荣：第一个虚无主义者。① 雅克比

---

① 在此之前，术语"虚无主义"和"虚无主义者"还有其他使用。奥托·伯格莱尔（Otto Pöggeler）（在"Hegel und die Anfaenge der Nihilismus-Diskussion"和"'Nihilist'und'Nihilismus'"中）注意到，雅各布·奥贝雷特（Jacob Obereit）、丹尼尔·杰尼斯（Daniel Jenisch）和弗里德里希·施莱格尔（Friedrich Schlegel）都曾在 1787~1797 年使用过这一术语。绝大多数关于虚无主义的现代历史著作都提及伯格莱尔（Pöggeler）的学识，比如，吉莱斯皮的《尼采之前的虚无主义》（275-76n5），古德斯布鲁姆的《虚无主义与文化》（4n4）和卡尔的《虚无主义的平庸化》（13）。吉莱斯皮还把这一术语的第一次使用追溯至葛齐乌斯（F. L. Goetzius）的 De nonismo et nihilismo in theologia（1733），但又指出这部著作"相对无名，很明显在这个概念后来再次出现与发展的过程中没有地位"（65）。

尽管欣赏费希特的理性，但对理性必然导致无神论感到绝望："真的，我亲爱的费希特，如果你或随便其他人，想称呼我所反对的唯心主义为**喀迈拉主义**，这并不会让我苦恼，我就把它斥为**虚无主义**。"① 这样的评论证明，术语"虚无主义"出现在关于信仰、理性和科学的一般辩论中。在关于这些观念的激烈的思想辩论中，那些赞成理性和反对自然神论的人被贴上"虚无主义者"的标签。带着对人而非上帝、理性而非信仰的与日俱增的兴趣，这些早期的虚无主义者标志着在科学与信仰的统一中出现了断裂。理性人道主义的出现，就是我们今天所谓"神学虚无主义"的根源。

在 19 世纪的开端，关于术语"虚无主义"的整理工作出现了，在整理工作中，这个词被用于称呼那些无神论者，尽管无神论在这里更多相关于无神论的延伸，而非虚无主义的同义词。比如说，这时候术语"虚无主义"出现在路易斯-塞巴斯蒂安·梅西埃（Louis-Sebastien Mercier）的《新词》（*Neologie*, 1801）中。这部词典把一个新词 *rienniste* 定义为"虚无主义者或空无主义者，他不相信任何事情，对任何事情都不感兴趣"（引自 Gillespie 276n5 和 Goudsblom 3）。虚无主义出现于教会的衰落时期，这是不断增长的启蒙理性力量所导致的结果，这种力量暗中把启蒙人道主义与虚无主义关联在一起。宗教团体谴责这种不断增长的渴求人类知识（以信仰为代价）的欲望，这种知识是虚无主义的，因为它拒绝某种不可怀疑的假设，把上帝替换成了人。逻辑学认定信仰与世界是不相容的（至少对那些"无神论的"作者来说如此），于是教会开始远离这种不

---

① 卡尔进一步指出，对雅克比来说，虚无主义"用作一种归谬法的论证"，那里，"如果有人证明虚无主义是某一特别立场的结果，那么这个立场显然是无效的"（14）。

断增长的理性运动。

在弗朗兹·冯·巴德尔（Franz von Baader）的论文《关于天主教和新教》（"Über Katholizismus und Protestantismus", 1824）看来，理性与信仰之间日益扩大的距离，只能导致"蒙昧主义的虔信主义"或"科学的虚无主义"（引自 Goudsblom 4），因为人们要么是一个自然神论者，不再求助于理性，要么是一个理性主义者，不再需要道德向导。到此为止，这种区分划出了一道不可逾越的鸿沟，于是虚无主义被称为理性的同义词，而不再"仅仅"是无神论，这一点被多诺索·柯尔特斯（Donoso Cortès）的著作《论天主教、自由主义与社会主义》（*Essai sur le Catholicisme, le Liberalisme et le Socialisme*, 1851）清晰表述出来：

> 于是，所有的社会主义教义，或者更准确地说，所有理性主义的教义，必然导致虚无主义：而且没有谁比那些脱离上帝的人更自然、更合逻辑地终结于虚无，因为在上帝之上，只有虚无……对所有权威的否定，绝不是所有可能存在的否定的最后一个；它只是一种初级的否定，未来的虚无主义者将会把它写在他们的著作的前言中。（引自 Goudsblom 5）

柯尔特斯的文章表明了作为无神论的虚无主义向包含了"所有理性主义的教义"的虚无主义的转变。对柯尔特斯来说，对神性权威的这种否定，仅仅是开端。对神性权威的批判，缘于人道主义的影响开始成为更大范围内的社会运动的一部分，这种运动把所有权威都批判为根本上缺乏正当理由，同时也把术语"虚无主义"的意义从无神论转向无政府主义。

反独裁主义的虚无主义：施蒂纳和俄国虚无主义者

存在于无神论和无政府主义之间的运动，最明显地表现在麦克斯·施蒂纳（Max Stirner，Johann Kaspar Schmidt 的笔名）的哲学里，这个哲学家一度追随德国的黑格尔运动。施蒂纳最初与之接触的"左派"黑格尔主义，是经典马克思主义的信仰，即历史的进步通过社会而非政府（这是"右派"黑格尔主义的主张）来实现，因此与人道主义的出现暗中相关。比如说，R. W. K. 帕特森（R. W. K. Paterson）就指出，路德维希·费尔巴哈（Ludwig Feuerbach）宣称："'上帝'不过是对人自己的理想化本质的命名，因此一个完满的人类是'神性'的真正主词。"（*Nihilistic Egoist* 29）但是为了支持某种更个人的东西，施蒂纳断绝了他的左派黑格尔主义根源，这种东西可以在他的哲学著作《唯一者及其所有物》（*Der Einzige und sein Eigenthum*，1845）的标题中看到。他相信，政府和社会阻碍了个体的成长，因而建议唯有个人的事情至关重要。这一点，加上一个事实，即这种哲学缺乏道德框架，因为这种框架同样会限制个体，共同说明了为什么帕特森会给施蒂纳贴上"虚无主义的利己主义者"的标签。

《唯一者及其所有物》通篇，都在暗示着"虚无主义"与"利己主义"的合并，比如在这样的语句里："我并非空洞无物意义上的无，而是创造性的无，是我自己作为创造者从这里面创造一切的那种无。"（5）还有如"所有的东西对我来说都是虚无"（366）。[①] 对施蒂纳来

---

① 古德斯布鲁姆把"所有的东西对我来说都是虚无"［Ich hab' Mein' Sach' auf Nichts gestellt］翻译为"我把虚无作为我的事业！"（162），这样，尽管卡尔注意到施蒂纳从未明确认为自己是一个虚无主义者（148n10），但很明显，施蒂纳用"虚无"来表达思想的目的。

说，自我规定着一切，甚至真理："真理死了，它只是我能够使用的一个字母、一个词、一个材料。一切真理就其自身来说都死了，是死尸；真理只有像我的肺脏是活的，即在我自己活动的范围内的那种同样的方式才能是活生生的。真理就像蔬菜和杂草那样是材料。究竟是蔬菜还是杂草这就完全取决于我了。"（354）这种真理已死的观念，或至少以人为核心的真理，意味着真理只有在与个体相关时才是真的，而与个体无关时就是假的。施蒂纳写道："［真理］并**不在自身之中**而是**在我之中**拥有它的价值。**对于它自身来说**，真理是**没有价值的**。真理是一个——**创造物**。"（354）在对自我主义的个体的推进之中，施蒂纳还拒绝了所有的社会观念，他主张共产主义——共同体——的目标根本上是有缺陷的，因为这是一种"共同体的伪善"，因为"只要'**我们**'**被设想**为如同我们实际上和肉体上的那样，我们就**只有在思想上才是**平等的，我们才是平等的。我是自我，你也是自我"。（311）这正是马克思和恩格斯的《德意志意识形态》（*The German Ideology*，1846）激烈反对施蒂纳哲学的原因——"圣麦克斯的"哲学反映了中产阶级对**能够**成为绝对的创造者的奢望。模仿施蒂纳，他们这样写道："我是无聊的空洞的一切，'**而**'我是虚无的创造者，是作为创造者的我自己所赖以创造无的这一切。"（125）毫不奇怪，马克思和恩格斯对施蒂纳——后来被称为"桑乔"（来自塞万提斯的《堂吉诃德》）——的主要批判，在于他与"现实"毫无关联：

> 他在哲学上的无思想本来就已经是哲学的终结，正如他不能说出来的语言意味着任何语言的终结一样。桑乔之所以获得胜利还因为他是所有哲学家中对现实关系知道得最少的一个，

因而哲学范畴在他那里失去了和现实世界联系的最后一点残余，因而也就是说失去了最后一点**意义**。（507）

马克思和恩格斯指出施蒂纳的著作缺乏指称性，这是一种有效的批评，但是他们没能适当处理《唯一者及其所有物》的中心内容：反独裁主义。尽管施蒂纳让个体免受任何形式的（无论是宗教的还是世俗的）控制的欲望，从很多方面看都是不可能实现的哲学，但它把施蒂纳和同时代发展于俄国的运动关联在一起。同样，施蒂纳的激进视角也是宗教权威衰落（作为无神论的虚无主义）和政治极端主义出现（作为无政府主义的虚无主义）的众多关联中的一种，后者起源于虚无主义的无神论，指向俄国虚无主义。

就像虚无主义的意义在 19 世纪从宗教转向政治，它在现实中的位置也从法国和德国移向东方的俄罗斯。这是一场发生在 1850 年代到 1860 年代俄罗斯的传统社会秩序的巨变，这场巨变引起一种深刻的转变，在这一转变中虚无主义开始盛行。俄国虚无主义明显与现实世界中的虚无主义运动相关——这是一场从理论到现实的运动，"虚无主义"是对这场运动的革命热情的命名。尽管如此，把俄国虚无主义的成因或意义归于一种，是根本不可能的，因为这一时期的虚无主义有两种不同的发展路径。俄国虚无主义的这两种派别大略可以用它们各自的政治鼓动者和组织来代表：尼古拉·车尔尼雪夫斯基（Nikolai Chernyshevsky）和《现代人》（*Sovremennik*）杂志，迪米特里·皮萨耶夫（Dimitrii Pisarev）和《俄罗斯语文》（*Russkoe Slovo*）。车尔尼雪夫斯基的平民主义之所以被称为虚无主义，只是因为皮萨耶夫在阅读了伊万·屠格涅夫（Ivan Turgenev）的《父与子》（*Fathers and Sons*，1862），并与巴扎罗夫的性格特征产生共鸣后赋予前者的（参见 Venturi, *Roots of Revolution* 326 和 Pozefsky, "*Smoke as 'Strange and Sinister Commentary on Fathers and Sons'*" 572）。车尔尼雪夫斯基和《现代人》群体一直积极反对这一术语，认为它与他们的议题完全不相关。

巴扎罗夫是俄国文学中最早刻画的虚无主义者形象之一，他融合了车尔尼雪夫斯基和皮萨耶夫的特征。① 尽管其他作者也处理过虚无主义的问题，尤其是费奥多尔·陀思妥耶夫斯基（Fyodor Dostoevsky）的《群魔》（*Demons*, 1873）和《卡拉马佐夫兄弟》（*The Brothers Karamazov*, 1880）等文本，但这样的文本只是在持续着而非发起了关于这一问题的争论。② 在《父与子》中，术语"虚无主义"的第一次出现伴随着一些来自尼古拉·彼得洛维奇的困惑，他是一个上了年纪的保守派："一个虚无主义者［……］据我判断，它来自拉丁文 *nihil*，也就是**虚无**。因此，这个词描述一种人……一种不承认任何事物的人？"（26）这个词被尼古拉的哥哥帕维尔解释为用以描述"不尊重任何事物的人"（26）。巴扎罗夫的朋

---

① 古德斯布鲁姆认为，尽管屠格涅夫经常被认为第一次在文学中提及虚无主义，但卡尔·艾默曼（Karl Immermann）的 *Die Epigonen. Familienroman in Neun Büchern*（1823–1835）更早一些使用过这个术语。这次使用早于通常认为的对这个词语的小说使用，尽管古德斯布鲁姆注意到，这里的"虚无主义"指的是"无用之人"，而把"虚无主义"作为"对所有传统价值的破坏"来理解的文学使用，出现在卡尔·古茨科夫（Karl Gutzkow）的《虚无主义者》（*Die Nihilisten*, 1853）中（Goudsblom 6-7）。

② 陀思妥耶夫斯基的 *Besy*［*Demons*］常被翻译成 *The Possessed*，尽管理查德·皮伟尔（Richard Pevear）在他的翻译中指出，"这个词的含义几乎完全正确，但它指的却是错误的方向。［……该书的］俄文名字 *Besy* 指的不是被控制的人（the possessed），而是控制者（possessors）"（xiii）。这符合从"消极"虚无主义向"积极"虚无主义的转换事实，其中像皮萨耶夫这样的俄国虚无主义支持者积极地披上虚无主义的外套，而不像费希特那样的哲学家被不同于他们观点的人消极地贴上虚无主义者的标签。

友和尼古拉的儿子，阿尔卡季这样阐明："一个虚无主义者是这样一种人，他不承认任何权威，不接受某个单一的信仰原则，不管这种原则如何获得尊重。"（27）屠格涅夫的虚无主义描写在这一时期激起了一次重要的争论，因为它聚焦于社会改变如何完成的问题。比如说，《现代人》杂志的批评家安东诺维奇（M. A. Antonovich）就称巴扎罗夫为一个"恶毒的创造者，烦他所及，无不染上毒素"（引自 Pozefsky 571），而明显支持《俄罗斯语文》的皮萨耶夫则写道："如果巴扎罗夫是一种疾病，那么它是我们整个时代的疾病。"（引自 Pozefsky 572）

俄国虚无主义的两种分支之间的区别是很重要的，因为车尔尼雪夫斯基的目标是俄国的西方化，它紧跟费尔巴哈和费希特的人类中心主义进程。黑格尔主义在德国已经被争论多年，结果是一种一度获得国家授权的哲学逐渐变成了革命哲学，只因它的无神论倾向。艾琳娜·德里扎科娃（Elena Dryzhakova）概括了车尔尼雪夫斯基的观点之后指出，他拒绝"宗教和道德的假设，因为它们对社会问题的解决来说是过时而无用的"，并且支持费尔巴哈和与费尔巴哈类似的人，"他们为道德问题的解决提供了一种全新的基础"（59）。吉莱斯皮也注意到这种对费尔巴哈的依赖，认为"俄国人关于虚无主义的讨论［……］是德国论战的扩大"（138）——这在《父与子》中有据可循，那里巴扎罗夫曾经说过："德国人是我们的老师。"（30）

车尔尼雪夫斯基对德国左派黑格尔主义的利用，使关于虚无主义的争论从最初的神学争论转向了"自然的统一"观念的争论。这种统一意味着人作为自然和社会的中心要素，从"理性利己主义"那里获得了至善，因为"所谓善的东西，就是优越的东西"（引自

Dryzhakova 59）。正如德里扎科娃所言，这把"效用"观念引入了俄国虚无主义者的修辞学中："效用被宣布成为善的唯一标准，而善和效用注定只能是'理性'的产品。"（59）这种世俗和理性的信仰导致对所有独裁主义哲学的不信任，不管这些哲学是宗教哲学还是世俗哲学，而且还如吉莱斯皮所言："俄国虚无主义赋予人一种几乎绝对的力量来改变他的社会存在。这种虚无主义观念的神学基础是这样一种信仰，即历史的主宰者并非永恒的法则，而是自由的个体。"（141）但是，车尔尼雪夫斯基的西方化目标与针对国家的有组织的暴力计划少有关联，因而逐渐走向衰落。在 1862 年，《父与子》首次发表的那一年，《现代人》和《俄罗斯语文》被封杀，车尔尼雪夫斯基本人被捕，圣彼得堡燃起大火，声名狼藉的《青年俄罗斯》发行。①

《青年俄罗斯》是由一个名叫彼得·柴可涅夫斯基（Petre Zaichnevsky）的学生所写的一篇论文，它明确主张针对统治阶级的暴力行为："这一天很快，很快就要到来，那时我们将会展开未来的大旗，红色的旗帜，高呼'俄罗斯社会民主共和国万岁'，我们将会前往冬宫，去清算它的占有者。"（引自 Dryzhakova 63）车尔尼雪夫斯基的自由议题此时被逐渐削弱，被替换为俄国文化中更加激进的声音。西方化让位于《俄罗斯语文》集团越来越暴力的社会主义议题，后者认为《现代人》杂志作者们的态度不够激进。文图里（Venturi）认为皮萨耶夫团体把所有事物都归结为所谓"唯物主义的现实主义"，主张"审美的'现实主义'在他们手中变成一种暴

---

① 关于发生在俄国 1861—1863 年的革命事件的背景，参见桑德斯（Saunders）的 *Russia in the Age of Reaction and Reform 1801-1881*，特别是其中的第 239~245 页。

力的艺术拒绝；'功利主义'成为精确科学的招牌，唯一'有用的'人类行为；而'启蒙'成为受教育阶层的荣耀"（*Roots of Revolution* 325）。于是，这才是俄国虚无主义的真正运动，此时它不再是民众主义的，而是开始依赖知识分子。《俄罗斯语文》集团对科学抱有纯粹的兴趣，这些科学包括经济学、解放科学、有助于强大的科学："他们拒绝相信统治阶级，甚至'人民'或'农民'的神话。'人的解放'（也就是'批判性思考的人们'独立性的形成）比社会解放更重要。"（327）

《俄罗斯语文》集团的政策此时主宰了对虚无主义的解释，尽管对《现代人》杂志集团的成员如米哈伊尔·萨尔蒂科夫-谢德林（Mikhail Saltykov-Shchedrin）来说，虚无主义"是一个没有意义的词，并不比其他词语更适合描述年轻一代，在这些年轻人中，人们可以发现各种'主义'，但肯定没有虚无主义"（引自 Venturi 326）。比如，对尼古拉·别尔嘉耶夫（Nilolai Berdiaev）来说，"'60年代'的虚无主义"可以被规定为"对宗教、神秘主义、形而上学和纯艺术的仇恨，它们没有把精力用在一种更好的社会秩序的创造上；它是社会功利主义对所有绝对道德的替换；是自然科学和政治经济学的绝对主宰，还有对人道的怀疑"（*Russian Revolution* 17）。赫尔曼·古德施密特（Hermann Goldschmidt）在他的《批判哲学中的虚无主义》（*Der Nihilismus im Licht einer kritischen Philosophie*）中同样认为，"俄国虚无主义在政治上是自由主义的、哲学上是唯物主义的和精神上是无神论的"（引自 Gouldsblom 9）。俄国虚无主义是社会达尔文主义：适者生存，不适者被淘汰。这样的积极分子对**虚无**（*nihil*）并不感兴趣，但对革命感兴趣，而且因此俄国虚无主义只是因为它依赖于西方哲学的某些方面而成为虚无主义的，而这些方面本身只是略微触及虚无主义。称俄国虚无主义者为虚无主义的，只是在历史术语方面是正确的——他们就叫"俄国虚无主义者"——因为他们的目标和意图与"虚无"少有关系。可是，由于车尔尼雪夫斯基，虚无主义成为"新人"即摆脱历史的束缚的人们的观念，而且由于皮萨耶夫，成为恐怖主义、早期利己主义和无政府主义的观念。

反人道主义的虚无主义：尼采反对基督教

大约与俄国虚无主义处于预势同时，在《权力意志》（写于1883 年到 1888 年间）中谈论"重估一切价值"的尼采把虚无主义重新带入了西方文化。① 尼采没有把虚无主义证明为一种新近出现的意识形态，就像作为无神论的虚无主义和作为无政府主义的虚无主义所暗示的那样，而是认为虚无主义遍及欧洲历史上出现的所有价值：对尼采来说，基督教本身就是虚无主义的。尼采认为基督教如此涉及真理的谈论，以至于当它被"证明"是不真实的时候，它最初会留下一片真空，然后在它极力捍卫难以言说的超验时，它拒绝自然世界。他这样谈论"上帝和超越性的更高领域被假设为真时所有人类机构要承受的危险"：所谓"自然的"开始意指"可鄙的"，直至人们"用无情的逻辑"达到"否定自然的绝对命令"（*Will to Power* 141；§ 245）。根据古德斯布鲁姆等人的批评，尼采甚至走得更

---

① 尼采的遗产一再出现在 20 世纪思想中，尤其是海德格尔、德里达和德勒兹的著作中。关于虚无主义，有两种观点占支配地位：第一种认为尼采发明了现代虚无主义（古德斯布鲁姆作如是观），第二种认为尼采误解了虚无主义（吉莱斯皮作如是观）。

远，主张虚无主义"不应该被视为顽固的否定论者的个人怪想，而应该被视为内在于欧洲文化的难以改变的逻辑的结果"（140）。

在尼采《权力意志》的前言后面，我们看见尼采对"'虚无主义'意味着什么"这一问题的回答：**"最高价值的自行贬黜。目标已经丧失；'为什么？'的问题没有了答案。"**（9；§2）他把虚无主义理解为一种疾病——这话有歧义，因为虚无主义是虚弱的，但当它被克服时会导致强壮——而且因此虚无主义成为某种能够被克服的东西。消极的虚无主义是一种疾病，"一种令人厌倦的虚无主义，它不再攻击［……］一种虚弱的征兆"，而积极虚无主义"达到相对强势的最大值，这种强势是一种破坏性的暴力"（18；§23）。积极虚无主义某些方面可以用俄国虚无主义的教义来描述；根据尼采，消极虚无主义最明显地表现在基督教的一元论中，这种一元论主宰了欧洲将近两千年。

鉴于"虚无主义"这一术语的起源是无神论，尼采给基督教贴上虚无主义的标签，这一事实极具反讽意味。对尼采来说，虚无主义的出现是因为基督教对道德等级秩序的坚持，对绝对者——上帝——的坚持，这个上帝是所有准则的起源。基督教"赋予人以绝对价值，这种绝对价值与他在生成与消逝的变迁中渺小和偶然的存在截然相反"（9；§4），而且通过这样做"赋予充满苦难和邪恶的世界以完美的特征"（10；§4）。事实上，基督教"假设人有一种关于绝对价值的知识，而且因此适当的知识恰好符合对最重要的东西的尊重"（10；§4）。① 但是，基督教道德被创造出来最初是为了

---

① 《权力意志》的§4、§5、§114和§55在尼采的笔记里原本是在一起的，但是正如这些数字已经证明的那样，它们在后来相继出现的各种《权力意志》版本中被分开。沙赫特（Schacht）的《尼采选集》（*Nietzsche: Selections*）以"欧洲虚无主义"为标题把它们重新放在了一起进行编译（参见 Nietzsche 9n3 和 Schacht 267n3）。

阻止人类堕入虚无主义的深渊："它防止人们轻视自己是人，防止他们反对生活，防止他们对知识感到绝望：它是一种自我保存的手段。总之，道德是实践的和理论的**虚无主义**的最好**解药**。"（10；§4）用基督教道德去阻止虚无主义，却使虚无主义成为一种人类的基本状况，一处永远威胁人类的深渊，因为此时人们把自己的渺小与宇宙的广阔相比较，发现真理只是依人类需要而定的偶然性的东西。尼采感觉到，基督教已经不再被要求作为一种救治虚无主义疾病（至少"这**第一种**虚无主义"是一种疾病）的"疗法"，因为在19世纪，"我们欧洲已经不再那么不确定、任性而荒诞"，而且基督教也不再被需要："'上帝'是一个太过于极端的假设。"（70；§114）基督教是达到某一目标的手段，而且因此被它最初的状况所正名；但是这些最初的状况已经不再存在，基督教因此通过贬低自身的价值和制造无神论而成为虚无主义的象征。

1887年（尼采此时正在写作《权力意志》），基督教意识形态不再具有一度拥有的力量。尼采把基督教的衰落归因于基督教道德本身，"道德培育的诸多力量之一是**诚实**：这最终指向道德本身，揭示出它的神学本性，它的偏执视角——而且现在认识到它完全是谎言，对堕落感到绝望，现在成为一种刺激"（10；§5）。① 启蒙运动理性观念的出现，"自为"的人的观念的出现，最终摧毁了这种观念自己的创造者——基督教的坦诚道德。基督教对绝对真理的渴望开始攻击基督教，并且发现它缺乏绝对真理。基督教，保护人类免受虚无主义之苦的基督教，最终助长了虚无主义的出现。于是，

---

① 在这段引文后面，沙赫特插入了"To nihilism"，考夫曼/霍林戴尔（Kaufman/Hollingdale）的版本中明显没有这句话。

那些如雅克比和柯尔特斯等发现理性和信仰绝对不可并置的早期评论家们是非常正确的，不过，他们试图把责任放在像费希特这样的个人身上，而不是基督教本身。

因此，在尼采看来，虚无主义很大程度上是由基督教的缺席所导致的虚空。对基督教道德的不信任，对信仰本身缺乏信仰，没有导致妥协，而是导致一种极端的反应："于是，一旦对上帝和既有道德秩序的信仰不能维持，对自然的绝对非道德性的信仰，对无目标和无意义的信仰，就会成为心理学意义上的必然结果。虚无主义出现在这一时刻，不是因为生存的不快乐比之前变得更加严重了，而是因为人们已经不再相信在生存中受苦的'意义'。"（35；§55）道德领域的裂痕重回尼采的观念，"对世界站不住脚的解释［……］唤醒了人们，他们怀疑，关于世界的**所有**解释都是虚假的"（7；§1）。这种反应被尼采进一步解释为："一种解释坍塌了；但是由于它被视为**那种**解释，以至于当它坍塌时，生存似乎再也没有意义，好像所有的事情都是徒劳无益的。"（35；§55）① 这样，对尼采来说，虚无主义根本上就是被挫败的唯心主义：当**那种**信仰失败时，只有虚无主义的空虚保留下来了。在视角主义，或至少是相对主义成为最重要的救生索的地方，应该对**所有**解释必然都是虚假的这一信仰有一种极端反应。

---

① 颇具反讽意味的是，这一点让人想起伯克的《反思法国大革命》，后者这样写道："如果，在那暴乱时刻，在那来自地狱蒸馏器的热情精神的狂乱时刻，也就是正在法国激烈沸腾的那一时刻，我通过抛弃基督教信仰来发现我们的赤裸无依［……］那么我们就会很明白（**充分意识到心灵将无法忍受某种空虚**），某种粗野的、有害的和堕落的迷信会取而代之。"（187-88，黑体为笔者所加）这实在具有讽刺性，正如伯克的假设，基督教的衰落会导致迷信的出现，因为一种无神论的空虚是无法忍受的，它会导致虚无主义——一种关于虚无的哲学。

对尼采来说，虚无主义来自人类无能于接受这一事实，即那些看不见、发现不了的东西可能仍然存在："人的粗鲁：在他一无所见的地方否定意义的存在。"（325；§599）这是对人类寻找意义的直接指控，因为如果意义并不非常明显，人类就会假设没有意义存在："我们的意志需要一个目标；比起没有目的，它在使目的变得空无方面表现得更快。"（*Genealogy of Morals* 231；§III.1，299；§III.28）这导致尼采把任何哲学真理都视为虚无主义的，因为它只是起源于人类无能于接受这一"真理"，即真理都是伪造的：

> 那么，什么是真理？一个由隐喻、转喻和拟人组成的流动大军——换句话说，一组人类关系，它们从诗学和修辞学方面被加强，被转换，被润饰，而且经过长时间的使用后对人们变得似乎确定、权威和不容置疑：真理只是幻象，人们已经忘记这就是它们之所是；真理只是隐喻，它们已经精疲力竭，失去严肃的力量；真理只是硬币，它们的图案已经磨损，现在只能作为金属而非硬币而存在。（"On Truth and Lie in an Extra-Moral Sense" 46-47）

尼采对作为结果而出现的虚无主义的解决方案是一种狄奥尼索斯式的权力意志，它永恒地制造和摧毁着世界（不同于阿波罗式的意志，这种意志寻求对这个世界的分层与编码），而人类位于这个世界的中心：

> 我的这个**狄奥尼索斯**世界，这个永恒地自我创造、永恒地自我毁灭的世界，充满双倍极乐的神秘世界，我的"超越善与恶"的世界，没有目标，除非快乐的循环本身就是目标；没有意志，

除非一个圆环感受到指向它自身的善良意志——你想为这个世界取一个**名字**吗？你想为所有的谜语找到**答案**吗？你还想为被完全遮蔽的、最强壮、最勇敢、最阴暗的你找到一束**光亮**吗？——**这个世界就是权力意志——除此之外一无所有！**而且你自己也是权力意志——除此之外一无所有！（*Will to Power* 550；§1067）

对尼采来说，这就是对虚无主义的克服，是关于虚无主义问题的解决方案。尽管虚无主义贬低自身的价值，没有重建自身，而尼采主张一种既是创造性的又是破坏性的二元进程，吉莱斯皮认为它"根本上是一个和自身对立的世界，普遍战争永恒存在的世界，其中每一种事物都在寻求征服和压制其他事物"（*Nihilism Before Nietzsche* 239）。这种永恒对立的感觉作为解决社会虚无主义的方案，在 20 世纪早期造成人类从未有过的最为恐怖的经验。在这一阶段，虚无主义获得了我们最为熟悉的意义：大规模破坏。

独裁主义的虚无主义：极权主义的出现

在 20 世纪，虚无主义成为西方文化的决定性因素。这一断言意味着对 20 世纪历史形态的某种看法；现代性，披着启蒙观念的发展的外衣，导致了这个世纪亲历的创伤。正如菲利普·拉古-拉巴特（Philippe Lacoue-Labarthe）所言："如果这是一个虚无主义得以完成的时代，那么奥斯威辛是虚无主义以最纯粹的无形式的形式完成自身的地方。"（*Heiddger，Art，and Politics* 37）虚无主义与现代性的联姻是虚无主义发展的一个根本阶段，一系列意识到虚无主义是 20 世纪文化的主宰性因素的批评家，包括尼采（尽管只是预见）、海德格尔、卡尔·洛维特（Karl Löwith）和特奥多·阿多诺（Theodor Adorno），都这样认为。其中以海德格尔和尼采为代表的一方，通过与虚无主义保持张力而反对虚无主义，从而导致支持国家社会主义哲学的产生。国家社会主义把尼采解读（误读）为他支持某一种族的绝对优越性，因而寻求摧毁与这种观念不一致的所有事物。尼采式的**超人**（*Übermrnsch*）成为一种象征，不是对消极虚无主义的积极克服的象征，而是一种积极的、国家授权的虚无主义的象征，这种虚无主义尝试消灭所有其他种族。同样，海德格尔要求恢复存在和**此在**（*Dasein*，存在的过程）的建议，导致对主宰人类的观念的积极肯定。以阿多诺和洛维特为代表的另一方，认为大屠杀本身就是否定和虚无主义的缩影。由尼采指出的"欧洲疾病"不再是消极的，而是与大破坏积极相关。由于大屠杀，在这两类思想家看来，现代性总是朝向虚无主义来解释自身。

尼采哲学应该以此终结，这不仅仅是伊丽莎白·尼采（Elisabeth Nietzsche）处理尼采著作（她编辑了她的哥哥的著作，移去了任何反国家主义或反法西斯的东西，并且强化了它的反犹太倾向）的结果，也不是因为海德格尔对尼采的解读主宰那个时期。存在于尼采哲学内部的一些问题使得这种解读成为可能。尽管尼采是坚定的反国家主义者，他的哲学框架的某些和缓特征的去掉，把权力意志（will-to-power）再造为毁灭意志（will-to-destruction）。洛维特认为，尼采的道德立场再解释，使得"道德被达到某种目标的意志，和因此对实现目标的手段的意志所替代了"（208）。① 作为权力意志

---

① 尼采最初的声明是："道德被达到我们的目标的意志，和因此对实现目标的手段的意志所替代了。"（*Will to Power* 470；§880）

（除此之外别无他物！）的世界严重依赖于——可能过于严重地依赖于——以道德为代价的冲突和破坏观念。对洛维特来说，这也明显出现在海德格尔的哲学中：

> 国家社会主义的"精神"必须极其明确地是国家的和社会的，它拒绝所有讨论和真正的交流，因为它绝对依赖自身——依赖（德国的）存在能力（capactiy-for-Being），这种能力总是属于自己的。毋庸置疑，这是权力和决心的表达，它们是国家社会主义政治学和海德格尔哲学词汇的代表。（*Martin Heidegger and European Nihilism* 219）

在洛维特看来，海德格尔与国家社会主义的政治和哲学联合，不是一种为了在敌对政体中求生存而有的计划，而是两种类似哲学的相遇（216-25）。海德格尔的**此在**概念与国家社会主义哲学的**生活空间**（*lebensraum*）的理想状态完全一致，那里个体和国家因为有效资源而彼此冲突。只有强者才能在这种冲突中存活下来，因此"存在能力"总是来自个体自身。

海德格尔论存在的结构的著作，经常涉及虚无主义和虚无，但其中最为有名的是《形而上学是什么？》（"What is Metaphysics？"）和《尼采的话："上帝死了"》（"The Word of Nietzsche：'God is Dead'"）。这两篇文章凝缩了海德格尔通往虚无主义的道路。海德格尔论存在和虚无主义的著作涉及虚无主义与形而上学的关联：他认为，当你想要揭示"事情是什么"时，你必须求助于"事情不是什么"。在尝试"明确拥有"**此在**时，他注意到："应当被考察的只有存在者——此外无什么；只是存在者——再无什么；唯有存在者——此外无什么。那么，这个无的情形又如何呢？我们完全不言而喻地如此这般地说到这个无，难道是偶然的吗？莫非这只是一种谈论方式——此外无什么？"（"What is Metaphysics?"95）他的结论是，虚无是存在的必要方面，因为没有虚无，就没有存在。还有，海德格尔认为存在和虚无在一种持续的张力中共存，这种张力不同于尼采的狄奥尼索斯式的权力意志概念：

> "虚无主义"一词意味着它所指的东西根本上是**虚无**（nihil）。虚无主义意味着：在任何方面一切都是虚无。"一切"是指存在者整体。但是如果存在者作为存在者被经验了，那它就处在它的每一个方面中。因此，虚无主义就意味着：存在者之为存在者整体是虚无的。但存在者从存在而来是其所是并且如其所是地存在。假如一切"是"都系于存在，那么虚无主义的本质就在于，存在本身是虚无的。（"Word of Nietzsche"110-11）

如果虚无作为一种否定而起作用，它根本上是与自身相争执的否定。虚无不是存在与虚无的直接对立中的一部分，而是存在的创造过程中的一个隐性的角色："虚无不仅仅是存在者的对立概念；相反，它本源性地属于如此本质性地展开的存在者。"（"What is Metaphysics?"104）但是，在这种"本质性地展开"过程中，虚无主义必然也对自身起作用：

> 这种整体上有所拒绝的指引，亦即对脱落着的存在者整体的指引——无就是作为这种指引而在畏中簇拥着此在——乃是无的本质，即无化。无化既不是对存在者的消灭，它也不是从

一种否定中产生的。无化也不能归结为消灭和否定。无本身就无着。("What is Metaphysics?" 103)

"无本身就无着"是对 *Das Nicht nichtet* 的翻译,通常被翻译为"无不着"(the nothing nots)。但是,尽管动词"不着"(nots)包含最初的"*nichtet*",在这个意义上说这是一个新词,但克莱尔(Krell)的翻译允许读者看到一种双重进程。"无本身无着"显示无具有一种无化的行为("The nothing *nihilates*"),而这种行为会返回自身("The nothing nihilates *itself*")。

如果存在与虚无根本上是彼此相关的,那么形而上学(关于存在的学问)就根本上与虚无主义(关于虚无的学问)相关,而虚无主义被提升为一种"世界历史性的时刻":

> 如果虚无主义的本质植根于历史中,以至于在存在者之为存在者整体的显现中存在之真理是缺席的,并因此而没有发生存在本身及其真理,那么,作为存在者之为存在者的真理的历史,形而上学本质上就是虚无主义。此外,如果形而上学是欧洲和由欧洲所决定的世界历史的历史根据,那么,这种世界历史就在一种完全不同的意义上是虚无主义的。("Word of Nietzsche" 109)

顺着海德格尔的观点继续思考下去的逻辑结论就是,如果虚无主义暗置于形而上学之中,而形而上学的思想运动可以从柏拉图主义延伸到尼采和海德格尔,那么虚无主义就是欧洲历史的隐性一面。在质问虚无主义历史的条件时,海德格尔在《形而上学是什么?》

的结尾写道："为什么存在者在，而无倒不在？"（110）（虚无主义的）历史必须提出这样的问题：为什么是存在者存在而不是存在者不存在？为什么是发生者发生，而不是发生者没有发生？虚无主义因此是历史的隐性部分，是现代性的历史。

尽管洛维特和阿多诺反对尼采和海德格尔，但他们都赞成虚无主义是现代性的隐性方面的观点。洛维特认为基督教的衰落导致虚无主义的实现，因为在人类成为事物的尺度之后，人类就开始否定自身了：

> 同时，黑格尔的所有其他激进的追随者们，像马克思和克尔凯郭尔一样，把对现存事物的否定作为他们思想的原则。马克思摧毁了资本主义的世界；克尔凯郭尔强化了浪漫主义反讽的"绝对的否定性"，以至于最终跃入信仰；施蒂纳把自己置于"虚无"之上；费尔巴哈说，为了创造新事物，我们必须是"绝对否定性的"；鲍威尔把"来自虚无的英雄行动"视为新世界的前提条件。（203）

现代性的历史在这里被概括为否定性运动，它追求黑格尔式的辩证法，通过对现存事物（正）的破坏（反）带来变革（合）。尼采和海德格尔，作为黑格尔式游戏的参与者，并没有禁止虚无主义的入侵，反而向它们敞开大门并发出邀请函：不是对虚无主义的**克服**（*Überwindung*），而是对虚无主义的**顺从接纳**（*Verwindung*）。①

---

① 瓦蒂莫（Vattimo）在《乐观主义的虚无主义》（"Optimistic Nihilism"）中不正确地指出，"Verwindung"还带有"病后康复"的意思，因为"Verwinden"指的是"带有疾病痕迹的行为，这种疾病已经被克服，但并没有从身体上完全去除"（38）。这仍然在继续着尼采的虚无主义概念——"欧洲的疾病"，尽管它不可能被完全克服。

罗森指出，尽管海德格尔的意图"是通过为'存在问题'的新理解设立舞台来克服欧洲虚无主义"，但这种意图"被转换为对虚无主义的意义深远的顺从"（101-102）。这种顺从恰好就是围绕他展开的历史的结果。在尝试克服尼采式的虚无主义时，海德格尔最终被这种疾病摧毁。洛维特，在把现代性理解为基督教道德衰落和极权主义兴起的结果时，也谴责了尼采和海德格尔，因为虚无主义正好处于现代性的前沿，而他们克服虚无主义的尝试恰好是虚无主义得以实现的途径。

这种观点尤为清晰地表现在阿多诺的著作里，那里现代性通过虚无主义的复原而展开。他这样写道："克服行为，甚至克服虚无主义的行为——连同尼采式的虚无主义，它的意思是不同的，但都为法西斯主义提供了口号——总是比它们克制的东西更糟糕。"（*Negative Dialectics* 380）作为思想的抽象表达，虚无主义导致破坏，因为"虚无是抽象的极点，而且抽象是令人厌恶的"（380）。但是，这并没有完全解释虚无主义与大屠杀的关联，因为大屠杀对阿多诺来说根本不是抽象。虚无主义作为抽象思想的幽灵与大屠杀关联，因为，"如果思想不是用那种躲避概念的极端性来衡量的，那么从一开始它就具有一种音乐伴奏的性质，纳粹党卫军喜欢用这种音乐伴奏来压倒它的受害者的惨叫声"（365）。这就是说，如果思想只是满足于自身和自身的同一性，那么大屠杀就只有一步之遥。于是，在阿多诺看来，虚无主义可以被理解为思想的手淫，思想在空白中思考的欲望包围着它自己。

和洛维特一样，阿多诺认为虚无主义与**虚无**（*Nicht*）无关，而是与**破坏**（*Vernichtung*）相关，是从虚无到制造虚无的过程、从缺席到根绝出席的转换。阿多诺对虚无主义的反应，可以说明在20世纪虚无主义问题的讨论中频繁出现的辩证游戏如何暗中搞鬼："真正的虚无主义者是那些把虚无主义同他们越来越枯萎的肯定性相对立的人，是那些因此和现存的恶意而且最终和破坏性原则本身共密谋的人。思想维护被诅咒为虚无主义的东西，从而给它自身带来了荣誉。"（381）"真正的虚无主义者"和"虚无主义"的差别，在于那些永远相信自己的真理、不计代价努力对抗虚无的人，与拒绝哲学可怜的真理的虚无主义的差别。"思想维护被诅咒为虚无主义的东西，从而给它自身带来了荣誉。"这句话并不意味着思想应该维护虚无主义，"荣誉"在这里被赋予一种积极的含义，而是意味着思想通过维护被诅咒为"虚无主义"的东西、**以牺牲他者为代价**给自身带来了荣誉。思想连接"被诅咒的东西"与"虚无主义"的欲望之所以会存在，是因为思想需要某种斗争的对象，就像克里奇利所言，思想需要"一个微不足道的无意义的人，它可以被轻而易举地打倒在地，以至于意义可以重新恢复"（20）。

很明显，虚无主义的出现和后来的发展，是欧洲历史的必要组成部分，不管它能否被避免。人道主义和反人道主义、独裁主义和反独裁主义之间的摇摆，是现代性的形成的核心内容，而且现代性的各种评论家和批评家们，在建构我们的当代世界的过程（process）——而非进程（progress）——中依然扮演着最重要的角色。可是，如果虚无主义是否定的哲学，那么，它一定没有理由成为瓦蒂莫所谓"我们（唯一的）机会"（*End of Modernity* 23）。不过，很快就会变得很明显的是，一种虚无主义的后现代描述，预示着阿多诺所渴望的"逃避概念的那种极端性"，预示着虚无主义与崇高在后现代的合并结局。这种合并仅仅出现于后现代，尽管整个现代性的历史一直暗含着这两个概念的关联。于是，在分析虚无主义在后现代的表现之前，我们必须首先揭示虚无主义与崇高在后现代**之前**就存在的那些关联，它们存在于崇高与启蒙现代性的关系中。

第2章
类型化崇高

就像虚无主义一样，崇高也有丰富的文化遗产，尽管崇高只能历史性地延伸至"美"这一概念，而非"否定"这一概念。这种不同意味着虚无主义和崇高彼此少有相同之处，以至于它们会被视为彼此对立的二元概念。这样一种观点被另一种事实所支持，即虚无主义在18世纪后期和19世纪早期成为一个独立的概念，而崇高在17世纪后期和18世纪早期主宰着美学领域，比虚无主义早出现了至少一百年。尽管这一点似乎表明二者的不同，但崇高是17~18世纪美学话语的核心这一事实本身就已经说明，在崇高研究背后有一种意识形态动机，对崇高的建构涉及这一时期的主流意识形态。由于这一时期以启蒙运动规划——后来被称为"现代性进程"——的出现为标志，很明显，虚无主义和崇高都被建构进了相同的启蒙意识形态中，而且都是相同的社会催化剂的结果。崇高因此只是被武断地认为不同于虚无主义；虚无主义实际上只是对崇高的一种暂时被取代的描述。

由于一种意识形态建构了崇高，关于崇高的存在就有一种意图。就像虚无主义那样具有历史特殊性，这种意图表明崇高概念对一种特别的历史意识来说是有用的。这种文化特殊性意味着对崇高的文化理解，就像对虚无主义那样随着时间的变化而变化。尽管**所有**的概念都历时性地存在着，但这并不是一种外在的观察，因为它提醒我们会冒时代误植的风险。正如马丁·多诺霍（Martin Donougho）所言，我们必须小心把本不属于某个时期的意义解读进崇高之中：

> 崇高现在已经开始构造我们日常世界（艺术、哲学或日常生活）的部分设备。但这不能让我们看不见与之相伴的事实——和其他美学范畴一道——即崇高具有历史特殊性，它总是被赋予各种形式。我们因此应当在使之具体化时非常小心，同样应当小心不要把不同时期的崇高混为一谈，不要混同历史与理论。对于崇高的所有历史偶然形式，我们也许依然可以谈论**某一种**崇高，或更慎重地谈论崇高的**类型**。（"Stages of the Sublime in North America" 909-10）

在解读对崇高的各种描述时，我们应当总是记得，即那只是一**种解读**，而且因此记得，这种解读严重依赖于我们对当前时代的理解。同样，当我们谈论"崇高的类型"时，我们必须同样理解到，我们正在谈论的是被意识形态结构类型化了的崇高形式。如果崇高是一个意识形态结构，那么一个时期所理解的崇高并不必然等同于另一个时期所理解的崇高，而且"被正确理解的崇高，并不能使所有人都满意"（Wood, *The Word* "*Sublime*" 210）。这解释了通往崇高的各种不同路径为什么会在这个概念于 17 世纪一复活后就纷纷出现，这些路径包括伯克的"心理学的"崇高，伊曼纽尔·康德的"理智的"崇高和浪漫主义的"自然的"崇高。对崇高的这些不同的使用，强调了崇高的特殊形式。这些路径因此是崇高的类型化形式，是崇高的各种"类型"，它们来自既有的意识形态话语。

崇高文本与它们的语境

伯克、康德和浪漫主义的崇高"类型"，起源于 17 世纪中期和 18 世纪后期，一段对"美学理论"空前狂热的时间里。崇高类型的突然增殖扩散，开始于一部早期文学批评著作《论崇高》（*Peri Hupsous*）的再发现，这本书的作者可能是古希腊雄辩家和哲学家卡西乌斯·朗基努斯（Cassius Longinus，约前 213—前 273），更可能是公元 1 世纪的哲学家"伪朗基努斯"（Pseudo-Longinus）①。这一文本受到欢迎的原因，主要在于尼古拉·布瓦洛（Nicholas Boileau-Despréaux）于 1674 年进行的翻译，为当时出现的关于艺术本质的讨论提供了原料，而且受到了约翰·德莱顿（John Dryden）和杂志《观察家》（参见 Longinus xv-xvi）的欢迎。② 朗基努斯的文本意义

---

① 《论崇高》曾经被分别译为"On Sublimity"（D. A. Russell）、"On Great Writing"（G. M. A. Grube）和"On the Sublime"（T. E. B. Wood）。尽管这些都不是直译（就像本章将要揭示的那样），我们将会采用罗素（Russell）的翻译，因为 Sublimity 的词缀意指崇高之物的"品质或状态"（*OED*），而不是"崇高之物"本身，前者才是文本的目的。关于它的作者，罗素在他关于《论崇高》的导论中指出，基于文本中存在的某些历史文献（参见 x-xi），奥古斯都时代一个名叫哈利卡纳修斯的狄奥尼修斯（Dionysius of Halicarnassus），而非伪朗基努斯，更像作者。"朗基努斯"从头到尾在本章出现，但它指的是《论崇高》的作者，而非伪朗基努斯。

② 尽管布瓦洛（Boileau）激发了关于崇高的争论，但他并非第一个英文版译者，因为约翰·豪尔（John Hall）第一个于 1652 年把《论崇高》译成了英文。同样，在约翰·弥尔顿（John Milton）的 *Tractate on Education*（1644）中，以及乔治·恰普曼（George Chapman）对荷马（Homer）的《奥德赛》（*Odyssey*，1615）的翻译中，这个词得到了更早的使用。《论崇高》的出现轨迹和影响力是如此模糊不清，以至于 17 世纪的许多作家在使用崇高这个词时都没有直接参考朗基努斯的著作（参见 Wood, *The Word "Sublime"* 9-10）。

重大，因为它为 17 世纪的美学话语提供了一种正式的经典结构，这种结构通过语言和区分"美的"和"崇高的"形式，定义了一种感受的"提升"（elevation）。这标志着"崇高"在英语文化中的出现，因为"提升"或"高度"是英语对 hypsous 的翻译，这个来自拉丁语 sublimis（指高贵的或高雅的语言）的语词，开始意指一种崇高的感觉。① 为了造成这种崇高感，《论崇高》的大部分关注的是修辞术，尽管它常常暗示崇高艺术具有使心灵摆脱语言束缚的能力。在朗基努斯关于崇高的分类中，这是一次重要的议论，值得我们进一步讨论。

在 17~18 世纪，存在一种从"修辞学的"崇高向一种"自然的"或"心理学的"崇高的散漫转变，尽管这是一种还原性的主张。萨缪尔·蒙克（Samuel Monk）认为，发生于这一时期的从朗基努斯修辞学模式到伯克模式的转变，对崇高概念在 18 世纪的发展来说非常重要。这是一种从"审美的"向"伦理的"崇高的转换，它对康德的崇高理解来说是一种非常重要的观察。蒙克指出："一旦人们认为崇高是一种被客体和观念唤起的心理状态，规则的客观标准就会逐渐变得无效。"（Sublime 236）不过，其他批评家认为这太过极端。比如说，T. E. B. 伍德（T. E. B. Wood）就认为，他"不能真正同意任何这样的观点，除非被限制在消除它的影响的程度"（21），因为朗基努斯的崇高是"一种现象，存在于对形式的要求、适当的主体态度和艺术家的灵感被混为一谈的地方"（36），所以这

---

① 这里我们可以根据亚历山大·泊普（Alexander Pope）在 *Martinus Scriblerius peri Bathuous*；*or*，*The Art of Sinking in Poetry*（1728）中通过比较"elevated" art（*hypsous*）和"sinking"art（*bathuous*）所表现的反讽艺术来理解《论崇高》的重要性。不过，罗素把这视为对 *hypsous* 的误解（参见 Longinus，*On Sublimity* 2n1）。

种崇高不是纯粹修辞学的。确实，蒙克认为，宣称修辞学的崇高定义是"错误的"，而自然性的崇高是"正确的"，这样的结构太过轻率。不过，这种观点即使合格，也确实需要保留足够的影响力才经得起推敲。可是，18世纪的崇高并非纯粹自然的或心理学的，而是古典的和浪漫的定义的混合物，《论崇高》的解释也只是这种讨论的必要部分。

《论崇高》没有进入围绕艺术的崇高的谈论，不管在艺术家的形式概念还是读者的反应那里，它的结构**一般来说**更多关心的是修辞学（形式）而非自然（反应），而伯克的崇高构想一般来说关心更多的是自然而非修辞。《论崇高》主要关心生产"崇高的"作品的修辞学策略。它的结构由朗基努斯的前言所列举的"崇高的五种根源"来规定："构思伟大思想的能力""强烈而有灵感的情感""各种角色""高雅的措辞"和"高贵而严肃的词语排列"（8；§8）。在这五个部分中，只有第一部分本质上与"自然的"崇高相关——"强烈而有灵感的情感"——尽管这一部分也只有2/5的章节在关注自然的崇高。不过，认为《论崇高》只关心修辞学的崇高是不对的，朗基努斯写道："虚构的经验和组织、安排材料的能力不能在简单的几个语段中被发现；只有当我们把握整个文本时，我们才开始欣赏它们。"（2；§1）没有情感的"旋风"，就不可能有崇高；"虚构的经验"还不够。这意味着修辞学策略本身不足以制造崇高。还有，这段话把崇高的修辞学结构和自然结构合并在一起，因为修辞学被包含在自然的隐喻中，而自然作为修辞学的一个方面被重新建构：演讲是一阵"旋风"，尽管它"在正确的时刻被生产出来"，而且"显示出演讲者的全部力量"。这在朗基努斯比较希佩里德斯（Hyperides）和德摩斯梯尼（Demosthenes）时表现得非常清晰，在这种比较中，尽管希佩里德斯"复制了德摩斯梯尼的所有优点"，但他并没有刺激他的听众的情感，不像德摩斯梯尼的强有力的修辞学："他的雷声的降落，他的闪电的辉煌。"（40-41；§34）这就是说，要想赋予艺术作品以崇高感，光有技巧是不够的，还必须有一些天才之举——布瓦洛的难以言传的 *je ne sais quoi*（不可描述之物）——这种天才之举不是后天养成的，而是天生就有的，因此更接近于自然的而非修辞学的崇高。

伍德之所以不同意蒙克，是因为他感到蒙克"同质化"了 18世纪的崇高构想，这些构想是"一个复杂的混合物，如果你愿意那样说的话，它们由传统的崇高 [伍德把这种崇高定义为"形式、类型和礼仪"] 和心理学的崇高组成，是艺术创造过程和艺术作品之所是"（Wood 17-18n2）。正如彼得·德·博拉（Peter de Bolla）所言，这是因为美学理论在 18 世纪的增殖安排了所有艺术的顺序，"从来自建筑和园艺的'综合作品'，到绘画与雕塑艺术，文学与戏剧，以及音乐"（*Discourse of the Sublime* 29）。尽管博拉称之为一种还原论的描述，他还是把美学理论定义为"理论与它所描述和分析的客体之间的关系"（29）。美学理论的这种增殖揭示了一种历史语境，这种语境可以解释朗基努斯的文本和他在新古典主义时期受欢迎的原因。正如罗素所言，《论崇高》的概念出现于修辞学成为文明化和艺术教义的核心的时代，并且在阁楼艺术（参见 Longinus xi）的巅峰时期形成。朗基努斯可能在寻求把天才和艺术家的创造性观念融进这一迟钝的教义，它这样解释崇高："我们的思想总是游离于我们周围环境的界限之外。"（42；§35）同样，新古典主义也在尝试肯定一种风格，它既是独立的，又是古典的，把古典形式和新的修辞学策略混在一起。这一时期对朗基努斯的翻译信任的是一种

创造性的修辞学观念，而非一种**模仿性的**修辞学观念。

对崇高的这种散漫的和意识形态的转换，是证明虚无主义与崇高之间存在关联所需的必要部分。考虑到蒙克关于朗基努斯崇高的修辞学形式的建议和伍德后来的限制条件，可以明显看出伯克和康德的崇高描述都转向了通往崇高的心理学或理性路径。让我们看到这种转换出现的最重要的方法之一，就存在于伍德献给读者的"语境"之中。伍德梳理了一系列不同的原始材料以证明17～18世纪作家对崇高的使用。伍德的考查非常重要，因为"提升"概念一再出现于他的材料中："把'hupsous'［原文如此］定义为'提升'，如果有什么不同的话，这种解释在这个世纪明显扩大了，因为除了旧有的意思得以保留之外［……］还附加了这个词的心理学的用法。"（209）伍德还指出："毋庸置疑的是，**为了服务于它的目的**，18世纪把朗基努斯、基督教和圣经结合在了一起。"（29，黑体为笔者所加）这两处声明说明，整个17和18世纪都在崇高概念的使用上存在一种意识形态的转换，一种从神性提升（divine elevation）向更自然或更心理学的人类提升（elevation of the human）的转换。尽管伍德认为这种转换是"扩大化的"，但有可能把这种转换看作一种发生在崇高的支配性范式中的转换，从神性提升向人性提升的转换。为了"扩大"崇高，神性应当必须保留它的重要性。不过，崇高把人性提升至神性之上，以复制启蒙人道主义的核心意识形态，这意味着崇高的参数被改变了，而不是被扩大了。

这些议论与先前描述的历史运动并行不悖，在前面的章节中，虚无主义的出现是宗教权威衰落的结果，这就是吉莱斯皮所谓"一种新型的神性全能概念，和一种相应的人类力量概念"（*Nihilism Before Nietzsche* vii），在这些章节中，宗教为世俗让路，人类替代了神。在这些章节中，这被理解为一种虚无主义的时刻，很明显，它也是崇高的基本构成内容，因为崇高开始作为一个重要的古典或宗教的"提升"模式，并且向一种心理学和自然的现象转变——这是一个从宗教转向经验主义，从信仰转向理性的时刻。这种转变出现于在启蒙理性支配下这个概念的发展过程中，尤其是典型地出现在伯克和康德的崇高方案中。

伯克的崇高构想

伯克的《对我们的崇高和美的观念的起源的哲学考察》（*A Philosophical Enquiry into the Origin of our Ideas of the Sublime and Beautiful*，1757，以下简称《哲学考察》），把崇高描述为一种超越经验世界又非幻想物的现象。以此为基础，我们看到伯克的崇高观念注定与恐怖相关；对伯克来说，崇高最初作为对危险的客体的直接情感反应而存在，这种情感出现在理性能够意识到自身之前。这导致理解伯克的崇高的两条不同路径：一是直接影响具有危险感的观察者，二是依赖于个体的想象，当他面对可能的危险时。比如，一个人站在山脚下想象一场雪崩。最初，这是崇高，因为他的情感主宰着他的理性，导致他去想象某种他不能感受到的事情，接着，假如一场雪崩**真的**从天而降，它会淹没他的感官，以至于他的理性将会被暂时淹没。不过，这很明显是一个虚假的场景，因为身体并不会必然受到伤害，而只是感到自己处于危险之中。伯克的崇高与理性相关——当想象和非理性暂时控制理性时——而且是对一种可能的、尽管不存在的危险的情感反应。

崇高是一种情感反应，这是伯克《哲学考察》的重要内容，因为他在大多数情况下并没有把他的研究指向对崇高的美学描述（一种修辞学的分析）。伯克的主要目标是区分崇高显现自身的机制：

> 我担心，考察这个自然，把仅仅出现于我们身体的机械结构或来自自然的设计和我们心灵的构造的感受的原因，归结为推理能力针对呈现在我们面前的客体给出的确定结论，这是不是一次太过普通的实践；因为我应该想象，理性在生产我们的激情方面的影响，远不像我们通常认为的那样广泛。（41；§I. 13）

这段话证明伯克对一种由理性心灵所产生的崇高（一种美学崇高）的鄙视。正如我们已经看到的那样，这意味着一个远离修辞学的崇高形式、指向一种更加情绪化的崇高描述的时刻到来，后者来源于"在世界中的存在"。对伯克来说，崇高是一种原始的反应，它在理性心灵能够尝试捕捉住危险的对象之前就出现在身体中：在伯克的崇高里，存在一种不间断的当下性，它来自理性无能于对这样的客体做出反应。

危险客体被伯克明确限定为那些与力量（power）、数量（magnitude）和无限性（infinity）相关的东西。在某种程度上，这些东西中的每一种都会在观察者那里造成一种恐怖感，因为他的理性心灵难以理解这些东西。确实，伯克写道，"难以理解性"（obscurity）助长了崇高的出现："难以理解性让所有事物都显得非常恐怖，它似乎总是必不可少的。当我们知道了任何危险的全部程度，当我们能够使我们的眼睛习惯于此，大部分的恐惧都会消失。"（*Philosophical Enquiry* 54；§II. 3）一旦理性开始区分崇高的对象，后者就不再是崇高的，因为我们已经开始熟悉它了。华兹华斯（Wordsworth）明显同意这种观点，正如他在《序曲》（*The Prelude*）所言：

> 人，最迟钝的人，都能看，听和领悟
>
> 而且不能选择，只能感受。大自然
>
> 那所有用身体感受者都会承认的力量，
>
> 以如此方式向人的感官呈现。（XIV. 85-88）①

这里，我们看到伯克的崇高影响自然的观察者的过程——他"不能选择，只能感受"，而且"用身体"感受。没有对对象的最初恐惧，就不会有崇高。比如，考虑一下伯克关于力量的本性与崇高的关联的讨论。他写道：

> 痛苦总是由某种更优越的力量所导致，因为我们从来不会心甘情愿地服从。于是，强力、暴力、痛苦和恐怖，总是一起冲进心灵。你在反思之前看着一个具有强大力量的人或者什么动物，会有什么想法？是不是这种强力将会屈服于你，屈服于

① 所有与《序曲》相关的材料都来自 1850 年版的这本书。还请注意，把华兹华斯的崇高概念和伯克的崇高概念合并在一起，会存在很多问题，因为华兹华斯说过，这种感觉能力先天存在于某种人那里，就像《序曲》在谈论了"用身体感受"后这样声明："那辉煌的才能/心智卓越的人们自身具备。"（XIV. 89-90）这意味着这是一种思想方式，是对世界的敞开，它创造了崇高感。这种崇高性不是前理性的，而是纯理性的，而这是康德而非伯克式的崇高。尽管如此，华兹华斯有助于解释（尽管不是能够证明）伯克的崇高。

你的耳朵、快乐和任何意义上的兴趣？不；你感受到的是，唯恐这种巨大的力量会被用于劫掠和破坏的目的。这种力量从恐怖那里获得它所有的崇高性，这种恐怖总是与它相伴，但很少在它的具体效果里明显显现出来，这种效果可能很大程度地剥去一部分它的伤害能力。当你这样做时，你就在剥去每一种事物的崇高，而它们也会立即变得可鄙起来。（60；§Ⅱ.5）

某些有力的事物看上去是崇高的，是因为这些客体内在的不可判定性。如果我们承认它处于我们之"下"，我们的理性能够注意到它的有限性和有用性，它就不再是崇高的了。华兹华斯在斯诺登峰遇到的三个漫游者就是例子，由于他们"庄严的心智"，"在那里我看到一种心灵的象征/它以无限性为食，它沉思着/黑暗的深渊，专心致志"（*Prelude*，XIV.70-72）这些漫游者可能是理性的，但是他们以自然"为食"，用概念"沉思"。他们过于"专心致志"，以至于什么也听不到，正如华兹华斯后来所写的："来自这纯粹源泉的是非判断/必然自己到来，而世人纵然八方寻求，终将落空。"（XIV.128-29）心灵必须向自然敞开，而不是寻求崇高的经验。

根据伯克，难以理解性是力量具有崇高性的原因。正是因为我们不知道力量会怎样影响我们，所以那最初的恐怖导致一种崇高的感觉：力量的根源和意图是不可知的，我们面对的是潜在的危险。数量和无限性也以相同的机制创造崇高。伯克说道："规模之大，是崇高的有力根源。"（*Philosophical Enquiry* 67；§Ⅱ.7）他还说道："无限性具有用有点可爱的恐怖充满心灵的趋势，它是最真实的效果，也是崇高最真实的试金石。"（67；§Ⅱ.8）这两种东西都来自直接的而非沉思的根源，而且恐怖来自这一事实，即理性的心灵还没有与之达成和解。正因如此，伯克的崇高模式既是情感性的（而且因此是前理性的），也是一个"时刻"（产生与消失同时进行）。尽管伯克认为某些恐怖在崇高的经验之后依然伴随着我们，但这时的崇高是崇高的余震，而非崇高经验本身。

数量概念在这里很有意思，因为它是伯克与朗基努斯的"提升"概念的分歧点，并且后来在后现代崇高的发展中意义重大。在《论崇高》中，朗基努斯曾经在某个地方区分了 hypsous［提升］和 megethos［强大］的不同："在我看来，它们的不同之处在于，崇高依赖于提升［hypsous］，而强大（megethos）涉及空间扩展；崇高通常存在于一种简单的思想，而如果没有某种量和过剩，强大就不可能存在。"（17；§12：也见 xvi-xvii）相反，伯克认为"空间扩展既可以是长度的扩展，也可以是高度或深度的扩展"，这贬低了空间扩展概念的价值。他还认为"高度并不比深度更宏伟"（Philosophical Enquiry 66；§Ⅱ.7），这意味着"崇高"（sublime）的拉丁语源学替代物是 sub-limen［处于极限之下］，而非 sublimis。不过，托马斯·维斯科尔（Thomas Weiskel）注意到，"高度和深度当然只是同一垂直维度的两个视角；对唯心主义者来说是'高尚的'（lofty）东西，对自然化的心灵来说就是'渊深的'（profound）"（Romantic Sublime 24）。① 这一点也标志着伯克的崇高向康德的崇高的扩展，后者的意思是，一个具有数量的客体之所以是崇高的，只因为它是一个可以被感知的单一个体，而不是诸多客体的数量聚集［而且因此证明康德对"总体"（totality）的要求出现在崇高里，本

---

① 维斯科尔的观察再次证明，在痛苦（pathos）和造作（bathos）、崇高和深度、"提升"和"扩展"之间，存在着一种区别。

章后半部分将要讨论这一点〕这是因为"各种不同事物的总体，尽管它应该等同于组成某个完整客体的相同部分的数量，它实际上不等于我们身体的组织"。伯克在这段话中限制了对"统一体"（unity）的要求，尽管并不明显："因此每一种因为量而显得伟大的事物，都必然是一，是单个的，而且是完整的。"（*Philosophical Enquiry* 126；§IV. 10）在朗基努斯宣称客体的量创造了强大感（不同于崇高感）的地方，在康德认为只有一种总体（一个统一的客体）才能是崇高的地方，伯克主张，相同客体的量就可以导致崇高，**假如它们看上去是一个一致的整体**。

如果伯克的崇高建立在对一个明显的客体的直接理解之上，那么伯克与虚无主义的关系从一开始就似乎是微不足道的。不过，在这种情况下，虚无能够生产一种崇高，它类似于伯克提供的崇高模式。伯克崇高的某些方面让我们得出这样的结论，即虚无就是崇高，因为虚无是深不可测的。比如，在他关于"难以理解性"的谈论中，伯克引用了约翰·弥尔顿（John Milton）的《失乐园》（*Paradise Lost*，1667）：

> 另外一个怪物
>
> 如果它还可以被称为怪物，因为它没有形状
>
> 在种类、关节或肢体方面可供分辨，
>
> 或者另外一个物体
>
> 如果它还可以被称为物体，因为它似乎只是影子，
>
> 又似乎什么都是；它黑乎乎一团地站着，就像夜晚，
>
> 仿佛比复仇女神凶猛十倍，如地狱般可怕，
>
> 还挥舞着一支可怕的标枪；头上所戴酷似一项王冠。

（II. 666-73）

伯克指出，在这段话里，"所有的东西都是黑暗的、不确定的、令人困惑的、恐怖的，并且是极度崇高的"（*Philosophical Enquiry* 55；§Ⅱ.3）。关于这种难以把握的"崇高之无"的例子，充斥于《失乐园》的第二卷："黑暗无底的无限深渊"（Ⅱ.405）、"尚待完成的黑夜/的虚幻深邃"（Ⅱ.438-39）和"踏着虚无缥缈的深渊踽踽独行/穿越巨大太空/去探寻"（Ⅱ.828-30）。正是这种不确定性和困惑——理性心灵无能于理解——使虚无主义成为崇高性的候选者。在伯克的描述里有一处双关语："永恒和无限，属于我们所拥有的最感人的观念，但是**没有什么东西我们理解得如此之少**，就像对无限性和永恒的理解一样。"（*Philosophical Enquiry* 57；§Ⅱ.4，黑体为笔者所加）"理解"这一术语把虚无主义概念带到眼前。"没有什么东西我们理解得如此之少"，**或许除了对虚无本身的理解**。虽然我们不能理解无限性或永恒（无限性在时间方面的扩展），但我们也不能理解虚无，因为我们站在存在的一边。这就是说，我们虽然不理解虚无，但是它可以在我们的内心产生一种强烈的情感反应，而这恰恰是因为理性难以理解那本质上是非理性的东西。如果崇高是前理性的，而且我们不可能理性化虚无，那么**当虚无展现在人们面前时，就会被理解为一种崇高的形式**。

当然，关于伯克的崇高通过虚无主义生产出来，会有相反的观点。最重要的一种观点就是，对直接的危险的要求。尽管虚无主义能够危害我们对存在的感受，而且确实可能"危害存在"，但仅仅从虚无主义思想出发不足以为一种危险感正名。伯克的崇高与具体存在的客体——对客体的描述——相关联，而且尽管虚无主义可能是所有可能性和客体中最令人恐惧的，它也不能被视为具体存在的。当伯克规定痛苦和恐怖的不同时，我们发现，虚无主义尽管可以产生一种反应，实际上却不能产生伯克所谈论的崇高类型：

> 痛苦和恐怖的唯一区别，在于造成痛苦的事物通过身体的介入对心灵起作用；而造成恐怖的事物一般通过心灵暗示危险的作用影响身体器官；但是二者最初或后来都同意制造扩张、收缩或神经的暴力感觉。（*Philosophical Enquiry* 120；§IV.3）

虚无主义和虚无感能够在读者那里产生恐怖，这确实值得讨论。不过，问题在于对虚无主义的情感回应倾向于一种存在主义的绝望或无意义的恐惧；绝望不会生产崇高，而且被虚无刺激的恐惧也不包含更进一步的身体反应。尽管对缺席之物进行想象是会令人恐怖的，但它并没有"全面出席"到危害观察者的存在感的地步。

不过，这并不意味着虚无主义的崇高的产生是不可能的，正如多诺霍所暗示的那样，对一种"虚无主义的崇高"的解读，最后必然根据崇高本身和崇高出现的历史时期而出现，而且不会因为相似性而只是和崇高混合。这只是在暗示，尝试把虚无主义时刻和崇高时刻混合，在伯克的崇高性模式下是很成问题的。在最后的分析中，伯克关于黑暗的评论，也许对理解虚无主义的崇高尤为关键，而且能够证明，为什么崇高的其他概念，在我们能够最终看见虚无主义的崇高出现之前是必要的：

> 这样一种张力似乎当然存在，尽管我们被裹进黑暗；在这样的状态，尽管眼睛依然张开，不断努力寻找光明；很明显，那些经常在这种环境中在眼前游戏的闪光和那些发亮的外观，只不过是痉挛，是眼睛努力追寻自己的对象时所产生的效果。（132；§IV.16）

在从虚无主义里寻找意义的斗争中，批评家通常看到灵感的闪光，这种闪光事实上不过是心灵本身的幻觉机制。在黑暗中，没有什么东西可以被看到（但我们可以看到无），在对这种黑暗的反应中，心灵创造对象以填充这一空白。问题不在于阐明虚无主义，而在于我们对阐明的寻求，这是"理解"的委婉用法。当然，正是在我们无能于理解虚无主义时我们发现了虚无主义的崇高，也发现了这种争论必须进一步指向康德的崇高描述的原因。

康德的崇高构想

康德的崇高出现在他的两部著作《判断力批判》（*The Critique of Judgement*，1790）和《对美感与崇高感的观察》（*Observation on the Feeling of the Beautiful and the Sublime*，1764，以下简称《观察》）中，这两部著作，都受到伯克关于崇高本性的讨论的严重影响，也受到 18 世纪其他美学理论家的影响。在伯克和康德的崇高里，存在很多最初的相似性，比如都存在美与崇高的比较，都关注什么东西可以被领会（apprehended）但不能被完全理解（comprehended），并且都通过恐怖感来引出崇高。[①] 康德的文本从崇高研究的角度看是很成问题的，因为在两本出版物的过渡期间，康德的崇高构想出现了许多鲜明的替代物，尤其是其中远离崇高的经验主义研究时刻。比如说，莫妮卡·大卫-梅娜德（Monique David-Menard）尽管在《观察》和《判断力批判》之间发现了许多关联，还是得出了正确

---

① "Apprehended"在这里意味着客体的直接呈现，但也具有"担忧"（apprehension）的倾向，即焦虑和恐怖的倾向。相比之下，"comprehension"指的是理性心灵能够把握客体，因此能够确保它不是崇高之物。

的结论，即康德思想在《观察》和《纯粹理性批判》（1781）之间发生了一次"彻底的逆转"（"Kant's 'An Essay on the Maladies of the Mind' and *Observation on the Feeling of the Beautiful and the Sublime*" 93），这意味着《观察》和《判断力批判》之间存在一种不断增加的距离。

尽管如此，《判断力批判》中确立的崇高描述明显不同于伯克的《哲学考察》，这不仅是因为它远离伯克的经验主义（包括康德自己早期的《观察》），还因为在这样做时康德一并给出了道德和美/崇高的概念。（参见 Schaper，"Taste，Sublimity，and Genius" 381-82）在比较 18 世纪那些美学理论家——"他们寻求把审美领域从它对伦理的服从中解放出来，或换成另一种阐释，以区别一种没有欲望牵涉其中的感觉"（Zammito，*Genesis of Kant's "Critique of Judgment"* 273）——时，康德有意把崇高和道德感联系在一起，而且因此把美学和伦理学牵连在一起。这种预先包含了二分概念（伦理学与美学）的综合体证明，康德的崇高从一开始就是辩证的。这是一个重要的转变，而且这种转变尤其与那些崇高的后现代研究相关，后者建基于康德的崇高模式。

两种原则参与了康德的崇高谈论——数学的和力学的。这两个原则让康德的崇高能够消解美学和伦理学的二元性。数学的崇高（*The Critique of Judgment* §25-27）似乎关注感官对数量的接受，而就像伯克的崇高那样，力学的崇高（§28 and §29）似乎最初与威势、力量和恐怖的观念相符。这样，可能存在一种不正确的假设，即康德仅仅把伯克的崇高分成两种彼此有别的观念。可是，这种假设不完全准确，正如康德自己给出的区别：

因此［崇高感］通过想象力要么与**认识能力**、要么与**欲求能力**关联起来；而在这两种关联中那被给予表象的合目的性都只是就这两种能力而言（没有目的或利害地）被评判：这样一来，前者就作为想象力的**数学的**情调、后者作为想象力的**力学的**情调而被加在客体身上，因而客体就在上述两种方式上被表现为崇高的。（*Critique of Judgment* 94；§24/247）

尽管康德把伯克的崇高分为两种，但这种区分比把崇高仅仅划分为"感觉"（sense）和"规模"（size）范畴要更加精细些；更确切地说，康德在崇高的这些客体中做出区分，它们涉及"理性的"和"情感的"。这样，力学的崇高与那些作为"恐惧根源"（109；§28/260）的客体相应，而数学的崇高与那些具有想象力的心灵难以形成一个明确观念的客体相应，这些客体不符合我们的思想方式。

此时，我们在伯克和康德的崇高构想中看到了一些根本区别：伯克的崇高建立于感觉的意见之上，因此是来自周围环境的一种经验现象，而康德的崇高却来自精神的能力。不同于伯克"心理学的"崇高"只是对崇高和美把我们带到的地方的经验性展示"（*Critique of Judgment* 130；§29/277），康德的崇高是"超验的"。在伯克认为崇高起源于对客体的前理性的理解的地方，康德认为关于崇高的判断不可能是前理性的，而且事实上崇高只有通过我们的理性才可能出现。我们也许可以看看华兹华斯的诗歌：

对一颗被各种形象困扰、自己

纠缠不清的心灵，那些抽象的概念

具有巨大的魅力，尤其

那些条理明畅的组合，如此

优美地筑起，给我许多欢乐

即使当时在我眼中，它只是

一种游戏，一件送给感官的

形象化玩具；即使我未识它的

真实面目；一个独立存在的

世界，诞生于精纯清湛的心智。(*Prelude* VI. 158-67)

尽管崇高或许由一个感觉到的对象所产生，但我们自己的心灵提供了这种感受："由此推出，崇高不该在自然物之中、而只能在我们的理念中去寻找；至于它存在于哪些理念中，这必须留给演绎部分去谈。"（*Critique of Judgment* 97；§25/250）尽管伯克认为崇高是被觉察和感受到的——由危险的、经验地感知到的客体创造出来的恐怖感——康德认为崇高由一种**精神客体**创造出来，而且因此不是经验的：它"由纯粹的理智创造出来"。这就是说，伯克认为客体是崇高性的重要方面，它在观察者那里创造了一种恐怖感，这种恐怖感对创造自我那崇高的苏醒来说非常必要。相反，康德认为我们先天具有的创造崇高的能力导致了崇高感，而且客体并不像观察者感受崇高的能力那样重要。

为了进一步阐明这一点，我们试着把这些崇高构想与一座大山关联起来。对伯克来说，这个客体通过它相对于我们而言的大规模创造了崇高性，导致了恐怖，因为自我感被我们的感官所指定的无限巨大所摧毁，正是这种对大山的**接受**在观察者那里创造了一种感受。对康德来说，这个客体也可能是（力学的）崇高的，但崇高感并非来自我们对大山的接受，它只是作为一种催化剂对我们自己的心灵起作用：

是我们对大山的理念创造了崇高感。让我们再次引用《序曲》：

> 就在同一天，
>
> 从一个光秃秃的山脊上，我们第一次
>
> 看到勃朗峰的真面目，却伤心地发现
>
> 它毫无生气，还侵夺了
>
> 一种鲜活的思想，它有着
>
> 无与伦比的生动。（VI. 524-29）

这里我们发现，勃朗峰的现实使华兹华斯**摆脱**了崇高感，因为大山的现实是"毫无生气"。华兹华斯觉得大山并不比由他的想象力创造的感受更有力，而且它还"侵夺了一种鲜活的思想/它有着无与伦比的生动"。据此，阿尔卑斯山之旅是一场虎头蛇尾的旅行："但是来自农人之口的每句话/都那么简单，都被我们沮丧地/归结为：——**我们已经翻过阿尔卑斯山**。"（VI. 589-91）华兹华斯穿越了阿尔卑斯山，却没有经验到自然呈现给他的崇高。对华兹华斯来说，不是客体的表象造成了崇高，而是他的想象力造成了崇高。康德因此认为：

> 谁会愿意把那些不成形的、乱七八糟堆积在一起的山峦和它们那些冰峰，或是那阴森汹涌的大海等称为崇高的呢？但人心感到在他自己的评判中被提高了，如果他这时在对它们的观赏中**不考虑它们的形式**而委身于想象力，并委身于一种哪怕处于完全没有确定目的而与它们的联结中、只是扩展着那个想象力的理性，却又发现想象力的全部威力都还不适合于理性的理念的

话。（*Critique of Judgment* 105；§26/256，黑体为笔者所加）

  尽管眼睛和感官不能真正地发现客体，经验仍然是崇高的，因为心灵——理性——能够创造关于它们的理念，这种理念超越了想象力所能理解的程度。这种超感官的崇高理念使得康德的崇高描述不同于稍早的、前理性的、伯克意义上的崇高描述。正如约翰·扎米特所言，崇高实际上是"一种非凡的经验"，它创造了"一种反思，这种发生在主体那里的反思不是针对客体，而是针对自身而言的［……］。换句话说，崇高是一种经验，这种经验通过审美反思唤起了自我意识"。（*Genesis of Kant's "Critique of Judgment"* 278）扎米特后来得出这样的结论："康德的整个崇高理论都在反复考虑'歪曲事实'——自然客体仿佛是感觉的基础，实际上它的根源在自我中。"（280）对康德的崇高构想来说，大山本身只是对心灵创造大山的形象来说是重要的；它只是对大山的感觉，而不是被感觉到的大山，这允许我们**在自身中**创造崇高感。出于对经验之物的讨厌，康德开创了通往崇高的审美经验的伦理维度这一关键阶段。

  对康德的理论来说，这一伦理维度是非常重要的。**心灵的感受**（*Geistesgefühl*），人们表象客体中的崇高的能力，是一种人类天赋，它既是道德的（伦理的），又是审美的。客体本身并不崇高，因为**是我们表象存在于客体中的崇高的能力创造了崇高感**。在康德的崇高里，这是一个道德行为，这被康德关于理性法则的谈论所揭示："我们应该把大自然作为感官对象所包含的一切对我们而言是大的东西，在和理性的理念相比较时都估量为小的。"对理性来说，想象力无能于理解一个客体，这创造了一种崇高感，因为我们"发现任何感性的尺度都与理性的理念不相适合"（*Critique of Judgment*

106；§27/257-58）。这本身似乎并非必然是道德的，但需要记住的是，对康德来说，《判断力批判》的整个原则不是对崇高的说明，而是揭示自由意志和自然世界之间的关联。尽管这种关联似乎没有连接崇高和伦理，但在康德的和解理论中这正是崇高的起源。

此刻，暂时离开康德关于崇高的谈论，返回吉莱斯皮的《尼采之前的虚无主义》是很值得的。我们已经知道，吉莱斯皮发现尼采对虚无主义的理解是有缺陷的，而且他把虚无主义的起源概念化为出现于笛卡尔哲学的上帝的衰落。这与崇高问题的谈论密切相关，因为康德在这种谈论中占有一席之地，而且吉莱斯皮富有表现力地描述了康德面对的问题，当他要和解人类道德法则（自由）和自然法则时。他写道：

> 如果自然法则适用于物自体，那么人类自由就是不可能的，而且如果没有人类自由，就不可能有道德律令，因为个体将不会为他们的行为负责。道德律令的存在暗示了人类是自由的，而且因此是不同于其他自然存在者的存在者，他不只是自然因果链条中的手段或环节，而是以自身为目的，能够管理好自身的行为。存在于因果关系的二律背反中的自然与自由的明显矛盾，就这样被先验唯心主义解决了。（*Nihilism Before Nietzsche* 71-72）

对康德来说，在同时存在的人类自由意志和自然因果链条概念中，存在一个本质问题。吉莱斯皮认为这意味着"人既在自然之中，又在自然之上"，因为"人完全被自然必然性通过他的激情和欲望来决定"，但是"他的意志是自由的，因为这种意志能够认识什么东西应当存在，还能把自己从它的自然冲动提升到理想的层次上"。吉莱斯皮总结道："人站在自然和神性之间，被方向相反的强力拉扯着。可是，通过道德律令超越自然，是人类生活唯一正当的目标。"（72）尽管这一目标难以达到，但使自己摆脱自然——人类自身的自然——的束缚，通过理性能力的扩展变得更加自由，是人类的使命。康德的"先验唯心主义"宣称人类是自然的新的法则，而因为这一点贬低了上帝（在诸如费希特的解读中），这种唯心主义被认为是虚无主义的。

此时，我们开始发现康德的崇高所聚集起来的危险，因为正是通过崇高，人的本性（nature）［而且确实，是自然（Nature）］能够被理性的霸权所打败。这样，康德创造了一种崇高，它建基于启蒙思想，在那里理性被宣称是新的上帝，而且人类获得了世界的统治权。尽管人类可能永远不会从自然那里得到自由，因为我们就生存于自然世界中，但因为在崇高的经验时刻，"意志"可以从"想象力"那里获得自由，所以我们是自由的。我们在这里发现了朗基努斯的崇高的自由概念的再调制，在朗基努斯那里，崇高使人从世界那里获得自由，通过人自己的本性——"被真正的崇高提升和拔高，是我们的本性。"（*On Sublimity* 7；§7）崇高还神化了人类——"崇高把我们提升至神的精神的伟大。"（42；§36）这不像伯克的崇高，其中崇高性由一种处于痛苦或快乐因而"陷入困境的"或"受到限制的"肉体性所创造。在这一点上，扎米特同意吉莱斯皮的看法，认为"康德似乎要表达的是，自然法则和自由法则的和解，只有根据'超感官的基础'这一观念才能被思考，这是自然和人的先验统一性"（*Genesis of Kant's "Critique of Judgment"* 266）。根据扎米特，康德在人和自然之间重建桥梁的目标，只有通过建设崇高性才可能实现，而这种崇高性来自人与自然的内在关联。这在《判断力批判》中随处可见，尤其是在康德的这段话里表现得非常明显：

> 所以崇高感是由于想象力在对数量的审美估量中不适合通过理性来估量而产生的不快乐感，但同时又是一种快乐感，这种快乐感的唤起是由于，正是对最大感性能力的不适合性所作的这个判断，就对理性理念的追求对于我们毕竟是规律而言，又是与理性的理念协和一致的。（106；§27/257）

这就是为什么伯克的崇高虽然依赖矛盾的情感反应和其他18世纪早期的美学理论，仍然难以支撑康德哲学目标的道德层面——它把"人"从"人的经验"那里移除。道德法则是追求自由的欲望，对此自然既挫败（创造不快乐），又失败（理性克服想象力的快乐）。因此，尽管经历到崇高的时刻，人也会既被自然所征服，又征服自然。这就是康德的崇高是伦理和审美的复合体的原因，也是扎米特这样说的原因："崇高是审美经验，这种经验卓越地象征着人类生存的道德维度。"（Genesis of Kant's "Critique of Judgment" 279）

这不是说康德的崇高描述没有问题。考虑存在于文本自身中的思想变化，《判断力批判》的意思很难确定。比如说，玛丽·麦克洛斯基（Mary McCloskey）就曾指出涉及美的积极快乐和崇高的消极快乐、"有限的"和"无限的"之区别的一系列问题，这些问题只是被分进质、量判断中进行"轻易的对比"（Kant's Aesthetic 97-98）。她的最危险的批评是，康德的（力学的）崇高并不**一定**能够挫败想象力和刺激理性。对麦克洛斯基来说，解决这一问题的唯一办法，就是在康德对想象力的运用中发现一种转换：

> 事实上，在力学的崇高里，我们有一个地方，那里想象力和知性不可避免地必然彼此完美合作，以使我们发现"令人恐怖的"景象。在这种情况下，如果想象力依然被崇高的客体所侮辱，这是必然的，因为"想象力"在这个语境中意味着完全不同的东西。想象力**对我们来说**，成为我们如何描绘或思考想象力，如果令人恐惧的客体的威胁成为现实。(100)

这样，力学的崇高问题，只有当想象力本身成为反思性的，而且力学的崇高服从于数学的崇高时，才能解决（参见 McCloskey 101 和 Kant, *Critique of Judgment* 90；§23/244）。或许我们可以发现，力学的崇高本身可能是用于在康德的体系下解释伯克关于崇高的理论姿态，而不是这个体系本身的暗含部分。这意味着数学的崇高才是起作用的模式，它必须被用于揭示存在于虚无主义和康德式崇高之间的类似情况，如果它们之间确实存在这样一种关联。

尽管许多表面的类似存在于两个概念之间，但康德合并虚无主义和崇高的最重要贡献，存在于他对一种理智的崇高的介绍，在那里甚至"无限制"（limitless）和"无形式"（formless）（康德称之为 *Das Unform*）都可能被理解为崇高，**假如它们能够成为明显的精神客体**。在本章稍早的地方，我们发现包含"无形状的高山"（*Critique of Judgment* 105；§26/256）的崇高这样的精神概念。这相关于虚无"无形状的"（shapeless）本性，它之所以能被理解为崇高，是因为在康德看来，"崇高可以在一个无形式的对象上看到，只要在这个对象身上，或通过这个对象的诱发而表现出**无限制**，同时却又联想到这个无限制的总体"（90；§23/244）。这段话揭示了虚无（以及与之相关的虚无主义）也许可以被视为崇高，只要它符合下列条件：

- **无**（*nihil*）可以被视为一种对象。
- 虚无主义的对象对感官或想象力来说似乎是无限的。
- 虚无主义的对象能够被理性把握为一个总体。

如果我们承认 *nihil*（就像 *Das Unform*）可以被视为一种对象，那么它就是理性的对象，也就是理性可以使之具体化的东西。由于理性能够（而且明显已经）把虚无主义纳入一个体系，因此接下来就是理性先天具有把握虚无感的能力；由于 *nihil* 作为一个概念可以在心灵领域和其他概念相互作用，它或许被视为一个心灵对象。第二个标准包含在这个观念中，即尽管虚无可以被理性判断为一个对象，想象力却不一定能想象出虚无，但肯定能把虚无主义的空无理解为无限的，因为它完全缺乏任何事物。第三个标准确立了这个观点，因为理性或许可以把虚无主义的空无重建为一个总体（它是一个"无限的空无"）。这意味着一种虚无主义的崇高——一种运用虚无的崇高——在康德体系的参数里是可能的，尽管要精确化这样一种合并还面临许多问题。这主要是因为，在把虚无定义为一种对象（它同样可以被视为对象的**缺席**）时存在问题，也因为，为了让这种关联出现，虚无必须通过理性被带进存在。但这并不意味着把虚无主义感知为"崇高的空无"是不可能的，因为在浪漫主义的诗歌中，这是崇高感的组成元素之一。它或许能够证明，一个崇高的虚无主义不可能被完全在伯克或康德的崇高调制中被概念化，但只有在这些扩展中，我们才能够在浪漫主义的崇高中看见。

浪漫主义的崇高

　　浪漫主义的崇高，历史性地不同于康德和伯克的崇高描述，尽管后两者的一些元素存在于前者中（而且尽管很难确定某些东西明显是浪漫主义这样完全不同的领域中的某种崇高描述）。虽然前述模式在浪漫主义那里起作用，但正如沙佩尔（Schaper）所言，它们历史性地区别于可以被称为"浪漫主义的崇高"的东西：

　　　　康德关于崇高的观念深刻影响了浪漫主义思想，尤其是帮助形成了浪漫主义的想象力概念。不过，对康德来说，想象力在描述和联合感性可能提供的事物时，难以应对那些不能被感受或理解的东西，而且对于它的美的判断会是不充分的。崇高性超越了感性和知性的限制。（"Taste，Sublimity，and Genius"384）

　　沙佩尔指出，浪漫主义的崇高描述远离康德式的理智的崇高，而指向了伯克的前理性的崇高。但是，这并不完全准确。华兹华斯等诗人感觉到，崇高性出现**在人的本性之中**，这是一个**内在的**而非**外在的**机制。浪漫主义的崇高可以用两种相关的元素构成：人通过与自然（外在的和伯克式的）通常是孤独的交流而感受崇高的先天能力（内在的和康德式的）。

　　不过，建构浪漫主义的崇高并非简单任务，它不是伯克和康德崇高模式的简单综合。比如说，在德·博拉（de Bolla）看来，维斯科尔的浪漫主义崇高概念本身就是犯下时代错误的。他指出，"浪漫主义的崇高""不能被视为崇高谈论的衍生产品或副产品，因为它以许多不同的方式起作用和给自己定位"，因为"如果人们能够确定 18 世纪的辩论的副产品，它应该是在 1840 年代的社会和经济理论里，那里人们会发现同样的困惑，以及存在于伦理、美学和修辞学之间的相互关系，而且这种辩论更可能根据政治话语或政治经济学话语来理解，而非美学话语来理解"（*Discourse of the Sublime* 34）。不是伯克和康德传统的延伸，甚至也不是 17～18 世纪美学话语（它们是"政治经济学"话语的 18 世纪版本）的衍生物，维斯科尔的浪漫主义崇高描述与之前的描述之间存在明显的断裂。多诺霍走得更远，他甚至主张"浪漫主义的崇高"应当被称为"**耶鲁式的崇高**"（911），因为参与建构这种崇高的理论家——托马斯·维斯科尔、杰弗里·哈特曼（Geoffrey Hartman）和哈罗德·布鲁姆（Harold Bloom）——实际上都是 20 世纪的耶鲁批评家。

浪漫主义崇高的这种建构因此要为许多解读负责，这些解读似乎与浪漫主义自身的崇高经验没有多少关系。比如说，维斯科尔认为在康德和华兹华斯的崇高之间存在明显的对立，因为康德的体系是"以现实和想象力对现实的理解为代价对理性的夸大"（*Romantic Sublime* 41），而华兹华斯的体系是"关于深远（the profound）的艺术"（20）。对维斯科尔来说，崇高以两种模式被建构，**隐喻式的崇高和换喻式的崇高**。隐喻式的崇高是"自然的或康德式的"崇高，一种"解释学的或'读者的'崇高"，其中"决定性意义的缺席"问题被"替代物"所解决。（29）换喻式的崇高出现于"被意义淹没"（想象力的泛滥）的心灵"通过把所指的泛滥转移到一个临近的空间或时间维度"——一种"诗性的"崇高——来解决问题时。

（30）维斯科尔进一步反对这些崇高，认为隐喻式的崇高是消极的，因为它歪曲事实（对象被误解为崇高的原因），这是"对事实的镇压、隐匿和欺骗——一句话，它是个骗子"（46），而换喻式的崇高是积极的，因为它是"自我主义的"，而且最终"包容了所有他者，所有否定的可能性"（49）。① 事实上，维斯科尔能够运用康德著作的唯一方式，就是"净化掉它的唯心主义的形而上学"（23），这就是说，他不可能使用它，因为先验唯心主义是康德哲学的核心内容。

这些声明在建构崇高时描绘出了一种语言学的转向，那里崇高性在现实性的意义里出现。但是，这不是重回朗基努斯的修辞学策略，因为它关注的是崇高如何突破语言和瓦解语言，而不是寻找引起崇高的修辞学策略。术语"隐喻式的"和"换喻式的"只支持崇高的语言轴，而且关于这种对立的进一步区分——解释学的/自我主义的，以及读者的/诗人的——说明，这是一场寻求在读者和作者之间控制文本的争论。相反，康德式的崇高通常关注的是"表象领域"的对象：

> 崇高因此是客体的悖论，在表象领域，客体以一种消极的方式提供了一个观察何谓不可表象之物的维度的视点。在康德的体系里，这是一个独特的点，存在于现象和物自体之间的裂缝、空隙以一种消极的方式被消除了，因为在其中现象的充分表象物自体的能力**被刻在现象本身之中**。（Žižek，*Sublime Object* 203）

---

① 把"隐喻"作为崇高的消极性表现来使用，这重复了朗基努斯的声明，即在修辞学领域中使用"形象"可能会被一个恰到好处的崇高时刻所遮蔽："在美丽与庄严的辉煌氛围中，诡计的欺骗消失不见了，它逃避了所有的怀疑。"（26；§17）

齐泽克对康德的这一解释是在主张，崇高性表明精神客体难以用语言描述自身，而不是语言难以描述精神客体。尽管康德的崇高迄今一直被认为是理智的和想象的，因此不同于伯克经验的和自然的崇高，但维斯科尔认为，和浪漫主义语言学的崇高相比，康德的崇高本身就是自然的。尽管康德的崇高在这两种解读中都是"消极的"，但维斯科尔之所以批评康德，是因为他的崇高是理智的，而非语言学的。

当然，维斯科尔的浪漫主义的崇高概念是有缺陷的，因为它犯了时代错误。当维斯科尔在分析《序曲》并且发现华兹华斯那里存在一种象征心灵的二元性（过去和现在）时，他无意间揭示了这种缺陷："两种意识，自我意识/和其他存在的意识。"（II. 32-33）维斯科尔认为，这里的"另一种存在并不存在于过去；尽管他现在存在于那里，他也是现在的创造物"（170）。这对维斯科尔接近华兹华斯的方法来说是象征性的，因为华兹华斯的崇高的语言学结构本身就是"现在的创造物"。维斯科尔的浪漫主义崇高描述也可能是**犯了时代错误的**（"错位的"和时代误植地"不合时宜的"），因为它把华兹华斯的崇高置于语言之中，而不是置于对自然的理解中。相反，在华兹华斯和其他浪漫主义诗人那里，我们有可能看到伯克式和康德式崇高的**延伸**。比如说，我们可以看看帕西·雪莱（Percy Shelley）的《勃朗峰》（"Mont Blanc"，1816）：

> 令人眩晕的山涧！当我注目于它，
> 我似乎处于一种出神的崇高和陌生中
> 沉思我自己的单独的梦幻，
> 我自己的，我的人类的心灵，它现在

消极地服从于和揭示快速的影响物，

控制着一种不间断的交流

与那周围事物组成的清晰宇宙。（*Poems of Shelley* 1：II. 34–40）

    雪莱对山涧的反应是伯克式和康德式崇高的混合物，其中山涧开启了崇高感（一种自然的伯克式反应），但也创造了一种"单独的梦幻"（一种理智的康德式反应）；一种介于伯克式对自然的消极"接受"（reception）和康德式对自然世界的积极"给予"（rendering）之间的感受。不过，这段诗也谈论了一种"不间断的交流"，尽管是语言学的（正如维斯科尔将会指出的那样），却是崇高的，因为雪莱既被自然置于世界之中，也置世界于和他的关系之中。这段诗里没有恐怖，只有"与那周围事物组成的清晰宇宙"进行的单独交流。

    尽管像弗朗西斯·弗格森（Frances Ferguson）这样的批评家强调崇高性的孤独的一面，因为"孤独开始作为一个意识的空间而被培育，其中个体不再有责任回答他人"（*Solitude and the Sublime* 114），但这种观点实际上服从于其他东西，即在某个时刻"我"被明确区分为两种不同的身份，那个接受信息的"我"和注视第一种意识的"我"。① 这不是维斯科尔可能会说的那样是"一处存在于被想象的自我和他者之间的缝隙"（154），而是呈现于意识本身之内的缝隙，是萨特式"自为"存在的时刻。这意味着，自然作为呈现于萨特式意识中的"虚无"而行动，浪漫主义的自然形象总是包含缺席的在场。这能够解释华兹华斯诗歌中关于"两种意识，自我意识／和

---

    ①   不过，当弗格森写道，在《抒情歌谣集》里，存在一种"取消过去和当下存在的不同的尝试"（164）时，他似乎在崇高性的时间性方面同意维斯科尔。

对他者的意识"的区别，其中被关注的"其他存在"，不是过去的自我，而是他在场的自我，而且这是一个尝试抓住"当下"（now）的难以形容的时刻。这证明了关于崇高的研究为什么总是以失败告终：

> 灵魂忘掉感觉对象，却
>
> 记住感觉本身，因而
>
> 对一种可能的崇高性保持着模糊的意识，她以
>
> 不断增长的才智追求这崇高性，
>
> 才智永增长，
>
> 无论已达何种目标，它们仍觉
>
> 有所追求。（*Prelude*，II. 316–22）

维斯科尔把这段诗解释为崇高，因为"那确保持续性的经历被引向一种（从未被认识到的）充分的能指的可能性，因为灵魂最初感受的东西已经消失于虚空中"（144）。在这段诗中有一种内在的矛盾，它根本上为了探求一种**个体性的凝聚**（individuated cohesion），一个我成为我的超验时刻。这意味着崇高是一种挫折感，它起源于无能于实现自我的两个方面的和解，这两个方面的不同之处不是时间性的，而是空间性的；是自我的"再记忆"而非"记忆"。"无论他们得到了什么，他们依然还有东西要追求"的原因，在于人类无能于达到这种个体性的凝聚。关于绝对自我的研究开始成为一种无限的回溯，一种围着缺席之物转的乌洛波洛斯式圆环。因此，出现在浪漫主义之中的崇高感是一种虚无主义眩晕的结果，这种眩晕由对缺席的自我中心的反思造成。

这种处于存在核心的虚无解释了浪漫主义的崇高（以各种形式

出现）和虚无主义之间的关系，也说明了某些批评家能够在浪漫主义诗歌中发现虚无主义元素的原因［比如在凯（Kay）、伍德曼（Woodman）和拉茜丝（LaChance）那里］。浪漫主义诗歌对深渊式的意象和崇高的虚空的反复使用，说明了缺席对于理解浪漫主义的崇高来说至关重要："深渊"已经在这一章所引大部分诗段中出现。维斯科尔指出，这种"深渊"和"虚空"的出现主要是语言学的，因为它是"文本（能指）趋向于零度的稀释"（27），其中崇高性的语言变得"超越于一切语词之上"。对维斯科尔来说，崇高性标志着一种时刻，其中"所指的缺席本身取代了能指的地位"，因此"导致缺席变得非常明显"（28），这明显是在谈论语言的"深渊"问题。

不过，还有另外一种"深渊"，它相当于对一种神圣的"陆地"的拒绝。在浪漫主义诗歌对待自然的态度中，有一种一以贯之的审美趋向：比如说，雪莱的《仙后麦布》（"Queen Mab"，1812-1813）就指出"上帝不存在！"（There is no God!），因为"毁灭一切的精神（一粒种子）所包含的/是自然唯一的上帝"。（*Poems of Shelley* 1：VII. 13，23-24）雪莱的小册子，如《无神论的必要性》（"The Necessity of Atheism"，*Shelley's Prose* 37-39）和《对自然神论的拒绝》（"A Refutation of Deism"，*Shelley's Prose* 118-37），就是拒绝（宗教或神圣）权威主宰的象征，而且某种程度上揭示了他是一个准虚无主义者，正如伍德曼所言："任何具有精神或政治伪装的君主，最终都与雪莱诗性的虚无主义格格不入。"（288）尽管诸如卡洛斯·贝克（Carlos Baker）、大卫·李·克拉克（David Lee Clark）等批评家认为这样的小册子是不可知论而非无神论的声明（参见 Baker 29 和 *Shelley's Prose* 37），但很明显的是，"上帝不存在！"是针对这些观点的最好的控告书，当伯曼（Berman）写道

"我想，没有什么比这个由四个单音节词组成的句子更高兴地否定上帝的存在的了"（140），他就注意到了这一点。雪莱认为，弥漫整个自然的，不是超验的上帝，而是一种**世界精神**（*Weltgeist*）。正如雪莱在《仙后麦布》中拒绝上帝的存在后紧接着说的那样，"自然证实了他的死亡呻吟所遮蔽的命运"（VII. 14）。

　　由于作为无神论的虚无主义谈论和浪漫主义的出现之间存在暂时性的接近，像华兹华斯《抒情歌谣集》（*Lyrical Ballads*）中的《丁登寺》（"Lines Written a Few Miles above Tintern Abbey", 1798）[他于其中把自己描述为"一个自然的崇拜者"（153），尽管这自然是一处废弃的修道院里的自然]，显示了一种从超验的权威向这种崇高的世界精神的转变。尽管浪漫主义本身不是虚无主义的，但它与那一时期无神论信仰的发展难逃干系。正如济慈（Keats）在像《为何我今夜大笑》（"Why did I laugh tonight?" 1818）这样的十四行诗里所言："没有上帝，没有魔鬼的严酷回应，/来自天堂或地狱的回应。"（2-3）同样，在《带着对众生的迷信的厌恶而写》（"Written in Disgust of Vulgar Superstition", 1816）中，他写道，"人的心灵被紧紧地绑缚在/一些黑色的魔咒中"（5-6），这些正统信仰的魔咒，令人想起布莱克（Blake）诗歌《伦敦》（"London", 1794）中的"被遗忘的心灵镣铐"（8）。不同于布莱克、济慈和雪莱蔑视正统信仰（而且因此被贴上"虚无主义者"而不是"虚无主义的"标签），拜伦（Byron）在《唐璜》（*Don Juan*, 1819-1824）这样的诗歌里暗中宽恕虚无主义。在诗歌的结尾，唐璜被留下"一道难题，就像所有的事情那样"（XVII. 13），因为查尔斯·拉茜丝（Charles LaChance）所谓"意识形态的精力异常旺盛"："完全相反的信仰体系的有意对抗，直至它们消灭彼此。"（"Nihilism, Love &

Genre in *Don Juan*"142）尽管这样的浪漫主义的虚无主义描述不一定总是一种神性的缺席（在许多浪漫主义诗歌中，自然本身是神性的），正如马丁·普利斯特曼（Martin Priestman）所言，我们总是容易忘记，"在无神论话语中，'自然'替代'上帝'是多么关键"（*Romantic Atheism* 156）。更重要的是，学术界还没有真正开始研究浪漫主义文学提供的虚无主义动力，一种始于无神论的哲学。浪漫主义文学中普遍存在的对超验或绝对真理的拒绝，对"自然的"人道主义和"神性的"怀疑论的建议，正是关于虚无主义的早期谈论出现时所围绕的主题。

尽管崇高根据其发展与话语转换过程先于虚无主义而存在，但在这两个术语被使用的方法上存在一种并行不悖的状态。从文艺复兴、启蒙运动一直到今天，虚无主义和崇高在现代性概念的演化中都意味着特别的时刻。在崇高开始的地方，在从修辞学到心理学再到理性的转变过程中，虚无主义有着相似的转换，主要是从信仰向世俗主义（虽然是以一种消极的模式）的转换。在崇高代表意识形态的值得欢庆的一面时，虚无主义代表它的死亡，在那一刻，旧的意识形态对一种新的意识形态（由一种新的崇高来象征）来说成为残余。于是，虚无主义可以说是崇高的"延迟"形式，其中它们分别在不同的时间内标志一个相似的概念。尽管它们从未完全等同，而且不能在这些地方被合并，但它们之间确实存在一种关联，在后现代主义的支持下，这种关联开始结出果实。

理 论

第3章
虚无主义与崇高的后现代

在启蒙人道主义的出现中能够发现虚无主义和崇高的根源，这说明它们不像当代学者经常认为的那样区别鲜明。启蒙运动和崇高的历史很少包含虚无主义，尽管虚无主义明显是启蒙运动的产物。同样，虚无主义的历史并没有把虚无主义和崇高联系在一起。即使是吉莱斯皮的《尼采之前的虚无主义》，依靠笛卡尔和康德来证明虚无主义的历史结构，也回避这一问题。像卡尔、洛维特和阿多诺这样的批评家，尽管注意到虚无主义和启蒙人道主义存在类似之处，也没有认识到崇高——启蒙人道主义的必然要素——是虚无主义的必然要素，除了把它视为虚无主义得以实现的意识形态性的虚假意识。①

区分虚无主义和崇高的原因存在于启蒙人道主义本身的意识形

① 最近意识到虚无主义与崇高之间存在关联的当代批评家（不是利奥塔，本章稍后将会讨论他），是贾斯汀·克莱门斯（Justin Clemens）[经由大卫·克莱尔（David Krell）]。克莱门斯写道，被理解为反康德式的"接受的自由"的"我们时代的虚无主义"，最好不要被理解为反康德式的，而应被理解为（用克莱尔的话）对"康德《判断力批判》中的崇高分析"的延伸（*Romanticism of Contemporary Theory* 103 and 103n99；参见 Krell, *Daimon Life* 296）。事实上，克莱门斯的 *The Romanticism of Contemporary Theory* 整个是在有意不公正地而绝非只是暗示性地探讨这种关联。

态中：如果理性是一种社会性的善，那么一种反社会的虚无主义必然是恶的。尽管虚无主义根本上是一种理性哲学，但它证明了启蒙理性的无能，因而就像卡尔（*Bananlization of Nihilism* 14）所注意到的那样，被批评理性的人们视为一种"归谬法"（*reduction ad absurdum*）。与此类似，启蒙人道主义支持者对虚无主义的诅咒并非"理性的"（rational），而是"一种理由"（rationale）。如果虚无主义真的与启蒙观念相对立，那么一种证明虚无主义为假的先天判断就是可能的；相反，批评家就只能给出后天判断。正是这些事后判断证明，虚无主义是启蒙理性未曾预料的结果。尽管如此，那些争论似乎见效了，康德成为虚无主义和崇高的交叉点。对大多数批评家来说，当像费希特这样的"虚无主义者"开始挪用康德的先验唯心主义时，虚无主义开始出现了。这样的批评家忽视了一个事实，即虚无主义暗含于启蒙规划本身之中。由于这一点，比起皮萨耶夫和车尔尼雪夫斯基、尼采和海德格尔的判断，人们对伯克和康德的判断更为温和一些：虚无主义是消极的，而崇高是积极的。

虚无主义开始象征对一种特别的哲学（比如说，明显相关于一种基督教意识形态的无神论）的消极感受，而崇高象征对这同一种哲学（就他们对神性的削减而言，伯克和康德都可以被视为无神论者）的积极感受。这种具体化进程在 20 世纪达到顶峰，此时"虚无主义"这一术语开始成为一种辱骂，仅仅作为一个修饰语被用来规定其他哲学。结果，虚无主义不再是一个名词——关于 *nihil* 的意识形态——而是一个形容词，如果某种东西不受人喜爱，它就是"虚无主义的"。后现代主义和后结构主义在这一方面并无不同，因为它们都倾向于赋予虚无主义一个确定的意义，尽管存在**延异**（*différance*）的游戏。后现代主义和后结构主义批评家都强烈反对被贴上"虚无主义者"的标签，因为这个词所具有的消极内涵。相反，他们都喜欢被贴上崇高者的标签，在这个称号里，建基于延异游戏的"积极"概念之上的后现代崇高，总是积极的。比如说，尽管保罗·克劳瑟（Paul Crowther）写道"如果［……］我们可以具有一个理论上是充足的崇高观念，我们必然——以一种不同于利奥塔的方式——能够在这个概念的消极和积极内涵之间发现某些逻辑上的亲缘关系"（"Les Immateriaux" 201），但他并没有寻求把崇高视为虚无主义的。相反，他比较喜欢由维斯科尔这样的批评家发现的崇高模式，那里不同形式的崇高性作为隐喻性的和换喻性的感受的结果而出现。实际上，这种消极的崇高仍然是积极的。它只是发现崇高的积极感受的不同方式，而非一种消极性的崇高，或者一种虚无主义的崇高。后现代主义诅咒虚无主义，却把崇高奉为神明。

一种后现代的启蒙？

后现代批评家基于后现代主义的起源而区分虚无主义和崇高，而且以这种方式建构后现代主义，以强化二者之间的裂隙，尽管后现代主义的起源本身还很成问题。比如说，查尔斯·詹克斯（Charles Jencks）把后现代主义的出现定位于 1972 年 7 月 15 日下午 3 点 32 分，此刻圣路易斯市的布鲁特依果房地产项目被炸毁（参见 *Language of Postmodern Architecture* 23）。这象征着功能性现代建筑的毁灭和一些体现游戏精神的新型建筑形式的出现。这种建筑范例固然重要，但它忽视了对后现代感受的发展来说最重要的推动因素——第二次世界大战。这场战争从经济、情感和物质等方面把世界摧毁成一片无边的灰烬，而后现代的凤凰从中诞生。这个比喻不仅能够说明后现代主义"直面"大屠杀（使用这个短语的原因将会变得清楚）而采取的伦理学转向，而且能够说明后现代主义根本上是一种后启示录哲学的再生，它打算对导致大屠杀的东西——启蒙现代性——进行补救。① 但是，这种补救是自相矛盾的，因为这种比喻性的再生同样象征着 anamnesis——对曾经出现过的事物的回忆——以及它的破灭。② 这种自相矛盾位于后现代理论的核心，而且决定了虚无主义和崇高在后现代主义中融合的程度。

注意到后现代主义是大屠杀的结果，这出现于 1945 年。虽然存在主义文学和哲学也在此时繁荣发展，但后现代主义在它自己的话语范围内逐渐完成了这些文学和哲学。它挪用了存在主义的某些观念，比如荒诞，并且把它们重铸进自己的形象。对于存在主义的其他观念，后现代主义完全拒绝了，视它们为旧制度的残余，比如，后现代主义拒绝一种存在的主体性模式（以自我为基础的存在），而指向一种主体间性的存在（以他者为基础的存在）。这意味着后现代主义和启蒙现代性之间存在（可意识到的）区别，也规定了后现代主义拒绝把虚无主义视为一种正当哲学的那一时刻。对后现代主义来说，第二次世界大战和大屠杀是启蒙极权主义的产物，对它们来说"人道主义"只是一个错位的附属物。启蒙人道主义的"人道主义"与如何做一个人无关，而是相关于罢黜专横的上帝，用一

① 不过，需要指出的是，大屠杀本质上并非一个启蒙"事件"，尽管它与启蒙相关。是的，它确实把同一性逻辑推到了极致，但正如安德烈亚斯·海森（Andreas Huyssen）所言："奥斯威辛，毕竟并非主要来自启蒙理性——尽管它被组织为一个完全理性化的死亡工厂——而是来自一种暴力的反启蒙和反现代性作用，后者为了自己的目的无情地开发了现代性。"（*After the Great Divide* 203）

② 在 *The Opening of Vision* 中，莱文（Levin）主张后现代主义是虚无主义的，因为它难以达到"对存在、对存在的维度的回忆"（5）。这种观点是有缺陷的，因为后现代主义旨在从启蒙计划本身重新恢复启蒙的积极面。

个同样专横的人替换他，正如阿多诺和马克斯·霍克海默在《启蒙的辩证法》（*Dialectic of Enlightenment*）中所言："启蒙运动对待事物，就像独裁者对待人。他认识他们，是为了能够操纵他们。"（9）启蒙不是社会的解放，而是个人的解放（这在俄国虚无主义中可见），不是从迷信中解脱，而是对理性法则的服从。"现代性"，即西方社会不断增长的工业化，只是为了实现这一法则。日益便捷的通信和对生产的技术模式越来越多的依赖，把"人类"抽象进一种"远离中心奔向 X"（Nietzsche, *Will to Power* 8；§1）的运动。于是，"启蒙现代性"倾向于启蒙理性的抽象，成为所有导致大屠杀的事物的象征，一种被阿多诺和洛维特等批评家反复强调的观点。

后现代主义因此远离启蒙现代性，而且同时也远离虚无主义。可是，正如克里斯托弗·诺里斯（Christopher Norris）在《关于后现代主义的真理》（*Truth about Postmodernism*）中所言："只有在后现代主义被设定为反对现代（'被启蒙的'）理性和真理的虚假形象时，后现代主义才获得它作为解放运动的表象，这种真理为合乎逻辑的讨论假设自我授权的根据的存在。"（231）后现代主义创造了它自己的启蒙运动版本，以证明它自己的伦理有效性。正如大卫·霍林格（David Hollinger）所言，这种解释学暴力行为有意远离启蒙运动实际上已经说过的话，指向诸如利奥塔这样的后现代主义者想要它说的话："存在于 1890~1930 年代著作中影响深远的紧张，被一种新的历史编纂学给松弛下来了，后者反映了一群把后现代主义作为工具的人的霸权野心。1890~1930 年代这一历史阶段因此事实上最终被排除了，以便在后现代主义和笛卡尔、康德的老启蒙运动之间创造一个更加突出和重大的对抗。"（"Enlightenment and the Genealogy of Cultural Conflict" 12）就像诺里斯那样，霍林格认为后现代主义任意误读了启蒙运动："后现代主义者挪用了权威现代主义者的最令人激动的贡献，抹去了那产生了他们的运动。"（12）后现代主义因此只能通过对"启蒙"和"现代性"所意味着的东西的任意拒绝而成为"后现代的"。

后现代主义模糊了这一事实，即启蒙和后现代主义一样是一个仍然需要讨论的定义。通过把启蒙解释为同质性的，以此保护后现代主义的**异质性**，这忽视了启蒙的异质性：当批评家让启蒙局限于一种意义时，他们忽视了它的"反历史"。霍林格指出，启蒙实际上是两种非常不同的趋势并行发展的运动，其中第一种趋势是绝对主义的：

> 通过赋予人类理性在一块抹去了传统印记的白板上建立新生活的角色，启蒙规划否认了历史的局限性和可能结果。这种规划压制了大量特殊的文化首创精神，尝试通过为确定善、正义和真理而提出普遍法则来使所有的东西都变得一模一样。从政治上看，启蒙促进了专制主义和帝国主义的首创精神。总之，启蒙规划通过提倡一种绝对的科学确定性的观念，使我们对知识的不确定性变得盲目。（8）

这是对启蒙运动的一种消极描述，其中启蒙被设定为专制性的。它之所以使我们"盲目"，是因为有太多的光明，以至于无法"在黑暗中"（这个短语同样适用于种族主义者的殖民心态，就像启蒙者的科学理性）① 看见事物。不过，霍林格指出了另一种解读启蒙

---

① "in the dark"既可以译作"在黑暗中"，也可以译作"在黑人那里"，故作者会说"这个短语同样适用于种族主义者的殖民心态"。——译者注

的方式，这种方式绝对不是消极的：

> 经过毁灭性的审查，启蒙规划打击了偏见和迷信——它们保护奴隶制度，以及无穷无尽的不公正。它创造了对历史和社会的科学考察，以使我们能够带着如此的自信谈论社会对自我的依赖。启蒙促进了宗教宽容，以反对与自己相矛盾的专制主义的帝国主义野心。总之，启蒙是对传统政治权威的颠覆，并且最终带给我们民主。（8）

这是对启蒙的积极描述，在这里它成为一种解放性的规划。通过审查被普遍承认的智慧，启蒙作为一种颠覆性的行为把人类从历史和专制主义中解放出来，而非促进帝国主义和暴政。

启蒙怎么能够"总之"既是盲目的规划又是经过仔细审查的规划，既是压制性的规划又是颠覆性的规划，既是专制主义的规划又是宽容的规划？霍林格认为两种解释都是可能的："启蒙导致奥斯威辛，就像它也导致了大恐怖；或者，启蒙导致了我们据以判断大恐怖太过分的原则，就像它导致了奥斯威辛今天被普遍确切地诅咒的标准。"（9）这是一种"非此即彼"（either/or）的文化解释，其中解读者的感知决定着文化的意义。尽管这确实有效，但它促进的是一种对历史意识的**解释学的**（依赖读者的解释）而非综合性的（两种解释都是真的）解释。综合性的解释可以被规定为"二者都"（both/and），因为任何既定的时期都是"x 和 y 都存在"而非"要么 x 要么 y"的时期。尽管综合性解释在一种解读的意义上也是"解释学的"，但它证明了二元性是一种既有意识形态的最重要方面。① 涉及启蒙规划，这两种解释证明完全对立的规则的合而为一：虚无主义（消极性时刻）和崇高（积极性时刻）。

当我们像卡尔建议的那样（参见 *Banalization of Nihilism* 15；148n11）比较屠格涅夫的《父与子》和康德的《什么是启蒙？》（"Answering the Question：What is Enlightenment？"）对这个问题的回答时，这一模式依然有效。屠格涅夫指出："一个虚无主义者是不承认任何权威的人，他不接受关于信仰的某一单一原则，不管这一原则可能受到何等尊重。"（27）同样，康德也指出：

> 启蒙就是人类脱离自我招致的不成熟。不成熟就是不经别人的引导就不能运用自己的理智。如果不成熟的原因不在于缺乏理智，而在于不经别人引导就缺乏运用自己理智的决心和勇气，那么这种不成熟就是自我招致的。*Sapere aude*！（敢于知道！）"要有勇气运用自己的理智！"就是启蒙的座右铭。（"Answering the Question：What is Enlightenment？" 462）

这两段话都强调理性的极端重要性，但其中一段话是对虚无主

---

① 不同于雷蒙·威廉斯（Raymond Williams）关于意识形态发展的三分法，其中主流的、剩余的和新生的意识形态在一个既定的历史时刻相互竞争（参见 *Marxism and Literature* 121-27），这种观点认为在任何既有的历史时刻，都存在一种二元性，"进步"根据存在于两种对立的意识形态中的张力来衡量。事实上，这种观点是詹克斯（Jencks）的"双重编码"理论（*What is Postmodernism？* 7）在现代性历史中——而非只在"后现代转向"这种"后现代"启蒙运动中——的延伸。注意，这也见于齐泽克（Žižek）关于启蒙运动的定义，他指出，康德的"什么是启蒙？"宣称尽管争辩，不管你想要什么，想多少，但是必须服从！这句话包含了与启蒙相矛盾的"必要的对立面"，用以"完成"启蒙的规划（*Sublime Object* 80）。

义的消极性描述，而另一段话却是对崇高的积极性描述（康德的启蒙理论通过在理性的启蒙话语中暗示崇高来实现）。不过，这两段话都把对既有规范的反抗与理性进程关联在一起。于是，虚无主义和崇高在启蒙规划中具有内在的关联，它们相互纠缠于启蒙规划关于权力、知识和语言的思考中。虚无主义反映的是所谓消极性解读，关注旧等级的摧毁——理性主义以信仰为代价、人类以神圣者为代价提出的建议。崇高反映的是对启蒙运动的积极性解读，它恰好运用同样的观点，促进理性心灵战胜神性意识形态，形成科学实证主义，主张人类是世界最重要的元素。

这样的一种领悟，让我们对后现代主义产生了一种新的感知。没有内在于启蒙运动的虚无主义或崇高，后现代就不可能发生。这说明后现代既是启蒙的结果，又是对启蒙的反应（一种综合性的解释）。类似于启蒙运动，后现代主义是虚无主义和崇高**两者**的混合物，就像汞合金一样。这种二元论证明后现代主义的启蒙解释和由霍林格和诺里斯等批评家指出的问题：后现代主义，至少是由利奥塔描述的虚无主义，只是颠倒了虚无主义和崇高之间的对立，而不是避开了这种对立。正如下表所示，对虚无主义和崇高的这种颠倒或位移，出现于整个历史中。

表 3-1　意识形态中的虚无主义和崇高时刻

统治性的意识形态	崇高时刻	虚无主义时刻
基督教	神性的提升	理性/人道
启蒙现代性	理性/人道	神圣者/独裁主义
后现代主义	非理性	先验性/元叙事

表 3-1 说明，虚无主义和崇高之间的对立不只存在于某一历史

时刻（作为两种对立的意识形态），也存在于某种统治性的意识形态（作为两种对立的时刻）中。基督教主张一种崇高，它依赖于神性提升的观念（朗基努斯），并且视理性和人道主义为虚无主义的[科特斯（Cotrès）① 和雅克比]，因为它反对理性和人道主义。启蒙现代性主张一种理性的或人类中心论的崇高（康德和伯克），把神性视为虚无主义的（尼采）。基督教认为启蒙是虚无主义的，而启蒙认为基督教是虚无主义的。后现代主义把非理性提升为崇高，而把元叙事和先验观念斥责为虚无主义的，因而用虚无主义暗指基督教和启蒙运动。因此，要回答利奥塔（通过康德）提出的问题——"什么是后现代主义？"——同时需要对虚无主义和崇高进行概念化。尽管利奥塔和让·鲍德里亚对后现代主义及其崇高的感受各有不同，他们都不可避免地返回虚无主义。

崇高的后现代 I：利奥塔和不可表现之物

利奥塔对后现代的崇高的定义，是他的重要文本《后现代状况》（*The Postmodern Condition*）中被经常引用的部分之一，其中他指出，不可描述性（unpresentability）② 是后现代艺术的主要特征之一。这来自利奥塔对康德的崇高的解读，这种解读和他对伊曼纽尔·列维纳斯（Emmanuel Levinas）的解读一道形成了后现代的定义：

① 根据古德斯布鲁姆的考证，西班牙罗马天主教政治家 Donoso Cortès 曾经于 1851 年发表过诅咒所有理性主义学说为虚无主义的著作（*Nihilism and Culture* 5）。——译者注

② "unpresentability"亦可译作"不可呈现性""非在场性"。——译者注

后现代在现代中，把"不可描述之物"置于"描述本身"中；后现代不再从完美的形式获得安慰，不再以相同的品位来集体分享对不可企及之物的缅怀；后现代寻求新的描述方式，并非要从中觅取享受，而是传达我们对"不可描述之物"的一种更强烈的感觉。（*Postmodern Condition* 81）

这里，后现代主义根据崇高（把"不可描述之物"表现在"描述本身"中）来定义。正如我已经暗示的那样，把崇高仅仅作为后现代思想的某种要素来讨论，会错失这样一个要义，即在利奥塔的定义里，后现代本身就是崇高的。"后现代的崇高"并非指崇高的一种调整，它可以直接和康德或伯克的崇高相比较，而是指这样一个事实，即后现代就是崇高；一个"崇高的后现代"。

对后现代主义的概念化，可以解释利奥塔为什么会把后现代描述为一种对艺术的现代霸权的突破。利奥塔用现代这一术语"指代任何根据元话语获得自身合法性的科学"（*Postmodern Condition* xxiii）。相反，"后现代"一词"必须根据未来的（post）先在（modo）这一悖论来理解"（81）。利奥塔在这里暗示，后现代主义突破既有的现代主义规则的能力，在它们被写出来之前就已经生效了。利奥塔的后现代主义，虽然在历史上"后于"现代主义，但在理论上"前于"现代主义。由于这一原因，利奥塔的"崇高的后现代"概念反映了康德式的崇高模式，其中无形式（*Das Unform*）是它的作品的主要方面："在伯克和康德那里，崇高出现时不再有一种美的形式。康德本人说过，崇高感是对 *Das Unform* 即某种无形式的感受。从规则和规定的后退，是关于崇高的感受的原因。"（"Complexity and the Sublime" 11）这种"从规则和规定的后退"导致崇高，而且因此现代主义被理解为"规则和规定"，而后现代是从它们那里的"撤退"。当利奥塔后来在其他地方讨论"社会""开端"或"世界"等"理性理念"时，他进一步确定了这一点。这些之所以是崇高的，是因为我们对它们为何物没有"感性直观"："理念一般而言都无法描述，而这正是崇高的问题。"（11）这是对康德崇高的复原，因为它不是对一个对象的描述，而是对一个理念的想象，这带来了崇高感。

利奥塔对康德的解释被恶意中伤，这在于他给予不可描述性的特殊地位。诺里斯认为，从利奥塔既滥用这个概念，又移除这个概念的比喻本性来说，他实际上使康德的崇高"大为减色"①。诺里斯认为，这是像西里斯·米勒（J. Hillis Miller）这样的批评家的文本解释的结果，在康德著作中的难题不可避免地导致通往"修辞学的'不可判定性'，而这预示着康德批判思想的整个大厦被摧毁"（*Truth about Postmodernism* 212）。诺里斯把这种解释和奥诺拉·奥尼尔（Onora O'Neill）的解释相比较，后者尽管是"修正主义的"（182），但还是比较积极的："奥尼尔更倾向于以理性-重构的模式解释康德的观点，这就是说，是可以通过运用尊重他的哲学目标的术语作辩护，同时尽可能地符合当前哲学讨论的解释标准。"（212）倾向于奥尼尔的诺里斯以一种完全不同于利奥塔的方式解读康德："［康德］把［……崇高］视为通向'超感官'判断领域的途径，

---

① 参见 Norris 的 *Truth about Postmodernism*，第 182~256 页。这种大为减色出现在整个崇高历史中，因为每一个时代都寻求通过一种解释学暴力行为正名自己的崇高概念。这种情况同样出现在虚无主义的历史中，Vattimo 在 "Optimistic Nihilism" 中曾经写道，"克服（Verwindung）同样也意味着'扭曲'，［……］意味着一种扭曲的接纳"（38），而且关于虚无主义的研究综述包含着对先前的虚无主义类型的克服。

这种判断的法则，不是由认识论要求给予，后者的概念与感官体系相符，而是由理性在更高的法庭上的实践给予，在那个法庭上，美学问题可以被视为等同于伦理道德问题。"（246）① 在利奥塔关注无形式的地方，康德的崇高暗指一种理性道德规范的结构——总之，它是一种启蒙的崇高。利奥塔把两种不同的体系合并在后现代中，因为他把启蒙伦理学从康德的崇高中移除（只剩下康德美学），用列维纳斯的伦理学填补。当利奥塔在谈论巴尼特·纽曼（Barnett Newman）的作品时，他暗示了这种挪用："在伯克和康德所描述的崇高的意义上，它仍然是崇高的，而又不再是他们的那种崇高。"（"Sublime and the Avant-Garde" 199）利奥塔对列维纳斯伦理学的有意使用，完成了两件事情：首先，通过列维纳斯伦理学拒绝了元叙事的（也就是启蒙的或现代的）形式；其次，倡导一种美学的崇高，它通过康德的 *Das Unform* 在"奥斯威辛之后"大行其道。

以这种方式看待后现代，说明"崇高的后现代"并非直接就是康德式的，而且解释了利奥塔的崇高模式为什么能够激起自身的不可描述性的观念。在《反理论》（*Against Theory*）中，德怀特·弗洛（Dwight Furrow）指出："康德的崇高承认不可描述之物，但用一种虚构之物替代了它，以服务于一种范导性理想——一种为人而设定的自然目的论假设——的功能。"（180）这一点被利奥塔拒绝了，他"通过调用一种可挽回的、最终的结局［……］变得非常怀旧，这种结局通过拒绝和解那对立的感受，持续提及描述不可描述之物的不可能性"（180）。康德描述了一种辩证的、综合的崇高，它被

---

① 要想更多了解 Norris 关于利奥塔和康德式崇高的关系的解释，参见 *What's Wrong with Postmodernism*? 第 6~15、217~219 页。

利奥塔的崇高所反驳，后者拒绝在自身中出现综合的可能性。不过，利奥塔也许不会同意弗洛对康德的解读，正如他关于无形式的完整讨论所揭示的：

> 那些质疑者认为康德的崇高是有限的，它被法则所主宰的宇宙这一观念所吸收，对此我也有话要说。在伯克和康德那里，崇高只有在美的形式不再存在的时候才出现。康德本人也说过，崇高感是关于某种无形式之物的感觉。从法则和规定的后退，是崇高感产生的原因。这就是我尝试说的死亡观念。它也是上帝的死亡（我并不假设菲利普·拉古-拉巴特会赞同我的观点，因为这当然实际上是尼采的立场）。（"Complexity and the Sublime" 11）

利奥塔关于康德的观点是，无形式是康德式崇高的基础，尽管事实并非完全如此。弗洛的观点是有说服力的，因为康德把崇高视为一种先验理念（还有什么别的理由说他是一个"先验唯心主义者"?），而且因此康德式崇高不再损害自身，尽管这种崇高促进了无形式和"从法则和规定的后退"。虽然康德式的崇高并不必然是一种"调节性理念"，但它包含了"一种自然性的目的论"。相反，利奥塔对后现代的定义拒绝任何自然目的论观念，因为这将会最终成为"一种好的形式"（a good form）：

> 在完全拒绝强加给任何话语终极性的过程中，由各种语词政权和流派组成的整体都被保留下来了，因为存在于它们之中的各种入侵只是类似的借用物。伦理学可能采用了叙事，但只

是为了证明一种特殊的描述的有限性；叙事可能采用了道德描述，但只是为了证明一种文学开场白或声明在历史真实性面前的局限性。（Furrow, *Against Theory* 181）

弗洛的总结证明了后现代话语的偶然性本质——它"拒绝强加终极性"，这反过来适用于它自身。后现代主义的这一方面来自利奥塔对列维纳斯伦理学的暗用，其中"善的意识"（*bonne conscience*）——被解读为利奥塔的"好的形式"——是非伦理性的。

在这种后现代主义的定义中存在诸多问题。强迫留意对不可描述性的保留，造成了可描述性问题。这个问题被一些后现代主义的批评家所注意，并且由弗洛清晰地总结出来："尽管利奥塔宣称，一种终极目标的统一性不再被视为一种'导引线'，就像在康德那里一样，但禁止证明描述不可描述之物的不可能性，这所暗示的不统一性，**似乎仍然是一种调节性理念**——因此保留了康德崇高的目的论结构。"（182，黑体为笔者所加）由于"禁止"把不可描述之物保留为不可描述之物，利奥塔可以被视为在发布一项律令（*diktat*）。同样，当利奥塔说"简化到极致，我把后现代定义为对元叙事的怀疑"（*Postmodern Condition* xxiv）时，这也许可以被解读为一个祈使句——"怀疑元叙事！"，而且因此形成一种"后现代"的元叙事，尽管这样的解读并不完全准确。可是，这部分暗示了后现代自反性在后现代主义内部创造了一种悖论，在那里，它自己的伦理立场使它自己变得无效。

这些问题之所以会出现，是因为利奥塔把列维纳斯的伦理学添加进了康德美学。列维纳斯的来自他的大屠杀经验的"他者"（the Other）概念，在自我和他者之间促成了一种伦理关系，这种关系建立在主体间性而非主体性的存在模式上。弗洛总结如下：

> 如果后现代是"在现代中，把'不可描述之物'置于'描述本身'中"，那么后现代在描述正义的尝试中推出——在正义当前采取的形式和制度中——绝对的他者。在这样做时，它不是为了寻求实现一个目的，如正直或个性，它们可以独立赋予他者，或他者关于我们的声明，而只是对与面对面的他者的遭遇的回应。（*Against Theory* 184）

弗洛在这种后现代定义中指明了康德的崇高类型（把"不可描述之物置于描述本身中"）和由列维纳斯提出的伦理关系（"与面对面的他者的遭遇"）。列维纳斯的伦理学提出了一种新的看待存在的方法，它不是建立于个体的主体性之上，而是建立于个体与其他个体的关系（主体间性）之上。

列维纳斯放弃了笛卡尔的"我思"（*cogito*）观念和萨特存在主义的存在（Being）的"自为"，提出作为自我认识的存在，只有在与他者面对面的接触中才可能达到。当列维纳斯指出"认识"的欲望总是关心他者与自我的合并时，这种主体间性可以被清楚地发现："自黑格尔以来，任何被视为与无私的知识获取格格不入的目标，都被归属于作为一种科学（*savoir*）的知识的自由；在这种自由中，作为本身而存在就是来自被理解为**对同一种存在的积极肯定，理解为存在的强度和张力**。"（"Ethics as First Philosophy" 78）列维纳斯指出，为了认识某物，有意识地存在寻求对他者的殖民。它不是为了接触他者，而是为了运用它自己的术语去把他者划分到一个范畴中。列维纳斯称这种存在模式为 *bonne conscience*，因为它本身有

"善的意识"，但又主张存在必须具有 *mauvaise conscience*（恶的意识）；这样的存在模式建立于问心有愧（自我只因他者而存在）的能力之上。正如列维纳斯所声明的："人是向非意向性的意识内部的回归，是向恶的意识的回归，是向恐惧非正义胜过恐惧死亡的能力的回归，是宁愿忍受也不会从事非正义的倾向的回归，是向为存在辩护而非担保存在的倾向的回归。"（85）恶的意识是一种存在模式，它只有通过他者才能实现自己的存在，它自己与他者之间的可区分的关系是这样的，即如果他者不再存在，它也不再存在。这出现于面对面的关系中，因为他者的面孔让我们意识到我们自己是谁，而且强迫我们对这个谁负责。列维纳斯写道："面孔是不可侵犯的；这些绝对没有任何防护的眼睛，人类身体中最裸露的部分，却提供了一种对所有物的绝对反抗［……］看面孔，就已经能够听到：'汝不可杀人。'"（*Difficult Freedom* 8）① 正是对面孔的接纳，认识到自我和他者不是一个人，这把自我带入与他者的伦理关系中：为了我们的存在，我们必须感谢他者。愧疚是在恶的意识中的存在模式，我们之所以会感到愧疚，是因为我们通过他者和为了他者而存在，是因为我们对他者的幸福负有责任。② 对大屠杀事件的反应完

---

① 在 *Altered Reading* 中，吉尔·罗宾斯（Jill Robbins）对列维纳斯式的面孔的描述，解释了利奥塔"贬损"（dis-figures）康德式崇高的原因，因为去"描绘"（figure）就是去"遗失人之所是，就会变为一种雕像，变为石头"（50），并且因此"去描绘一张脸就是去丑化（de-face）它"（57）。

② 在 *Downcast Eyes* 中，杰伊（Jay）称这种"面部"伦理为"失明伦理学"（543），并且因此把后现代主义描述为伦理学的（在列维纳斯意义上）。这种观点可以拿来比较莱文的观点，后者呼吁"打开眼界"（*Opening of Vision* 8）以对抗后现代主义。尽管莱文认为"为了我们自己的同一性的愿景，我们受恩于他者，受恩于他者的存在"（260），他并没有提及列维纳斯，却虚无主义地看待后现代主义。

全可以说明：如果人们恐惧"非正义胜过恐惧死亡"，那么更多的人就会被拯救，如果人们想到"为［他者的］存在辩护，胜过为［自己的］存在担保"，那么大屠杀也许就不会发生。尽管列维纳斯没有明确再现过大屠杀，他的伦理学却来自大屠杀，来自他与大屠杀的唯一的伦理关系：恶的意识。

大屠杀可能是列维纳斯的基本原理，用以把伦理学确定为"第一哲学"，用以形成一种存在模式，这种模式不是基于自身，而是基于他者的存在。尽管柏拉图以来的哲学关注的是对"知识的无私获取"，列维纳斯还是建议伦理学应该替代存在论成为哲学的最初模式："这是存在的意义问题：不是对那个非凡的动词①的理解的存在论，而是关于这个动词的正义的伦理学。最重要的（*par excallance*）问题，或者哲学问题，不是'为什么存在者存在而虚无不存在？'，而是存在如何为自身辩护。"（"Ethics as First Philosophy" 86）这意味着哲学现在必须处理"怎样存在"的问题，而非"我们为什么存在"的问题。先前的存在模式——对他者的虚无主义毁灭，以确保自我的存在，对自我的可区分性定义，以反对他者的自我——导致大屠杀的虚无主义泛滥。② 列维纳斯的伦理学倡导一种指向他者的运动，其中存在承认，他者与我们是不同的，而且这种不同应该持续下去。

列维纳斯的这种伦理学可以转移到利奥塔对后现代主义的定义中：后现代对不可描述性的痴迷是这种针对他者的伦理反应的结果。

---

① 即"存在"。——译者注

② 这种并置，明显见于保罗·奥斯特（Paul Auster）的 *The Invention of Solitude*，那里，当奥斯特去拜访安妮·弗兰克（Anne Frank）战争期间大部分时光都在那里度过的阁楼时，他注意到"笛卡尔曾经住过的一所房子的后面的窗户"（83），这可能意味着在"我思"（*cogito*）和大屠杀之间，存在一种下意识的关联。

后现代在避免分类化时，致力于解决对"形式"和"规定"的主张，避免以他者为代价肯定自身。它对尊重不可描述性的要求，是一种伦理性的要求，后者来自他者的面孔，而且它的"知识"关心的是保护那表象性的"裂隙"——与绝对之物相对立的偶然之物。可是，尽管"崇高的后现代"把自己置于启蒙虚无主义的对立面，而且主张一种指向无形式的伦理学转向，这种转向已经与虚无主义牵连在一起，因为存在于启蒙运动内部的虚无主义与崇高的内在关系不可能那么容易就被抹掉。利奥塔可能希望逃离虚无主义，虚无主义却在后现代那里无处不在。

虚无主义与利奥塔的崇高

尽管利奥塔千方百计想从"崇高的后现代"那里抹去虚无主义，后现代主义还是证明自己与也许可以被命名为它的"虚无主义"根源的东西，以及抹去这一根源以有利于"崇高"的倾向有一种明显的亲密性。这种亲密性的主要表现，就是利奥塔关于崇高的每一种声明都总是以某种方式重新提及虚无主义。不仅是像"无形式"这样的概念可以按照虚无主义来理解（康德式崇高类似于尼采的"上帝死了"），而且每当利奥塔遭遇虚无主义和崇高中的任意一个时，另外一个也必然同时出现，利奥塔通常视崇高比虚无主义更重要。比如说，在讨论后现代对历史的破坏时，利奥塔注意到尼采和康德的解释都以这样的方法进行：

现代性无论出现在什么时代，如果不伴随"信仰的毁灭"，并发现现实的"无现实性"，以及对其他现实的创造，那么就不可能存在。

如果我们试图将"无现实性"从狭隘的历史化解释中解脱出来，它能隐含的意义是什么呢？这个术语当然与尼采所谓虚无主义相关，但我在康德式崇高主题中，就已经发现这种视角主义的最早转化。我尤其要指证，正是在这种崇高美学中，现代艺术（包括文学）才找到了原动力，而先锋派才为自己的逻辑找到了定理。（*Postmodern Condition* 77）①

利奥塔认为，当代总是拒绝过去的规划（既指过去怎样被规划，又指那些"过去的"规划），总是解释"后现代"如何不同于"现代"。利奥塔把这与"康德式崇高主题"准确地联系起来，因为后现代主义以虚无主义为代价让自己建基于康德式崇高。事实上，他反对尼采和虚无主义，因为他主张尼采的虚无主义来自康德。但是，这也是利奥塔对德国唯心主义的反对，"在所有思想和现实构成一个体系的原则支配下"，这种唯心主义"尤其吸收了"朗基努斯的崇高（"Newman：The Instant" 245）。利奥塔用费希特和黑格尔比较康德和伯克，然后暗示，尽管费希特和黑格尔"尤其吸收了"崇高概念，但康德和伯克也这样做了：不同之处只在于程度。（利奥塔式的）后现代继续使用着崇高概念，却没有感觉到它总是与虚无主义相纠缠。

从利奥塔的立场可以推出，后现代主义和虚无主义实际上少有

---

① 这段引文从很多方面预示了这本书中所呈现的对虚无主义的"后现代"描述，因为它"尝试"使虚无主义"免于一种狭隘的历史化的解释"，而这种解释本身就既是崇高的，又是虚无主义的，同时又悖论式地保留在一个历史性的后现代框架里。

相同之处，而且那只是一种对命运与历史不符的解读，或一种历史性的怪癖，这种命运指的是，虚无主义和崇高在利奥塔的"崇高的后现代"中达到了极点。可是，不可描述性这一概念位于利奥塔的后现代概念的核心，这说明后现代与虚无主义之间存在关系。利奥塔对不可描述之物（康德与列维纳斯的结合）的伦理性欲望，导致对缺席在后现代中的角色的特殊规划。在后现代中，"一个特殊的地方被指派给沉默，"正如蕾妮·凡·德·瓦尔（Renée van de Vall）所言，"对凡是传统哲学视沉默为空白和未知领域，因而应当用概念、推理和结论详细规划的地方，利奥塔都有所保留。他注意到这一事实，即绘制一种哲学空白点的图表，通常是概念殖民的第一个步骤。[……]沉默意味着我们的理解中存在不可避免的空隙，这些空隙应该被尊重，而不是被跨过"（"Silent Visions"69）。利奥塔把沉默建构为某种话语的他者，尽管为了保持指向这种再现性的空隙的伦理态度，他必须对沉默保持沉默。

事实上，不仅沉默指向不可描述之物，任何对缺席的描述都会这样，正如利奥塔在抽象绘画中也注意到一个类似的危险："从1912年开始流行至今的抽象绘画的根源，就在于要求从可见之物中对非可见之物进行非直接的和几乎无法把握的暗示。崇高，而非美，是这些作品所要唤起的感受。"（*Inhuman* 126）于是，沉默和不可见性在利奥塔的崇高概念中是相似的。沉默和不可见性都是表象的缺席，其中沉默是表象性语言的缺席，而不可见性是表象性象征物的缺席。利奥塔的这种崇高出现在约翰·凯奇（John Cage）的音乐中，他的《4′33″》是四分三十三秒的沉默，而且也出现在伊芙·克莱因（Yves Klein）、罗伯特·吕曼（Robert Ryman）、罗伯特·罗森伯格（Robert Rauschenberg）和艾德·莱因哈特（Ad Reinhardt）的作品中。克莱因的蓝色绘画，吕曼和罗森伯格的白色绘画［比如《第三层面纱》（*Surface Veil III*）和《白色绘画》（*White Painting*）］，还有莱因哈特的黑色绘画，和巴奈特·纽曼（Barnett Newman）的作品一样都是崇高的，它们强迫欣赏者直面恐怖，因为那绝对的空白——缺席的在场——强加于它们，而且使它们成为虚无主义的，在它们"使用"虚无的意义上。

纽曼对这一点很感兴趣，而利奥塔特别关注纽曼对待崇高的态度。在谈论纽曼的绘画时，利奥塔这样定义如此恐怖的时刻："人们感受到，虚无将会很快淹没一切，这是可能的。所谓崇高就是这种感受，即感觉到在这种令人恐惧的空白中，某种事情无论如何即将发生（take place），某种东西就要出现（take 'place'），就要宣布事情并没有结束。那个地方（place）就只是'这里'，那最小的事件。"（"Newman：The Instant"245）在利奥塔《纽曼：瞬间》（"Newman：The Instant"）所谈论的绘画《人、史诗与崇高》（*Vir Heroicus Sublimis*，1950-1951）中，有一片红色的区域，那里存在四处"拉链"（四处"拉链"指的是一组很淡的色彩，它们垂直地在画布上流下），而在左边和右边，有两处淡红色的拉链，一处白色的拉链轻轻置入左边的红色拉链，而另一处黑色的拉链轻轻置入了右边的红色拉链。这些拉链把整幅画分为五个区域，绘画的中心是最大的色域。不过，这幅画最重要的地方在于他的尺幅；它大约八英尺高和十八英尺宽。欣赏者被这幅绝对在场的画，一座比喻性的大山矮化了，因为它威胁着他们的身份意识。于是，他们在"这里"注视着绘画，但他们的自我几乎只是"最小的发生事件"。还有，那些拉链把存在者（存在？）置于压力——被更大的缺席的空间包围的在场的拉链——之下："对纽曼来说，创造不是由某人做出的行为；它发生于那不确定性之中。"（243）艺术家和他的观众在一个不确定性关系领域获得关于存在的些许感受。

崇高时刻——自我重新确定自己的时刻——出现于这一条件下："当作品出现（se dresser）于一瞬间，那一瞬间的闪光像一声微弱的命令撞击着它：存在（Be）。"（249）这就是凡·德·瓦尔注意到下述现象的原因："崇高感不是对已发生之物的感受，而是对什么事情必然发生的感受。"（71）这不是"这里""现在""我是""这是"的时刻，而是这样的时刻——那个"瞬间"，其中会发生这样的事情："因此我们必须建议，有一种心灵状态，它是'在场'的猎物（这种在场不能在**此时此刻**的感受中呈现，也就是被在场的直证所指定），这种无心理活动的心灵状态，之所以是心灵的需要，不是为了被感知或感觉，也不是为了被给予或抓住，而是只有这样才有某种东西存在。"（Inhuman 140）利奥塔指出，这个"某种东西"不是自我的再次苏醒，因为"这个瞬间不可能被计算，因为为了计算这个时间，哪怕是一个转瞬即逝的时间，心灵都必须是积极主动的"（140）。于是心灵存在于崇高状态，这个状态是"无心理活动的心灵状态"，它是我不存在于其中的"现在"："这幅画呈现了在场，存在者把自己献给此时此刻。"（"Newman：The Instant"244）用列维纳斯的术语，这是 il y a ［there is（存在）］的时刻，是"所有客体消失"的时刻，是"主体消亡"的时刻。（Levinas, Existence and Existents 67）正如吉尔·罗宾斯（Jill Robbins）所总结的："那个 il y a 是一个黑暗的地方，一个令人恐怖的地方，'存在的事件返回到否定的核心，''在场在缺席中的返回。'"（Robbins, Altered Reading 92；单引号内文字引自 Existence and Existents 61 和 65）

在利奥塔把（可能是罗森伯格的）白色绘画描述为"再现虚无（除非它有某些不可再现的地方）"（*Inhuman* 121）的意义上，而且在他对恐怖的描述使得崇高成为"无物可能发生的感受：现在只有虚无"（"Sublime and the Avant-Grade" 198）这一意义上，这种崇高是虚无主义的。对虚无的描述创造了一种崇高感，尽管这同样会激起"我在"（I am）的时刻———一种自我的复活——而非我消失（I-less）的［且盲目的（eyeless），因为这是心灵盲目的节点］瞬间。① 同样，在凯奇、罗森伯格、吕曼、莱因哈特、罗斯科（Rothko）和克莱因那里，对虚无的描写也存在问题。他们或许只因为这一事实而被视为崇高的虚无主义者，**即他们没有应对虚无**。莱因哈特、吕曼和罗森伯格并没有画单色画（如"一种颜色"），而是在白色上画白色，在黑色上画黑色。即使是克莱因的单色画也没有反映虚无，正如他在《切尔西酒店宣言》（"The Chelsea Hotel Manifesto"）中所写："在拒绝虚无时，我发现了虚空（the Void）。"（引自 Collings, *This is Modern Art* 170）这个成问题的虚空被"克莱因的蓝色"所再现。这些绘画并非"虚无"，而是某种东西。就像凯奇的《4′33″》，它们实际上关心的是**表演性**。凯奇写道："不存在这样的东西，如一个空无的地方或一段空无的时间。总是有某种东西可以看见和听见。事实上，尝试让我们能够制造一种沉默，我们办不到。"（*Silence* 8）这意味着尽管作品本身似乎是空白的，它实际上根据它的相对性的表演而不同。每一种艺术在表演方

---

① 在《力比多经济》（*Libidinal Economy*）中，利奥塔区分了"强度"（intensity）和"伟大的零点"（the great Zero），其中前者或许可以被描述为崇高的时刻，后者证明了利奥塔希望把崇高描述为完全不同于虚无主义的东西的程度："而且每一种强度，不管是激烈的还是冷淡的，都完全不可能是来自伟大的零点的阉割、压抑、矛盾和悲剧。"（15）

面都是不同的，不管它是否在展览会被照亮，或是依赖周围环境中的噪声如脚步声和咳嗽声。这些作品证明一种表演性的方面，那不是"虚无主义地"崇高的，除非它们依赖于自身的缺席，并且把观众的注意力集中到当下的环境上。

　　虚无主义问题也与列维纳斯的"崇高的后现代"的根源相连。渴望在存在的**恶的意识**那里与他者的面孔有一种伦理上的关联，就是"倾向于那为存在辩护的东西而非担保存在的东西"（"Ethics as First Philosophy" 85）。尽管列维纳斯使用这些术语时具有特殊性，但我们必须注意到，在一块更大的调色板上，为存在（生存）所作的终极辩护恰好是非存在（非生存）。存在不可能孤独地生存，而且必须**被**它所不是的东西所辩证地定义——用列维纳斯的术语，这是人与他者面对面的关系——而且，用一种尴尬的措辞来说就是，存在不是非存在。非存在并不担保存在，而是动摇存在，强迫存在为自己的生存而辩护——为何如此？萨特写道，"**虚无缠绕着存在**"，因为"**作为不的虚无**，只能拥有一种借来的生存，而且只能从存在获得它的存在［……］**非存在只存在于存在的表面**"（*Being and Nothingness* 16）。马丁·杰伊（Martin Jay）注意到，列维纳斯不喜欢"萨特从他异性向虚无的退缩，和他对自我的总体化计划的信仰"（*Downcast Eyes* 557n61），尽管虚无主义——至少是这里所考虑的虚无主义——并非"从他异性向虚无的退缩"，而是对作为他异性的虚无的呈现；对虚无的一种意识形态使用。虚无主义建基于缺席的在场，被"带进存在"的虚无（不管是语言上的还是意向上的）。作为一种存在，它因此可以存在，像"除了存在之外"的任何方式那样存在，因为它是非存在的存在痕迹，它总是人类的他者。确实，正如杰伊所注意到的："列维纳斯的计划事实上大体可能

（*grosso modo*）被描述为'非存在论的'（meontological，来自 *meon*，即非存在）伦理学的冲动辩护，它已经被统治性的西方传统存在论优先所遮蔽。"（555）列维纳斯的伦理学关注的不仅是之前伦理学的非生存（对稍早前提及的"伦理虚无主义"的拒绝），也是处于存在论之上的非存在论，那里非存在规定着存在（在伦理学作为"第一哲学"先于认识论的意义上）——事实上，先前"不存在"的东西现在"存在"了。列维纳斯哲学的核心，是对先前被弄成虚无的东西的恢复，是针对虚无主义的解决方案。

可是，用列维纳斯的话来说，这种恢复是非伦理性的，因为它忽视了虚无主义的"面孔"，就像虚无主义的意识形态描述是非伦理性的，因为（通过虚无主义）把虚无带入存在的行动总体化了虚无，忽视了它的"面孔"。尽管虚无主义没有一种有形的面孔，但这并没有妨碍它被理解为获得了同样的伦理命令，就像列维纳斯归于面孔的东西。他者的面孔本身在列维纳斯的作品中被"赋形"，也是罗宾斯发问的原因："那能够让'面孔是一只手，一只张开的手'或'整个身体——一只手或肩膀的弯曲——都表现为面孔'这样的话的隐喻性变明显的读者是什么？哪一个读者甚至暗示了一种存在于为人所画的提喻式图形中的转换？"（*Altered Reading* xxiv；单引号内文字引自 Levinas，"The Paradox of Morality" 169 和 *Totality and Infinity* 212）为了避免这种赋形，人们必须保持沉默，允许他者描述它的面孔。但是虚无主义，作为面孔的缺席，却"直面"我们，因为它是我们必须直面的东西（尽管并非必须克服的东西，就像尼采或海德格尔所主张的那样），却不能把它带进在场。安·斯莫克（Ann Smock）在他介绍莫里斯·布朗肖（Maurice Blanchot）《文学空间》（*The Space of Literature*）的导言中指出，布朗肖和列维纳斯都表现了一种"对存在的忘却本身的关注：关注，准确地说，是任它显示，**任它被那不确定性、隐蔽和陌生性**（*foreignness*）所掠夺，从那它与之不可分离的东西那里被掠夺"（8）。把缺席带进在场的行为，对列维纳斯来说是非伦理性的：这就是大屠杀会在他的大部分著作中一直明显缺席的原因。事实上，把大屠杀描述为"那些被在场的完全具体化弄得缺席的他者"，这是可能的，这暗示着大屠杀是一副缺席的面孔，列维纳斯本人致力于研究的面孔。可是，这也意味着在他对"存在"的关注中，列维纳斯本人在消除虚无方面是非伦理性的——这显示了**善的意识**：他忽视了虚无主义（缺席的）面孔。

崇高的后现代Ⅱ：鲍德里亚和超现实

由鲍德里亚支持的理论证明了创造"虚无主义的崇高"的另一种可能性。相较于利奥塔对崇高的积极使用，鲍德里亚论崇高的著作是消极性的，因为他关注后现代主义中某些类似于崇高的特征，而非积极寻求把崇高并入一种后现代框架。因此，鲍德里亚的著作并非如利奥塔那样相关于崇高，而毋宁说是关注后现代性的状况：这是他解读规定后现代主义的崇高的东西的途径。于是，在利奥塔的"后现代"和鲍德里亚的"后现代性"之间存在不同之处。"后现代性"是对资本主义经济状况的一种反应。鲍德里亚追随弗里德里克·杰姆逊（Fredric Jameson）和大卫·哈维（David Harvey）的后现代主义认知，他们分别把后现代主义视为"晚期资本主义逻辑的文化主流"（*Postmodernism，or，The Cultural Logic of Late Capitalism* 45）和"资本主义的历史地理学发展动力"（*Condition of Postmodernity*

180）。哈维的"过度积累"概念，本质上是指资本主义的某一发展时刻，其中"闲置的资本和劳动力供应能够共存，但把这些闲置资源引向完成社会有意使命的途径并不明显存在"。（180）在这种周期性出现的阶段里，"我们可以期待，作为积极斗争的解释和**轨迹**（*loci*）的审美转向和文化力量，会变得特别尖锐"（327）。不过，鲍德里亚并不认同杰姆逊和哈维，因为他强调的不是经济，而是后现代主义的技术方面。对鲍德里亚来说，即时通信造成了后现代的"超现实性"（hyperreality）。

鲍德里亚的后现代性概念是一个意指王国，这个王国只有一种幽灵般的、永久存在的反馈信号。他这样写道："从现在开始，大众和我们（二者不再有区分）唯一真实的文化实践，是一种操作性的、偶然性的实践，是对符号的复杂实践，而这种实践不再有任何意义。"（*Simulacra and Simulation* 65）不再有更多作为数据的聚集而生产意义的信息，只有原始数据的自我指涉式的循环，而它只能生产更多的数据："于是，媒介中的所有信息都以一种类似的方式起作用：它既不是消息，也不是交往，而只是全民公决，无尽的测试，循环的反应，代码的验证。"（75）这种"代码的验证"的功能，只是为了确保它自己的存在。对鲍德里亚来说，后现代性关注的是这一观念，即现实的东西不再存在，或者说现实的东西不再包含任何现实性的尺度。替代现实之物的是它的**拟像**（*simulacrum*），一种"虚假的"现实，而它现在比现实性本身还要现实："现实之物并没有抹掉自身以指出那想象之物；它抹去自身是为了支持那比现实更现实的东西：超现实。比真实还真实：这就是仿真（simulation）。"（*Fatal Strategies* 11）

仿真出现的原因来自启蒙运动的某种欲望，它把理性作为衡量一切事物的尺度，它通过在实验室条件下科学地复制现实实现量化和复制。仿真作为对现实（the Real）的有规律建构的结果而形成，被鲍德里亚定义为"影像的秩序"（orders of the image）：

> 它是对一种深刻的现实性的反映；
> 它模糊和改变了深刻的现实性；
> 它模糊了这种深刻的现实性的**缺席**；
> 它与任何现实性毫无关系：它只是它自己的纯粹的拟像。
>
> （*Simulacra and Simulation* 6）

这四个阶段标志着在一种粗略的时间顺序中出现的现实的死亡和仿真的形成。从这里得出的一个可能的推论，就是在某一个阶段曾经存在一个"现实"，而在接下来对这个"现实"进行分类和定义的尝试中，仿真开始出现了。① 尽管这也许是自人类（*homo sapiens*）和宇宙学神话出现以来有组织的人类努力的结果，但它真正的开端是人类开始在复制这种"现实"时具有某些成功的尺度，即真正的开端是启蒙运动。尽管文艺复兴让人们对知识重新燃起兴趣，但之前的信仰环境的影响和高度迷信的民众阻碍了理性的发展。印刷术和读写能力的出现逐渐带来一种深刻的转变，人们可能超越国家和文化的界限来分享知识，与之伴随的是对这一争论感兴趣的参与者的大量出现——因为交流变得越来越快，仿真的过程也相应得到提速，并最终造成启蒙规划的出现。启蒙运动实际上是"现实

---

① 把"现实"（the Real）视为语言之前的存在也同样有效。这样的"秩序"（order）明显不可能被写出来——正如"现实"那样——只要没有把它带进语言，这说明了鲍德里亚的"影像的秩序"中"秩序"缺席的原因。

的帝国"，因为它为现实的生产和确证提供了经验主义的条件。

那第一个阶段，"对一种深刻的现实性的反映"来自艺术家的现实主义观念和科学上理性的数学秩序结构。这些根据现实性的表象衡量现实性的尝试，不管是运用反映"现实"的艺术（"现实"的定义根据艺术家的理解而变化），还是运用能够准确反映"现实"世界的数学和科学，都根据一系列内在一致的规则提供了对自然现象的准确解释。这反过来造成一种状况，凭借这种状况，"现实性的尺度"比现实本身变得更加重要，这就是第二阶段，其中影像"模糊和改变了深刻的现实性"。该阶段类似于艺术世界中围绕现实主义展开的争论（争论的问题包括"为什么一件艺术品比另一件艺术品更现实？"或"谁的艺术是现实主义的而谁的艺术不是现实主义的？"等等），也类似于科学领域的争论，这些争论关注的是如何提供有效的假设，这些假设建立在实验数据之上，在这些数据中这些假设得到互相的验证。这揭示了一种不断增长的兴趣，它乐于比较对现实的各种构想，而非现实本身。艺术家有自己的艺术作品，科学家有他们的数据，因此不再需要求助现实以确定艺术或数据是不是一种准确的反映。从崇高方面看，问题不再是一座山是不是崇高的，而如伯克或康德所准确描述的那样，是大山**怎样**成为崇高的：大山本身不再重要了。通过停止比较影像与现实，而只比较影像，这样的争论造成第三阶段的出现，其中影像"模糊了深刻的现实性的**缺席**"。科学家和艺术家不再关心现实，而是无休止地讨论什么是现实的，却没有认识到，现实已经不再存在，而只存在对现实的各种构想。关于什么是现实的争论是如此激烈，以至于没有人认识到影像已经替代了现实；**符号**替代了**指示对象**成为意义的生产者。

在鲍德里亚看来，"影像的秩序"这个"后现代状况"的第四个阶段，是我们处身其中的阶段。在该阶段，影像"与任何现实性毫无关联：它是它自己的纯粹的拟像"。这一跳跃来自影像的生产，它不再必须保持现实性的幻象：形象已经完全篡夺了现实的位置，而且为了保持自己的内聚力，它只需涉及其他处于第四个阶段的影像就够了。不再与现实有任何关联，影像和所有与之关联的影像混合在一起，形成了一个紧密的内在关联的网络，这些关联是我们所知道的唯一现实性。它们作为一个纯粹的仿真矩阵而存在，从中我们不再获得通往现实的道路，而只能得到一系列自我复制、自我反映的影像，它们包含了人类存在的全部，却没有一点点的现实性在内。拟像"在一个不间断的、没有参照物或圆周的循环中，绝不会因现实而交换，只会为自己而交换"（*Simulacra and Simulation* 6），而且因此作为结果，后现代并非相关于解放，而是相关于控制；它不再是现实的，而是**超现实的**。

在这里，鲍德里亚的马克思主义根源就变得非常明显了，因为他根据意识形态控制来评估这种拟像影像的影响，认为"所有的权力，所有的机构都通过否定来言说自身，这是为了通过模仿死亡尝试逃离真正的死亡的痛苦"（*Simulacra and Simulation* 19）。这也意味着所有的对立面都被纳入影像矩阵，它们并不彼此反对，而是为彼此的存在相互支撑："西方的所有否定性状态：政治的反动派、'左翼'、批判性的话语等——都是一种拟像性的对比，权力正是通过这些对比尝试突破它自己的非存在、它的根本的无责任性和它的'停滞'的恶性循环。权力就像金钱、语言和理论那样漂浮着。"（24）同样，他还写道："这并非来自一个科幻小说的梦：无论在何处，它都是一个使工作过程加倍的问题。而且是使罢工过程加倍的问题——引人注目地合并，就像废弃物存在于客体中，就像危机存在于生产中。于是，不再有罢工，不再有工作，只有同时存在的罢工与工作。"（27）鲍德里亚对后现代的解读明显不同于利奥塔的解读，因为它不是对启蒙理性的逃离，而是对启蒙理性的最终仿真。在他反对理性的长篇演讲中，我们可以最清楚地看到这一点，这篇演讲给出了这样一种解读，即影像的秩序是启蒙运动的产物：

> 最要紧的是没有什么东西能够逃离意义的帝国，意义的分享。当然，在所有事物背后，没有谁在对我们说话，既没有疯子，也没有死者，既没有孩子，也没有野蛮人，而且根本上我们对它们一无所知，最要紧的是理性可以帮我们挽回颜面，让所有事情都逃离了沉默［……］在一个只有言说的世界，一个由话语符号霸权组装起来的世界里，它们的沉默对于我们对意义的组织来说越来越沉重。（137）

"意义的帝国"这一概念，以及它的使命，即"理性可以帮我们挽回颜面，让所有事情都逃离沉默"，与利奥塔的后现代概念形成了直接的对比，后者本质上作为道德立场面对沉默的他者。这样，我们就可能说，考虑到利奥塔的后现代立场是那样接近康德的崇高概念，鲍德里亚与崇高似乎没有多少关系。但实际情况并非如此。比如说，科洛瑟（Crowther）就在鲍德里亚的超现实里看到了康德的**过度**（excess）观念："自我与世界的界限消失在符号与表象的'游戏'里了。我们拥有过度的影像和符号。［……它］在康德的意义上就是崇高。感官和想象力的过度，可以被理解为一种观念。它使我们的理性洞见能力——我们创造和发现意义的能力——重新复活。"（"Postmodern Sublime" 11）科洛瑟对鲍德里亚的解读指出，超现实是崇高的，因为它是某种超越自身的东西。只有通过"我们的理性洞见能力"，它才能被理解。于是，对科洛瑟来说，超现实是崇高的，恰恰是因为我们总能想象出这种超现实的存在：存在一个概念，它允许我们抓住某种本质上超越我们的能力范围的东西，这个概念本身就是**过度的**（*excessive*）。

科洛瑟的论证集中于这样一种观念，即我们可以在超现实中发现意义——而超现实抵抗所有意义。但是，鲍德里亚的崇高并非起源于意义的生产，因为它恰好是对制造崇高感的超现实暗含的意义的否定。鲍德里亚并没有谈论"意义的生产"，而是主张"生产"——意义经济学——压制了"意义"，因此使"意义的生产"变得陈腐不堪；在影像网络的第四级，只剩下"生产"。尽管鲍德里亚认为过度概念确实是崇高的，但更准确的是，被吸收进鲍德里亚的康德的崇高，已经与意义世界没有多少关联，反而与意义世界的缺失相关。超现实是"无形式"的完美例证，因为它是"对所有指涉物的清除"（*Simulacra and Simulation* 2）

虚无主义和鲍德里亚的崇高

在《拟像与仿真》的最后一章谈论虚无主义时，鲍德里亚涉及了超现实，在那里，他否认超现实与虚无主义之间存在任何关联。他甚至否认虚无主义本身的可能性，认为"事实上虚无主义是不可能的，因为虚无主义仍旧是一种令人绝望但又是决定性的理论，是对终结的想象，一种大灾难的世界观"（*Simulacra and Simulation* 161）。不过，在谈论鲍德里亚的马克思主义根源时，安东尼·金（Anthony King）写道："在这种后现代秩序的文本中，他放弃了所有的批判，而选择了虚无主义。"（"Baudrillard's Nihilism and the End of Theory" 89）金认为，鲍德里亚对批判性的指涉（一种观念，认为批评能够通过观察和争论来评价和改变现实世界）的拒绝，以及相应对内在的乌洛波洛斯技巧（在学术讨论的框架中拒绝学术讨论的意义和意图）的求助，导致了虚无主义的出现。诺里斯把这一点命名为"鲍德里亚恶作剧式的虚无主义狂热风格"（*Truth about Postmodernism* 6），它关注仿真的"形式"，而像道格拉斯·凯尔纳（Douglas Kellner）这样的批评家视超现实性为虚无主义的，因为这种超现实性的"内容"：仿真概念——尤其涉及历史进程的观念——"没有快乐，没有活力，对美好未来不抱希望"（"Postmodernism as Social Theory" 247）。不过，对金来说，仿真是虚无主义的，因为针对一种永恒的现实性或"超现实性"的批判性介绍标志着第二级影像的出现，其中"一种解释体系异乎寻常地发展着，却与它的对象毫无关系"（96）：学术讨论的本性，正如鲍德里亚所说的，"那个辩证阶段，批评阶段"是"空洞的"（*Simulacra and Simulation* 161）。

　　尽管像金、诺里斯和凯尔纳这样的批评家把鲍德里亚解释为一个虚无主义者，但他们关于鲍德里亚"承认"虚无主义所给出的理由是很贫乏的。比如说，金引用了鲍德里亚的"自白"："我是一个理论上的恐怖主义者和虚无主义者，只不过没有带武器。理论的暴力，而非真理，是留给我们的唯一源泉。"（97）但是，金忘了告诉读者这一自白的制约性前提："**如果**作为虚无主义者就是在霸权体系的最大限度内支持这种激进的嘲讽和暴力，就是支持这种挑战，即这种体系通过它自己的死亡被召唤去回答，那么我就是一个理论上的虚无主义者，只不过没有带武器。理论的暴力，而非真理，是留给我们的唯一源泉。"（*Simulacra and Simulation* 163，黑体为笔者所加）**如果**虚无主义是对既有社会秩序的激进毁灭（正如俄国虚无主义者那样），**那么**鲍德里亚就是一个虚无主义者。鲍德里亚当然不会同意这种看法，因为在他作出所谓虚无主义自白后，他继续写道："这样一种观点是乌托邦式的。因为这对一个虚无主义者来说是美的，如果仍然存在激进性——就像这对一个恐怖主义者来说是好的，如果死亡，包括恐怖主义者的死亡，仍然还有意义。"（163）这种无能于做一个恐怖主义者的状态——虚无主义的不可靠——在他谈论"波普尔效应"（Beauborg Effect）时也出现过："虚无。一种虚空，标志着任何文化意义和审美感受的消失。但是，这仍然太过浪漫主义和解构性，这种虚空作为反文化的杰作，仍然具有价值。"（164）鲍德里亚拒绝任何召唤体系"到自己的死亡"的可能性，因为在影像的秩序里"拟像会加倍出现"。鲍德里亚写道："迪斯尼的影像既不是真的，也不是假的，它是一个威慑机构，它的建立是为了在相反的营地复苏对现实的编造。"（13）这就是说，迪斯尼的存在只是为了使现实世界显得严肃，而现实世界的存在只是为了使迪斯尼显得有趣。这种相互关系，这种"工作过程的双重化"（27），转移到学术讨论，后者的存在只是为了给文化的霸权体制正名，而这种霸权体制的存在只是为了证明学术讨论的存在理由——我们根本上都陷入了仿真的霸权意识形态的陷阱。

话虽如此，鲍德里亚还是一个虚无主义者，尽管不是金所描述的那种虚无主义者。金认为鲍德里亚是一个虚无主义者，因为他是一个恐怖主义者，实际上他并非恐怖主义者。金写道："通过［鲍德里亚］后来的文本带给他们的令人恼怒的混乱，那些读者将会被迫反对超现实性本身。"（97）实际上，通过"令人恼怒的混乱"，他们将会理解他们不能反对超现实性。金把鲍德里亚的恐怖主义误解为"自我欺骗",因为它"使那种辩证进程在最初的完全不充分的起点就终止了"（101）。实际上，这恰好是鲍德里亚并非一个恐怖主义者的原因，也是不能被这样解读的原因。鲍德里亚是一个虚无主义者，不是通过揭示超现实性，不是通过一种学术性的三段论来创造意义，不是通过创造一种辩证的观点。相反，鲍德里亚用学术话语通过**谈论像"虚无主义"和"超现实"这样的概念的行为**，来实现它们的无效性。事实上，正是通过在这样的谈论中的表现，超现实开始作为超现实而被验证。鲍德里亚使他自己的论证再循环至它自身："戈耳迪之结至少可以被切断。如果有人分开了莫比乌斯环，这会导致一种补充性的原地打转，而结构的可逆性并没有被解决（这里是指假说的可逆的连续性）。仿真的地狱，不是一种歪曲，而是意义微妙的、罪恶的、难以捉摸的难题。"（*Simulacra and Simulation* 17-18）在批评家期望切断鲍德里亚论证的地方，他们得到的只是莫比乌斯环"意义微妙的、罪恶的、难以捉摸的难题"。鲍德里亚的虚无主义正是在这种循环主义中变得无比明显："超级相似相当于对原版的谋杀，而且因此意味着绝对的无意义。任何意义的分类或形式因此会被逻辑地提升至第 n 级权力而被摧毁——被推到极限，似乎所有的真理都会吞没它自己的真理标准，就像'吞掉自己的出生证明'，失去所有的意义。"（108）

《拟像与仿真》不是论超现实的专题演讲，它本身就是一件超现实的人工制品。通过把超现实概念推至它的第 n 级权力，鲍德里亚有效地摧毁了它的意义。正是在学术话语的框架内谈论鲍德里亚的超现实这一行为再造了超现实，而这正是鲍德里亚在论诱惑的笔记那里结束《拟像与仿真》的原因："这是诱惑开始的地方。"（164）超现实开始于在一种循环理论中谈论它的时候：我们已经被鲍德里亚诱惑着去为这个概念的存在正名，把它合并进一个自我指涉的学术性的符号框架，这个框架自此以后（具有讽刺意味地）作为"超现实"为人所知。解决这个问题的唯一方法，就是不谈论它，而且指向一个文本的缺席的在场，这个文本通过它的缺席强化了"作品的双重性"经由它的非包含物，再次导致"超现实"。这可以和尼采的虚无主义定义相比较——"最高价值的自行贬黜"（*Will to Power* 9；§2）。正如启蒙理性生产了摧毁理性的"影像秩序"，鲍德里亚推翻了他自己的超现实概念，而且导致学术界推翻自身。

正是在这个意义上，鲍德里亚是虚无主义者，而且因此被注意到的崇高就是一种虚无主义的崇高。鲍德里亚在谈论二元对立时，把一种剩余物的对立面可能是的某种东西理论化了，并且通过这样做达到了一个空白点："人们能够说右/左、相同/不同，多数/少数，疯狂的/正常的，如此等等吗？但那剩余物/？中斜线的另一边，没有什么东西。"（*Simulacra and Simulation* 143）在剩余物里，一种真正虚无主义的崇高的根源变得清楚了。看上去是 nothing（既是"没有什么"，又是"虚无"）对立于那剩余物，然而这个空白的地方，这个"剩余物的剩余物"，是虚无主义的：

> 然而，作为剩余物的另一边的东西确实存在着，它甚至就是那个标记项，那个有力的时刻，享有特权的元素，存在于这个奇怪的非对称性对立中，这个并非整体的结构里。但是这个标志项没有名字。它是匿名的，易变的，没有定义的。只有消极之物才能给予积极之物以现实力量。在一种严格的意义上，它不能被定义，除非被视为剩余物的剩余物。（*Simulacra and*

剩余物不存在对立面，只有剩余物本身。它不再是任何物对（*versus*）无物（信仰对虚无主义），而是剩余物对无物，一个没有结构的结构，一个"匿名的""易变的"术语，它"没有名字"，也"没有定义"：虚无。于是鲍德里亚在《拟像与仿真》中的天才论点，就居住于这个事实之中，即虚无主义本身就是站不住脚的立场，鲍德里亚不可能是一个虚无主义者。但是，正是因为鲍德里亚的虚无主义立场是站不住脚的，他的立场才是虚无主义的：那是一个他不能采取但仍然采取的立场，而且通过采取这个立场来证明他不能采取这个立场。鲍德里亚的论证本身变成了自我指涉的悖论，一个不能被切割开的绳结，所谓"后现代虚无主义"构想的一部分。这恰好就是诱惑开始的地方……

第4章
后现代虚无主义

至此，本书已经挖掘了虚无主义和崇高在历史发展中的关联，希望以此在后现代主义那里确立这两个概念的相互影响。不过，在对"后现代虚无主义"的描述中，还有另外一些至关重要的元素。尽管这些元素仍然以虚无主义和崇高之间的游戏为中心，但这里要关注的是这些元素出现的方式，它遍及最近的批判理论和文学理论，而且这种方式对理解后现代虚无主义的意识形态功能来说颇有影响。在这场争论中，两种最有意义的理论，分别是后结构主义和后现代主义——与20世纪后期虚无主义联系最广泛的文学理论/哲学。虚无主义、后现代主义和后结构主义，之所以经常被人们混为一谈，主要是因为它们各自建构真理的方式。

尽管存在这样的误解，后现代主义和后结构主义都只是影响了虚无主义被建构的方式，而并非本身就是虚无主义的。在这种方式中可以看到，后现代虚无主义可以按照杰弗瑞·尼伦（Jeffrey Nealon）在《双重阅读》（*Double Reading*）中建构后现代主义的方式来理解。对尼伦来说，解构（deconstruction）影响着后现代主义被建构的方式，于是就有了《双重阅读》的副标题"解构之后的后现代主义"。与虚无主义相关，后现代虚无主义的建构同时以后结构主义和后现代主义为条件——"解构之后的后现代主义"**之后**的虚无主义。虚无主义的这种后现代描述来自解构实践，就像它来自"崇高的后现代"，这标志着虚无主义开始成为自我指涉性的，它解构了自己的公理，而且因此同时是"解构性的"或"自我指涉性的"虚无主义。还有，这证明由尼采和海德格尔给出的虚无主义解释并非已经失效，而是继续获得延伸，在这里他们的虚无主义解读被置于虚无主义之内（而不是之外）来得到解构。

"当然什么也不是！"：虚无主义与后结构主义

无论是过去还是现在，对后结构主义的分析都被它与虚无主义的关系主宰着。那些不赞成后结构主义的理论家经常称之为虚无主义的，而那些支持后结构主义的理论家总是在证明它不是虚无主义的，而事实上那些存在于其他理论中的结构主义偏见才真正是虚无主义的。虚无主义在这样的解读中总是消极性的，而且问题只在于它的运用，而非它的特征。虚无主义与后结构主义之间的关系通常在关于相对主义的争论中被看到，比如，诺里斯对后结构主义的拒绝，就值得我们全部引用：

> 而且确实，就它关于自我指涉性和文本的增殖（*mise-en-abîme*）的谈论来说，当后结构主义在关于真理-价值的废弃、启蒙话语（"元叙事"）的死亡、指称性的幻象等方面提出越发独断的声明时，它明显陷入了一种为人熟知的相对主义困境。至少，一种自残式的悖论——一种述行矛盾（performative

contradiction）——存在于这些彻底的声明中，这些声明旨在强调（或许）包含在它们自身中的任何这样的表达的真实地位。当然，从苏格拉底和普罗泰戈拉的辩论，到最近围绕像理查德·罗蒂（Richard Rorty）和斯坦利·费什（Stanley Fish）这样谨慎的雄辩家展开的争论，这种抗辩一直被用来反对各种怀疑论者和相对主义者。而且罗蒂和费什总是——像现在一样——能够用某种标准的压倒一切的回应来反弹："真理"不过一种语言游戏，文化的"生命形式"，解释性框架或概念结构，它只在某些特定的时间和地方流行。在这个意义上，人们会认为，新的文本主义只是旧的相对主义的升级版，不同点只在于前者更精致一些——或者能适应更复杂的文本解构策略——以便给出它的本已为人所知的观点。（*Truth about Postmodernism* 198-99）

诺里斯认为，尽管后结构主义认为它谈论的是"自我指涉性和文本的**增殖**"，实际上它返回的是相对主义"本已经为人所知的观点"，而且落入了类似的困境。后结构主义与相对主义的关联意味着虚无主义，因为后结构主义话语中暗含着"自残式的悖论"和"述行矛盾"——它怎么能够写出"不可能存在意义"这样的话，同时还希望被人理解？

但是，这并非一种简单的对与错问题，因为还存在关于解构的运用——它可能被轻率地称为后结构主义的实践方面——的争论。比如说，尼伦认为，批评家通常感知到的解构，并非德里达（Derrida）的解构定义，而是像保罗·德·曼（Paul de Man）和 J. 希里斯·米勒（J. Hillis Miller）这样的耶鲁批评家们体制化的文学批评给出的定义。（参见 *Double Reading* 22-49）因此，不仅在解构（实践）和后结构主义（理论）之间存在区别，在"作为文学理论的解构"和"作为哲学的解构"之间也存在区别。"加谢（Gasché）攻击和颠覆了这种解构主义的文学批评，以为解构作辩护［……］——为德里达作**辩护**，后者反对那些运（滥）用［（ab）use］解构，把解构变成一种无疑是虚无主义的**方式**，用于解读文学文本。"（24）在尼伦的这些话里，我们可以看见上述区别。作为哲学的解构，是一种思维方式，它使自身问题化，而且因此在解构性哲学中，将会存在非常不同的解释（参见 Nealon, *Double Reading* 27）。认为解构是虚无主义的，这并非一定不正确，尽管近年来的讨论所使用的术语需要被更新："解构"和"虚无主义"究竟意味着什么？在我们能够理解虚无主义和解构之间存在的关联之前，那些被认为很稳固的能指本身必须被解构，因为解构就像虚无主义一样，本身就是很成问题的术语。

就其最极端的表现来说，解构是一种通过语言思考意义结构的方法。它尝试揭示那些创造意义的结构，这些意义暗含于文本和语言的结构中。用有些还原性的术语来说，这可能被理解为一种意识形态，它暗含于我们读过的任何东西中，这些东西都是写成它们的语言的结果：任何话语形式都将会包含一些赋予特权的术语，以与它们对立的术语为代价，它们都有积极的内涵，德里达称之为话语的"暴力等级制"。正如德里达所解释的："两个术语中的一个（价值论地或逻辑地，等等）主宰着另一个。"（*Positions* 41）比如说，根据本书，有一种建议暗指虚无主义是"积极的"，而那些与之抗辩的文本则建议虚无主义是"消极的"。于是，《虚无主义与崇高的后现代》的形而上学基础，就是对一种虚无主义/崇高的对立的解构，这种对立存在于西方历史中，尽管它因此在其进程中创造了自己的形而上学体系。

一种存在于文学研究领域的解构定义，应该是把文本解读为"违反作者意愿"的一种实践，它要解读的是文本想要掩饰的，而非它已经说出来的东西（在这个意义上，这类似于对文本的精神分析解读）。这样，解构就经常被指控为把一个文本还原至虚无；更常被解释为"破坏"（destruction）而非"解－构"（de-construction）。梅耶尔·艾布拉姆斯（Meyer Abrams）认为，后结构理论把文本再造为"一种幽灵般的不在场从符号到符号纵横交错的反射，它并非来自声音，并非某人有意为之，它什么也不指涉，只在一种空无中嗡嗡发声"（"Deconstructive Angel" 431）。他指出，解构性的实践把所有文本都还原至虚无，因为解构首先把所有东西都作为文本创造出来，然后又开始去文本化。对艾布拉姆斯来说，这是虚无主义的，因为所有的文本在一种解构性的解读下都变成了"无"。其他批评家也在解构性的实践中看到了文学面临的一种虚无主义危险。比如，雷内·韦勒克（René Wellek）就认为解构是一种"新虚无主义"，它破坏了文学的任何潜在可能性："没有自我，没有作者，没有连贯一致的作品，没有与现实的关联，没有正确的解释，艺术与非艺术、虚构性的写作与揭露性的写作之间没有区别，没有价值判断，最终，没有真理，只有虚无——这些就是摧毁整个文学研究的否定（negations）。"（"New Nihilism in Literary Studies" 80）解构被认为是用空无来替换文本，也就是说，解构认为所有的文本本质上都是一样的。结果，"文本"成为无意义的，解构成为摧毁所有文学研究的文学研究。韦勒克用一种咒骂式的谴责继续他对解构的分析：在所有的文学理论中，"只有解构是完全否定性的"（83）。

艾布拉姆斯和韦勒克都认为解构性的解读降低了文本的质量，消除了作者、读者和历史性语境，并且最终消除了文本自身。他们的批评来自对解构的这样一种理解，即解构是完全否定性的：通过中和文本语言中的二元对立，文本使自身缺席了。这个过程在所有文本中重复进行，以至于作为所有文本总体的文学被还原为虚无。相反，另外一种批评认为，对解构的这种认识是很成问题的，因为解构根本与文本的破坏无关，而是相关于确定文本的形而上学核心，并把它们去中心化。德里达在他《致一个日本朋友的信》中这样写道："它并非毁灭一切，它对理解一个'总体'是如何构成的，并为了这个目的而重构它是非常必要的［……它］可以被命名为一种系谱的重构［remonter］，而非一种毁坏。"（3）① 正如马克·维格利（Mark Wigley）所解释的：

> 解构［……］被理解为一种对结构的积极运用，它能够识别结构中存在的结构性缺陷和裂缝，它们曾经被系统性地掩盖起来，这种识别目的不是摧毁那些结构，而是证明结构依赖这些缺陷的程度，以及它们被掩盖的方式。（"Domestication of the House" 207）

对维格利来说，解构不是"完全否定性的"，而是一种"肯定性的运用"。乔纳森·卡勒（Jonathan Culler）的后结构主义解释同

---

① 当德里达在《解构与他者》（"Deconstruction and the Other"）中宣称"我完全拒绝强加给我和我的美国同事的虚无主义标签。解构不是虚无之中的禁地，而是面向他者的开放性"（173）时，他更加明确地断言了虚无主义与解构的不同。就像本书将要继续探讨的那样，虚无主义的许多元素都隐含着一种"面向他者的开放性"。

样是肯定性的：解构揭示了"一种色彩缤纷的丰富性，一种在所有可能的记录中所有可能的笔记的游戏"（"Prolegomena to a Theory of Reading"47）。解构的特征是游戏，而不是毁灭。于是，关注解构的"虚无主义"的争论所聚焦的，就是解构否定既有方法论的程度——如果你相信这种方法论，它就是虚无主义的。

解构最重要的元素就是游戏。这个"游戏"是通过德里达所谓**延异**（*différance*）进行的"能指的游戏"，这个延异既指"不同"（difference；能指在它们与其他能指的不同中获得意义），又指"延迟"（diferral；符号含义像一个链条那样延伸下去，在这个链条上，意义永远被延迟）。罗兰·巴特（Roland Barthes）把这个游戏定义为"能指的**无限性**"的组成部分：

> 能指的**无限性**，并非指的是关于难以言喻之物（难以命名的所指）的某些观念，而是关于一种**游戏**的观念；无限的能指（依照流行的不会中断的日历）在文本的领域（或者更准确地说，文本就是领域）的繁殖，不是靠一种有机的发育过程或一种深刻考察的解释学过程来完成，而是靠一系列的中断、重复和变异时刻来完成。（*Image-Music-Text* 158）

这个游戏定义是对解构的一种肯定性理解，其中游戏是文本最重要的元素。"无限的能指"既不出现于一种"有机的发育过程"，在那里随着读者阅读整个文本（一种横组合式的阅读），意义变得越发明显，也不出现于一种"深刻考察的解释学过程"，在那里意义在对文本的某些地方的仔细阅读（一种纵聚合式的阅读）中变得越发明显。相反，它出现于这两种阅读的游戏中，出现于"一系列的中断时刻"，在那里阅读被持续阻挠，意义永远被延迟。这就是欢爽（*jouissance*），来自文本的困难的阅读快乐。

并非所有人都同意这种游戏观。对有些人来说，后结构主义的延异命题意味着意义不存在，而且因此意味着它是虚无主义的。德里达写道："自此，一个文本［……］不再是一个已经完成的文集，某种内容围绕着这本书或它的边缘，而是一个差异性的网络，一个留下各种痕迹的织物，它无限地指向各种事物，却不指向自身，它无限地指向其他有差异的痕迹。"（"Living on" 69）这种差异性的网络似乎把世界再造为一个文本，因为德里达曾经说过，"文本之外无一物［*Il n'y a pas de hors-texte*］"（*Of Grammatology* 163）。这句后结构主义的名言——对有些人来说已经成了"老生常谈"——通常被解释为主张一个在文本之外没有现实性的世界，这个世界就像"文本"，其中语言创造了那环绕我们的世界。正是因为利奥塔以差不多的方式写道，语词"总是比思想老"（*Innhuman* 142），所以德里达写道，我们"只在符号里思考"（*Of Grammatology* 50）。对于像韦勒克这样的批评家来说，这把语言再造为一座我们再也不可能从中逃脱的监狱，而且因此揭示了解构固有的缺陷："'语言的牢笼'这个教义无疑是荒唐的。它会把文学还原为语词的游戏，这种游戏不会给人们和社会提供意义；它会把文学扔到思想宇宙的一个被废弃的角落。"（"New Nihilism in Literary Studies" 78）德里达——和后结构主义——因此从根本上被视为虚无主义的，因为他们被认为摧毁了这个世界，又把它再造为"无"。正如莫拉格·帕特里克（Morag Patrick）所言："说他的个人性的（因为太模糊）自由游戏只会导致伦理-政治的含混性，这种观点太过幼稚，这样一种不负责任的思想的真正效果，是彻底的虚无主义。"（"Assuming

Responsibility" 136）

颇具讽刺性的是，尽管德里达坚称"游戏总是缺席与在场的游戏"（"Writing and Difference"369），他还是被贴上虚无主义者的标签。后结构主义并不关注缺席，而关注存在于缺席与在场之间的内在关联和游戏。米勒把这解释为一种事实，即"'解构'既不是虚无主义［缺席］，也不是形而上学［在场］，而只是这样的解释，它通过文本的细读，发现虚无主义之中的形而上学本质，以及存在于形而上学中的虚无主义本质"（"Critic as Host"188）。卡尔对此明显质疑，她认为这意味着"解构性的批评在某些特权领域起作用，它既在虚无主义之外又在形而上学之外冷静地指出这两者的寄生关系"（*Banalization of Nihilism* 107）。但是，她确实赞同米勒"回复"到并明确他早先的声明："解构并不提供一种逃离虚无主义、形而上学以及存在于彼此之中的神秘本质的方法。无路可逃。但是，它游走在这些本质中。"（"Critic as Host"188；引自 *Banalization of Nihilism* 107）当德里达说他尝试让自己保持在"哲学话语的局限之内"（*Position* 6）——尽管他"并不相信哪一天有可能轻易讨论形而上学"（17）——时，他阐明了这种难以逃离的无能。针对这种观念，卡尔断言，米勒在玩弄"一种令人头晕目眩的文字游戏"，因为他认为"这两个东西本质上是同一个东西——人类思想——的两个名字"（*Banalization of Nihilism* 107）。于是，不同于卡尔最初的假设，后结构主义的"虚无主义"**一点也不**平庸。

事实上，解构揭示了存在于虚无主义和崇高之间的复杂关联，这在德里达本人谈论游戏时体现得最为明显。德里达积极地描述游戏，尽管他对尼采的使用实际上让人从某个角度联想到虚无主义："我们必须**肯定**游戏，在尼采赋予游戏的肯定性的意义上肯定游戏，以某种笑声和某种节奏的舞蹈来肯定游戏。"（*Margins of Philosophy* 27）在别的地方，他写道：

> 指向那缺席的根源的迷失或不可能的在场，这种结构主义的主题——破碎的直接性，因此是关于游戏的思想惨淡的、**否定性的**、怀旧的、罪恶的、卢梭主义的一面，而它的另一面，应该是尼采式的**肯定**，那是对世界的游戏和生成的无辜的快乐的肯定，是对一个没有缺点，没有真理也没有起源的符号世界的肯定。（*Writing and Difference* 369）

这种颂扬意味着，后结构主义不是虚无主义的，因为它接纳和庆祝意义的主观本质（人创造了意义，这不同于意义的非主观形式，在那里意义是在我们"之外"的某种需要被发现的东西）。这是相对主义，而非虚无主义，而且本身也实现了它自己的公理的表演性。① 这也揭示了解构性的游戏就是崇高，它不是对非主观意义的"惨淡的、**否定性的**、怀旧的、罪恶的"研究，而是对主观性意义的"快乐的肯定"。尽管尼采认为这种肯定是"我的永恒地自我创造、永恒地自我毁灭的**狄奥尼索斯**世界"　（*Will to Power* 550；§1067），意味着一种指向矛盾的趋势，但德里达的游戏是"生成的无辜"，是对"一个没有缺点，没有真理也没有起源的符号世界

---

① 托尼·杰克逊（Tony Jackson）指出，虚无主义和相对主义通常被视为同一个东西，因为它们都拒绝真理。为了纠正这种普遍的错误理解（并且因此帮助德里达反对虚无主义的指控），杰克逊写道，虚无主义是"被误解的相对主义"，因为"主张以下说法是绝对真的，即不存在绝对真理是绝对真的［虚无主义］，并非就是主张不存在绝对真理［相对主义］"（"Nihilism, Realism, and Literary Theory" 37）。

的肯定"。德里达建议的,不是一种生与死的循环,一种生成、存在、然后非生成的循环,而是一个(意义)世界,它只是在永恒地生成,而且永远达不到存在的边界(在那里矛盾会发生)。

由德里达提出的虚无主义与形而上学之间的关系,对像约翰·波利(John Boly)这样的批评家来说会产生很多问题,他认为解构会导致一种"难以言传的虚无主义"("Nihilism Aside"153)。波利运用胡塞尔式的术语,把存在于虚无主义和形而上学之间的对立规定为一种**异常清晰的**阶段,其中"现象被尽可能地释放进一种前反思和前概念的模式,就像纯粹的知觉仍然在等待沉思行为",还规定为一种**先验的**阶段,它"挑选和安排了一种潜在无限的语义潜势进入实际的意义"。(153)这里的区别是"事物"与"指示物"之间的区别。"前概念模式"是事物的领域,它没有语词,而先验阶段是现实性被抽象的符号分类和编码的阶段,这些符号能够让我们生产出意义来。在先验阶段,语词开始意指"事物",在异常清晰的阶段,只有"事物",没有标签,但在这里它们**指涉**的可能是贝克特的"无名之物"(*Molloy* 31),或者鲍德里亚存在于"影像秩序之前"的"现实"(*Sumulacra and Simulation* 6)。

"还原"(reduction)这一概念开始在此表演,因为正是那异常清晰的阶段(纯粹潜势阶段)"还原"进了先验的阶段(一组有限数量的概念),波利批评德里达的正是这个概念。在波利的论证中,还原表现为"精力和秩序、活力与体系之间持续展开的相互影响"(153),表现为语义体系之内的控制和熵,他还注意到,没有先验阶段,"那异常清晰的阶段就会变得不合逻辑,陷入难以言传的虚无主义"(153)。波利在此指出,德里达以牺牲先验阶段为代价肯定那异常清晰的阶段;德里达"反对任何形式的、组织化的结构,似乎这种结构事实上（ipso facto）是一种封闭的体系"，这会导致"在无政府主义和专制、随意性和决定论之间产生一种乏味的二元论和解构典型"（154）。波利指出，为了得到一种完全开放的体系，德里达把现象学绝对化，而且走向纯粹清晰阶段的"难以言传的虚无主义"。波利在这个阶段对"虚无主义"一词的使用是有困难的，因为那个异常清晰的阶段并非"虚无"，而是一个具有潜势的阶段。于是，波利本人把这个异常清晰的阶段还原为虚无，以对比那存在于虚无主义（异常清晰的阶段）和形而上学（先验阶段）之间的对立。

对于这种虚无主义/形而上学对立来说，这种区分并非一种完全有效的比喻，而且即使是，我们也已经看到，德里达认为我们不可能逃离形而上学，从而实现那纯粹异常清晰阶段的不可能性：正如我们已经看到的那样，如果我们只能"在符号中思考"，那么任何对前概念阶段的人类理解，都明显是不可能的。波利自己认识到了这一点，他说道："德里达一定被认为在小心地坚持这一观点[……]，即最严格的语义还原即使可能是前概念的，也不可能是前语言的。"（155）但他似乎后来忘记了这一点。他认为"一种纯粹的延异是一种不可能性"，因为"心灵会把感知的纯粹可能性持续选择和组合进意义的相互关系中"。（156）于是，他指出，由于对异常清晰阶段的依赖，解构"缺乏辩证法的伙伴，会持续转向虚无主义"（156）。不过，如果"游戏总是缺席与在场的游戏"（*Writing and Difference* 369），而且如德里达所言"轻易逃离形而上学是不可能的"（*Positions* 17），那么解构必然否定存在于异常清晰阶段和先验阶段之间的那一段空间，并且为了质疑对任何一个阶段的依赖，在意义之内和之外游走。

以这种方式看，由解构给出的虚无主义和形而上学之间的对立，可以从另外一种不同的观点看；解构并没有完全推翻存在于它本身的形而上学体系，于是我们在解构内部看到了一种"双重还原"（doubling-back）：

> 解构不可能把自己限制在或直接推进到一种中立状态：它必然借助于一种双重的姿态、双重的科学和双重的写作，**推翻**那种古典的对立，普遍**取代**那种体系。只有在这一状况下，解构才会为自己提供手段，介入它所批判的对立领域，这个领域同样是一种非议论性力量的领域。（Derrida, *Margins of Philosophy* 329）

解构只能把文本中立化为解构进程的第一部分：它必须总是伴随着"一种体系的普遍取代"。解构的大多数批评家在批判解构时，都忽略了第二个阶段，也因此错过了这个阶段的目的。第一个阶段通常被认为是"正被考虑的无论哪个对立面的那个一直都受到诋毁的点"的出现，而第二个阶段是对这个对立面的再次铭刻，铭刻进"一种'不可判定的'第三种术语的领域，这个领域总是保持旧有的被诋毁的名字（也就是'写作'），因此保留在对立面的术语中，但又避开把它解读为对二者的简单的辩证扬弃"（Schwartz, "The Deconstructive Imperative" 861-62）。解构因此能够在形而上学和虚无主义之间沉思，尽管在这种沉思中不可能描绘出那"不可判定的"第三种术语会导致这样的结论，即解构性的实践总是会解构自身，总是表现为它自身的矛盾。德里达写道："真理、去蔽和阐明，不再在存在的真理的运用中被决定，而是作为非真理、遮蔽和掩饰被抛入它无底的深渊。"（*Spurs* 119）这里，正如诺里斯所言，解构解构了自身，因为它不能"真正地"说出真理不是真的。这个矛盾的时刻与海德格尔在虚无主义那里看到的含混性非常相似："'虚无主义'保持着含混性，而且在两个极端中被看到，总是首先具有一种双重意义，因为一方面它标志着对延续至今的最高价值的绝对贬黜，另一方面又意味着它同时是对贬黜的无条件的对抗行为。"（"Word of Nietzsche" 67-68）克服虚无主义的尝试本身就是虚无主义，就像解构被用于解决形而上学/虚无主义的对立时，必然会把自己解构为贬黜和对贬黜的"无条件对抗"。解构是难以判定的第三种术语，存在于形而上学和虚无主义的对立之中，而且尽管与虚无主义同属一类（因为它反对形而上学本质），但同样与形而上学同属一类（因为它依然停留在话语领域）。正如德里达在《致日本朋友的信》中所言："解构不是什么？当然是所有事情！解构是什么？当然什么也不是！"（5）

　　这样我们就可以发现，解构尽管不是虚无主义的，但拥有虚无主义的元素。于是，更切题的不是谈论"解构的虚无主义"，而是分析康斯坦丁·邦达斯（Constantin Boundas）所谓"虚无主义的解构"（"Minoritarian Deconstruction" 86）——解构之后的虚无主义。他尝试创造一种解构性的虚无主义，这建立在对虚无主义的一种解读之上，在这种解读中，虚无主义不是"被同化的差异"（82），而是"对未被同化的他者的开放"（87）。不过，邦达斯的理论存在缺陷，因为尽管他认识到存在两种类型的解构，一种是"主导性的"趋势，另一种是"少数派的"趋势（二者或许可以被分别命名为"第一阶段"的解构和"第二阶段"的解构），但是他错误地认为德里达本人属于"主导性的"趋势。德里达明显不存在于邦达斯所谓德里达式的解构——"时髦的'反基础主义者'无穷无尽的元书写"——中，而毋宁说存在于邦达斯所谓"少数派的"传统中。这个少数派的解构"宣称对没有形而上学的存在论进行批判的必要性"（81），这在它拒绝于其话语中同化他者这一意义上是列维纳斯式的。尽管邦达斯对一种解构性的虚无主义的建构令人欣赏，但它难以解释存在于德里达和列维纳斯之间的关联，而罗宾斯注意到了这种关联："最大限度地说，解构性的质疑不仅可以被视为对一种道德律令的回应，它在寻求被压抑的他异性时，打断了话语的总体性。而且，当列维纳斯［……］把自我（-同一）［self（-same）］解释为由他者内在地扩大时，伦理学恰好也包含对一个稳定的、自我支持的自我的解构。"（*Altered Reading* xviii）列维纳斯的伦理学是解构性的，而德里达的解构是伦理性的：只有被他者使用的解构才能存在一种"主宰性的"解构。尽管邦达斯对虚无主义修辞学的解构暗示一种潜在的解构性虚无主义，但它已经被建构在一个并不适合它的框架里。邦达斯的解构性虚无主义与其说相关于虚无主义的解构，不如说更相关于解构的虚无主义，我们因此必须求助其他议论，以便发现一种"后现代"虚无主义的类型。

虚无主义与后现代主义

围绕虚无主义和后现代主义的争论，类似于围绕虚无主义和后结构主义的争论：那些不支持后现代主义的人称后现代主义为虚无主义的，而那些支持后现代主义的人认为它不是虚无主义的。那些称后现代主义为虚无主义的批评家认为后现代主义拒绝元叙事这样的概念。比如说，基督教批评家之所以拒绝后现代主义，是因为后者是一种世俗哲学，它不接纳绝对的道德，而马克思主义批评家之所以拒绝后现代主义，是因为后者深植于"晚期资本主义"，并与之串通一气。尽管这些立场从不同角度接近后现代主义的"虚无主义",但它们都来自相同的根源,正如尼伦所言:"对后现代主义的主要批评,不管采取何种形式,在于都没有注意到这样一种形而上学或历史的'现实'。"(*Double Reading* 75n6)比如说,丹尼尔·贝尔(Daniel Bell)就明确区分了技术进程的"功能理性和操作的技术统治模式"和人性"不断增长的天启的、快乐主义的和虚无主义的"趋势。(*Coming of Post-Industrial Society* 214)这揭示了虚无主义作为一种理性主义哲学出现的程度,它在当代社会已经被修改为可以包括任何能够摧毁现实的东西,而如今这个现实明显根据理性、科学的术语被理解。被称为"虚无主义"的东西——在此情况下就是后现代主义——总是依赖于被称为"现实"的东西。

基督教(更广泛地说,传统信仰)之所以称后现代主义为虚无主义的,是因为后现代主义拒绝一种先验神性的观念。对这样的信仰来说,这是一种形而上学的现实,于是对它的拒绝必然就是虚无主义的。对许多人来说,后现代主义意味着西方普遍的道德衰落,尤其是基督教道德标准的衰落。像安东尼·哈里根(Anthony Harrigan)这样的批评家就认为,这种衰落是虚无主义的,而且如果这种衰落由后现代主义引起,那么后现代主义就是虚无主义的:

> 后现代主义的本质是虚无主义——对任何现存意义和目的的否定——或者更准确地说,是虚无主义在西方社会的胜利。它是一种和无神论相同的现象,因为它否定任何永恒道德秩序的存在。它标志着从摩西时代开始我们就已经厌恶道德教义,这种厌恶在对基督教的态度中达到顶点。虚无主义比异教更糟糕,因为异教徒没有虚无主义者知道得更多。虚无主义比野蛮

主义更糟糕，因为古代的野蛮人至少把他们的生活建立在部落规则之上。（"Post-modern Nihilism in America" 24）

后现代主义之所以是虚无主义的，是因为它促成了一座现代万神殿：偶然性，而非必然性；道德相对主义，而非基督教道德；当下，而非过去。哈里根绘制了这种虚无主义在后现代美国不断增长的路线图，它从纳粹攻击基督教发展到性教育，从对语言和艺术的亵渎发展到"路怒症"。对哈里根来说，这是虚无主义的所有例证，也是后现代主义的所有方面："可是，半个世纪以来，旧的道德秩序逐渐被迫让位于虚无主义，让位于对虚无的信仰，而且这种从道德文明的撤退被掩饰和伪装起来。"（25）对哈里根来说，自然神论的现实之缺席，意味着后现代主义就是虚无主义的。教皇约翰·保罗二世（Pope John Paul II）在一封写于1998年的教皇通谕《信仰与理性》（*Fides et Ratio*）中有着类似的反应，它重复了一种观点，这种观点与来自本书第一章的观点很相似："某些科学家，丧失了所有的道德观念，冒着不再使人成为他们利益和他们生命整体的核心的危险。更严重的是，他们中的一些人已经认识到技术进步的潜在趋势似乎不仅会屈服于市场逻辑，而且会屈服于一种凌驾于自然和人之上的创世力量的诱惑。于是，虚无主义作为理性主义的结果出现了。"（引自 Caygill, "The Survival of Nihilism" 193）

同样，马克思主义之所以拒绝后现代主义，是因为后现代主义不重视历史环境，因为它拒绝生产的现实（the Real of production）。马克思主义批评家对后现代主义的反对，立足于后现代主义的文本性，它用叙事替代历史，无能于对现实问题（Real problems）给出现实的解决办法（Real solutions）。比如说，斯图尔特·西姆

（Stuart Sim）就认为，后现代主义在政治方面是无力的："处于争议之中的问题，不是叙事还是元叙事哪个更可取，而是这些术语是否在社会政治领域具有任何相关性——或者参考性。"（"Lyotard and the Politics of Antifoundationalism" 9）西姆用马克思主义的术语批判后现代主义缺乏指向工人阶级的解放进程。事实上，后现代主义在政治方面并不是无知的，而是反动保守的。他写道："满足于你自己的小叙事，它无论是否充满好斗精神，看上去都非常像一种保守主义的策略，以使发生在一种舒适的现状（*status quo*）中的变化保持在一个可控的最小限度。"（10）① 马克思主义批评的第二条线路，聚焦于后现代主义把自己定义为一种新的激进形式这一问题之上。比如说，在《反对后现代主义》（*Against Postmodernism*）一书中，亚列克斯·科林尼克斯（Alex Callinicos）认为，后现代主义用于区分自己和现代主义的断裂，明显是人为造作的（而且因此后现代主义故意且令人失望地对自身去历史化）。还有，这会不可避免地导致这一结论，即它的所谓完全新颖的革命计划既不"新颖"也不"革命"，正如科林尼克斯所证明的那样，他认为后现代主义是一种"审美姿态，它以拒绝寻求理解或变革现存社会秩序为基础"（170）。马克思主义一再出现的后现代主义批判的思路，是对后现代主义成因的经济和社会-政治理解（如哈维和杰姆逊），以及主张后现代主义是目前的消费社会霸权的基本组成部分，而不是这种霸权的解毒剂。于是，后现代主义，或者更准确地说，**后现代性**，是

---

① 在 *What's Wrong with Postmodernism?* 里，诺里斯也从一个不那么片面的（尽管一点也不少偏见）立场出发，表明了类似的观点："任何赞同最近的后现代转向的政纲，最终都会通过有效支持和促进意识形态动机的工作而被终止。"（191）

虚无主义的，因为它是西方世界的再一次道德衰落的组成部分，只不过，这一次是因为后现代主义拒绝一种经济和历史的现实。

同样，来自其他派别的思想，在后现代主义拒绝某种"现实"的方式方面也有问题。对后现代主义——至少抓住其虚无主义方面——的女性批评中最有名的代表作，索梅尔·布洛德利布（Somer Brodribb）的《无足轻重的女人》[*Nothing Mat（t）ers*]，发现后现代主义中存在一种根深蒂固的厌女症，它被断定是对母性（the maternal）的拒绝。以分析如"matrix""matter""materials"的词源 *mater*（母性）为起点，她指出，后现代主义对无形式的关注是对女性身体的拒绝：

> 要么是死亡与弑母，要么是生命与出生。前者是后现代主义认识论的核心，而后者是唯物主义的激进女性主义理论的基质。在后现代主义的奥威尔式世界里，死亡就是生命，谋杀就是再生，爱情就是死亡。出生不是创造性的，历史不存在，意义不存在。生育、繁殖、出生的创造性，都被物自体（*das Ding*）的空洞所吸引和主宰，而后者正如海德格尔和贝克特所知从未到来。存在于男性创造力中的困惑，根本上相关于一种被公开承认的家长意识的危机，[……]后现代主义只是另外一种危机，它存在于男性的存在和认知中，是泰坦巨神们的冲突。（136）

这种观点很明显与"非物质"展览（*Les Immatériaux*）① 相关，

---

① 1985年，利奥塔于巴黎蓬皮杜艺术中心策划了这场展览，它关注的是与电信技术相呼应的全新物质形式。——译者注

后者打算证明后现代主义的崇高特征。与这次展览相关，布洛德利布指出，进入语言迷宫的五种道路，都与母性角色的缺席相关："这五种道路是：*matériau*（物质），*matrice*（基质），*matériel*（材料），*matiére*（事物），*maternité*（产道）。每一条道路都与续发事件相对应：非身体（not-body），非语言（not-speech），非他者（not-other），非历史（not-history），非我（not-me）。"（124）很明显，对后现代主义的这样一种理解，显示了母性缺席的程度，远离世界和历史的"身体"的程度。①

这里的"非"（not）形式也出现在生态批评对后现代理论的回应中，这些回应认为后现代主义对文本性的关注拒绝了世界。比如说，丹尼斯·特鲁塞尔（Denys Trussell）在《艺术与地球的生存》（"The Arts and Planetary Survival"）一文中说道，当代艺术根本上是"非艺术"，因为它缺乏艺术品的格式塔特质，后者只有在艺术是世界的一部分时才会产生。比如说，他指出贝克特的《等待戈多》（*Waiting for Godot*，1956），还有它的"那群被剥夺了意义、无家可归、无根、无法自我交流的人"，是如此准确地描述了后现代社会，以至于"它的叙述无法让我们进入意义"。观众被锁进一个文本循环，那里没有逃往意义的出口。在这部戏中，自然的唯一角色，那棵孤独的树，"不是作为生命之树行动，而是作为死亡之树

---

① 缺席的女性是后现代文学虚无主义的重要方面，我将会在"后现代虚无主义和后现代伦理学"一章的"生产缺席"一节中对此进行更为详细的探讨。不过，这里值得提及的是，历史上有两个例子，其中女性获得权力只是为了消除它。第一个例子发生在 19 世纪，正如斯图亚特·克伦特（Stuart Curran）所言，那时"正值女性成为英格兰代表性诗人，而小说被男性再次占有，并被弄成主要的文学类型"（"Women Readers, Women Writers"193）。第二个例子发生在后现代时期，恰如我的一个学生敏锐指出的，正当女性获得了她们自己的主体性地位时，后现代主义否定了所有绝对主体性的立场。

行动。它将成为绞刑架"（1：174）。正如他后来所说，这样的非艺术"最终提供的，只是虚无"（2：4），因此也没办法寻求解决降临这个星球的生态危机。

于是，从某些方面看，后现代主义等同于虚无主义，因为对上帝、经济和历史、女性经验或者世界（可以感知到）的摧毁，让各种建立在这些现实之上的理论会认为后现代主义就是虚无主义的。不过由于**歧论**（*the différend*）［怀疑，矛盾，争吵］的问题，对后现代主义的这些批判存在不少问题。同样，出于同样的原因，很难盲目地接受利奥塔自己对元叙事的不信任。当两种观点存在矛盾时，歧论就会出现："当和两个党派对立的矛盾'规则'由其中一个党派的习语来表示，而由另一个党派忍受的错误并没有在这种习语中表明时，两党之间的歧论就会起作用。"（Lyotard，*Different* 9）于是，当两派"话语"中的每一方都支持"一系列的习语，都来自一些习语规则"（xii）并因此产生矛盾时，歧论就会出现。这种矛盾不可能被解决，因为习语和派别都是异质的。马克思主义、基督教、女性主义和生态批评，都不可能确证它们对后现代主义的批评是有效的，因为它们没有和后现代主义从同一派"话语"或同一"习语规则"出发立论；从后现代主义者角度看，这只是一种狡猾的逃离策略。不过，这也意味着后现代主义也使自己对像马克思主义、基督教这样的元叙事的批判变得无效了。如果它们来自不同于后现代主义的习语规则，那么后现代主义必须允许它们保持自身的他者性，否则就对不起它自己的公理。

于是，后现代主义可以被理解为一种关于"非现实"（unreal）或"不现实"（not-real）的话语网络，它建立于制造业的（后工业化的）衰落和信息作为商品而出现的基础上，利奥塔称之为"知识的商业化"（*Postmodern Condition* 5）。这当然非常接近鲍德里亚的超现实，其中"地图出现于领土之前"（*Simulacra and Simulation* 1）。尽管大多数批评家认为信息时代某种意义上就是后现代：利奥塔的"语言游戏"强调它的语言学的和交流方法的变体，瓦蒂莫分析它对解释学的影响，而维利里奥还研究了它的军国主义。不过，利奥塔和瓦蒂莫对信息时代保持乐观态度的地方，正是鲍德里亚和维利里奥不那么确信的地方。还有，尽管瓦蒂莫和利奥塔都对信息时代持积极态度，但他们都不同意虚无主义作为这种转型的一部分的趋势。利奥塔认为后现代主义是对现代性虚无主义的反应，而瓦蒂莫在后现代主义那里看到一种有助于解放的虚无主义的实现。

利奥塔指出，多元主义起源于信息的分布，因为如果每个人都被允许接近所有的信息（不仅关于他们自己的信息，还有关于他人的信息），那么从总体性的控制中获得解放就变得可能。对利奥塔来说，"知识的商业化注定要影响民族-国家一度享有的特权"，以至于会威胁到它们的存在。他继续写道："伴随知识的商业化而来的关于交往性的'透明'的意识形态，将会开始把国家视为一种不透明的事实和'噪声'。"（*Postmodern Condition* 5）尽管利奥塔认识到这种观点存在问题——比如，需要回答这样的新问题："谁能够接近［……］？谁会决定哪些渠道或数据是被禁止的?"（6）——他的解决方案还是显得很幼稚："让公众自由接近记忆和数据银行。"（67）对利奥塔来说，最终的"透明社会"是完全的信息自由的社会，它建立在知识的权威性丧失的基础上，在那里，信息和知识不再被国家或社团所掌握（这是在虚无主义现代性中存在的情形），而是保持偶然性，并随时发生变化。这创造了一种特别的维特根斯坦式语言游戏网络，它的规则"并不支持自身的合法性"，以至于

"不存在游戏",尽管"每一次表达都应该被视为一种游戏中的一个'步骤'"(10),这种游戏,利奥塔称之为**竞赛**(*agonistics*)。

这种乌托邦式的观点与瓦蒂莫的"透明社会"形成了鲜明对比,后者尽管也是乐观的,但颠倒了整个透明观念。利奥塔式的透明起源于一种知识的合法性丧失,而对瓦蒂莫来说,这是问题的一部分:

> 由大众媒介给予许多文化和世界观(*Weltanschauungen*)的自由,已经证明透明社会这个观念的虚假。在一个其标准是对现实性、完美的客观性和地图与领土完全同一性的准确再生产的世界里,信息自由,或者甚至是一个电台或电视频道的存在意味着什么?(*Transparent Society* 6-7)

瓦蒂莫站在鲍德里亚一边反对利奥塔,他认为,如果知识仍然是自然的具体化("地图与领土的完全同一性"),知识的合法性丧失就毫无意义。不过,不同于鲍德里亚,瓦蒂莫认为在信息时代存在一种真正的解放潜能,它来自尼采式的矛盾,那里"在可能的信息里无数现实性形式的出现,让设想某种单个的现实性(世界的寓言式本质的实现)变得越来越困难"(7)对瓦蒂莫来说,"解放的理想"已经从"透明的自我意识"转换为"'现实性原则'本身的腐蚀"。(7)于是,尽管"大众媒介在后现代社会的诞生中扮演关键角色〔……〕它们并没有使这个后现代社会变得更加'透明',而是变得更加复杂,甚至更加混乱",以至于"恰好是在这种相对'混乱'中,寄寓着我们对解放的希望"。(4)瓦蒂莫认为,不是像阿多诺和霍克海默的《启蒙的辩证法》主张的那样,大众媒介生产了"社会的普遍均质化","事实是,尽管来自垄断和资本核心,电台、电视和报纸在世界观的爆炸式激增方面扮演了重要角色"（*Transparent Society* 5）。这是一种不透明的多元主义，那里差异（延异？）的公布导致对一种有特权的虚无主义的克服。不过，瓦蒂莫对后现代主义的感受仍然是虚无主义的，因为它起源于他对尼采和海德格尔的积极感受。这也意味着，瓦蒂莫尽管在后现代社会发现了虚无主义，但仍视其为肯定性的，因为"在证明存在不一定必然符合稳固、确定和永恒的东西方面"，虚无主义显示了存在对"事件，对舆论、对话和解释"的关心；尼采和海德格尔都在"尝试告诉我们怎样把后现代世界的震荡经验变成人的存在的新（或许是最后的）的方式"（11）。

尽管利奥塔和瓦蒂莫把后现代描述为一种解放性的多元主义，其中"笔比剑更有力"，但瓦蒂莫像鲍德里亚那样认为，知识经济最初与控制相关，尽管对维利里奥来说这是"纯粹战争"（Pure War）的实现："**纯粹战争**既不是和平也不是战争；也不像曾被人们认为的那样是'绝对的'或'总体性的'。相反，它是军事化的程序，存在于它的日常的持久性中［……］简而言之，是战争状态的消解，是军事向日常生活的渗透。"（*Popular Defense and Ecological Struggles* 35）"纯粹战争"出现于战争发展的第三个阶段，它起源于**战术**，在发展为**战略**和最终变成**战争经济**之前，由"后勤学来接管"（Virilio and Lotringer, *Pure War* 23）。

在这三个阶段里，"战争经济"（作为"后勤学"）对理解后现代主义的虚无主义来说至关重要。尽管这里似乎最初反映了一种马克思主义看待后现代主义的视角，因为它是一种"经济"，但维利里奥认为，"当国家被构成时，它把战争发展为一种组织，发展为领土经济，发展为资本化的经济，发展为技术经济"（*Pure War*

11）。这隐约显示了后勤学内部的工业化、经济学和政治学，其中每一种事物都服从于军事计划。还有，后勤学与启蒙规划相关联：理性的出现——"实施一场战争就是执行一次理性的计划"（*Popular Defense* 20），以及促进技术对自然的主宰——"和全部自然作交流是我们自身的本性"（31），是创造战争经济的两个阶段。于是，很明显，维利里奥把战争经济的起源确定为 1870 年代，那时开始出现不断增长的军事预算和关于战争的后勤计划（*Popular Defense* 105）。这个时代标志着尼采虚无主义的出现，不在于上帝之死，而在于权力意志的创造。瓦蒂莫所强调的出现于后现代的尼采式冲突，是维利里奥"战争经济"的组成部分，因为"永恒地自我创造、永恒地自我毁灭的**狄奥尼索斯**世界"，是"**权力意志——除此之外一无所有**！"（Nietzsche，*Will to Power* 550；§1067）。尼采的权力意志只是纯粹战争出现的另一种表达，因为我们必然"不会把**纯粹权力**（军事性事物）与**统治**（国家方面的事物）混为一谈"（*Popular Defense* 22）。"后勤学"因此类似于鲍德里亚的超现实，因为它不是"统治"，其中总是有一种统治性的力量，而是"纯粹权力"，一种完全的抽象，它暗含在没有军队、将军和民族的军国主义意识形态中。

通过维利里奥的著作，我们看到了后现代"透明社会"与战争经济的关系。媒介是战争的终极形式，因为它实现了"虚无主义的状态"，因为这关于交流和交往——严密规划和执行的导弹（missiles）与公文（missives）（用德里达的双关语来说，就是"没有启示录，现在没有"）"传递"系统——而非传统的领土战争。信息时代是后勤学的现实化，因为战争不再是与领土相关，而是与驯服相关："今天，为了创造一种**总体化的**生存空间，不再有必要求助于伴随摩托化装备、坦克和斯图卡式轰炸机的闪电战的非凡入侵，因为人们可以通过信息闪电战进行新媒介的**普通渗透**。"（*Popular Defense* 70）这场战争驯服的是人和自然被不断抽象到一定程度的结果，这个结果不是"先于领土而存在的地图"，而是**地图本身已经不再存在**。由于媒介实现了全球覆盖，物理位置已经不再重要，"纯粹战争"因此更关注的不是物理领土，而是通信技术——笔就是剑。从这方面看，后结构主义和后现代主义的修辞学以一种新的见解出现了。被德里达定义为"对古典对立面的**颠覆，以及**对体系的普遍**取代**"（*Margins of Philosophy* 329）的解构，解构了在场的暴力等级制。它的修辞学是哲学战争的一种，涉及"对立面""力量""颠覆"和"中立化"。同样，利奥塔向所有后现代主义者发出了战争召唤："让我们开始针对总体性的战争；让我们目睹那不可表现之物；让我们刺激差异性，拯救那个名字的荣誉。"（*Postmodern Condition* 82）从这方面看，后结构主义和后现代主义都与"战争经济"的出现和"纯粹战争"的表达有牵连。

"纯粹战争"是维利里奥"消失美学"（aesthetics of disappearance）的一部分，是运动消解于速度中，是"透明社会"的再现，只不过这次是谈它消失在速度中：**"现代极权状态的真正现实的身体，它的快速前行的身体**。"（*Popular Defense* 92）"消失美学"明确地把虚无主义和后现代关联在一起，因为现实性的消失，反映的就是"虚无主义的状态"的出现。比如说，维利里奥把 picnolepsy① 定义为一种人们依据虚无主义逐渐淘汰瞬间感知的状况；意识中断或缺席者（the picnoleptic）不能从他个人的经验中建构一种连续的叙事，因为

---

① 维利里奥新造的词，意指意识的中断或缺席。——译者注

有太多的空白存在："他将逐步倾向于相信［就像塞克斯都·恩披里克（Sextus Empiricus）］，没有什么东西真正存在；即使存在，它也不能被描述；即使能够被描述，它也肯定不能拿来与他人交流"（*Aesthetics of Disappearance* 10-11）。在其他地方，维利里奥写道，这"让我们的感官确信，加速与减速，或运动的运动，是空间、速度-空间、速度层（dromospheric）① 空间的唯一真实的维度"（*Lost Dimension* 102）。

速度，作为文化价值的指标，可以根据瞬时信息转换和全球网络来发现，它标志着存在消失于空间中。即使根据物理运动，每一种东西都服从于速度，因为"去任何地方，甚至在一个荒凉的地方或拥挤的高速路上行驶，现在对一个坐在自己车里的窥视狂-旅客来说，都是再自然不过的事了"，以至于"停下来，泊车，是令人不快的操作"（*Aesthetics of Disappearance* 67）。维利里奥经常提及一种作为原型的公路旅游，一种在空旷的空间里对速度的需要，尽管这不是对自由的颂扬，而是对"纯粹战争"的揭示："**而且，假设旅行的最初目的不是'去'某个地方，而是不再在现在的地方，那会怎样**？假设运动的目的已经变得像军事入侵或体育记录：为了走得更快，却哪里也没去，换句话说，就是消失，这会怎样？逃避现实，垮掉的一代，移民，骑车旅行者：**速度秩序的无名士兵**。"（*Popular Defense* 99-100）② 对维利里奥来说，这象征着后现代时代。不同于鲍德里亚现实性的迪斯尼化（作为一种虚假意识起作用），速度是纯粹战争更完全的实现，因为"技术的虚无主义对世界的摧

---

① 维利里奥新造词，意指速度层，对应于大气层。——译者注
② 维利里奥这里对"体育记录"的使用，让人想起利奥塔的"竞赛性"的语言游戏，不过，这一次它属于"速度虚无主义"而非西姆的"现状"的一部分。

毁，没有速度的虚无主义对世界真理的摧毁那么稳妥"（*Aesthetics of Disappearance* 69）。存在（Being）在速度中被消费——"**你没有速度，你就是速度**。"（92）——而且因此所有的真理都被速度所破坏：

> ［速度是］对差异、自然与文化、乌托邦与现实之间的区别的最终废除，因为技术在让通过仪式（rite-of-passage）成为持续的现象过程中，会让感官的癫狂成为一种永恒状态，让有意识的生活变成颠簸的旅行，这种状态的极点只有生与死；而且当然，所有这些都意味着信仰和哲学的终结。（92-93）

于是，后现代主义——作为速度的时代（启蒙规划的高潮部分）——等同于虚无主义，因为现实的破坏是"纯粹战争"的（非）实现。战争的终极高潮达到这样的程度，以至于"透明社会"标志着人类的消失。

针对这种"虚无主义状态"，有一种替代性的选择，它把我们直接带向马克思主义理论。在哈维的"过度积累"理论中，后现代主义被建构为"一种状况，其中闲置的资本和闲置的劳动力供应互相支持，没有明确的方法把这些闲置的资源聚集起来完成有益的社会使命"（*Condition of Postmodernity* 180）。这是在经济实践领域对后现代主义的勾勒，它被描述为一种反动的时刻，旨在反对"过度积累"（过度生产）——在它威胁资本主义之前。尽管如此，哈维无意中提到了知识经济，其中"过度积累"是观念"资本"而非货币经济的一个方面："现代主义和后现代主义之间明确的范畴区别消失了，被对作为整体的资本主义内部的内在关系的考察所替代。"

（342）尽管这些"内在关系"与资本主义相关，但它们也标志着"消费者"对观念"资本"的选择。因此，对虚无主义与后现代主义的关系，存在两种可能的解释，它们尽管是对过度积累的反应，但也揭示了作为"纯粹战争"的虚无主义与作为解放的虚无主义的区别。

对过度积累的第一种解释，认为哲学已经内在地包含虚无主义，而且可以在哈维的相关讨论中发现，这一讨论关注的是资本主义尝试抑制"过度积累"的方法——"宏观经济调控""兼并""货币贬值"。这三种用于应对过度生产的方法，大致相当于沃尔特·安德森（Walter Anderson）对后现代状况的三种潜在反应——结构主义、游戏与虚无主义（"Four Different Ways to be Absolutely Right" 107）。"宏观经济调控"是一个重返元叙事的寓言，哈维所谓"某种管理系统的制度化"（*Condition of Postmodernity* 180）。其中差异被指派进一种首要的主题：这大致相当于安德森的结构主义视角，其中"各种角色在使社会运转、赋予人们一种同一感方面很好、很有用"（"Four Different Ways" 111）。尽管结构主义的观点承认社会行为是具体的，但它认为其对社会的建构是很重要的：其他人那里，罗蒂和费什赞成这种后现代视角。"兼并"，是后现代主义持续**作为后现代主义**起作用的方法，因为它依赖于时空的位移。第一种兼并方法是"周转期加速"（*Condition of Postmodernity* 182），这由德里达"速度的需要"（"No Apocalypse, Not Now" 20-21）和维利里奥的"速度虚无主义"（*Aesthetics of Qisappearance* 69）观点所支持。第二种兼并方法，即"在地理扩张中兼并过剩资本和劳动力"（*Condition of Postmodernity* 183），可以在后现代主义的全球化趋势中发现，那里后殖民和女性主义写作的出现，不是为了研究差异，而是为了研究如何推迟中心向边缘的移动。① 第三种兼并方法"时空位移"（184）可以在鲍德里亚于《终点的幻觉》（*The Illusion of the End*）中所指出的即时通信中发现，其中它既是"即时的"（时间方面），又是"通信"（空间方面）。哈维的"兼并"相当于安德森的"后现代游戏"概念，那里游戏者"在各种文化形式中流连，和我们所有的各种遗产进行混合-搭配"（"Four Different Ways" 108）。但是，第三种针对过度积累的"货币贬值"方法（*Condition of Postmodernity* 181），却使虚无主义处于显要地位。它意味着一种尼采式的时刻，其中资本主义为了获得生存，必须自我贬值：维利里奥的**"你没有速度，你就是速度"**（*Aesthetics of Disappearance* 92）以及鲍德里亚的"双重拟像"，分别指出了这一点。这种解读证明，虚无主义只是对观念"资本"的另一种"消费者"选择，因为尽管虚无主义和后现代主义截然不同，但它们都与思想的形而上学模式暗中相关。

对后现代主义的虚无主义的第二种解释把虚无主义视为从观念经济那里获得解放，这依赖于哈维"过度积累"和古德斯布鲁姆"成问题的虚无主义"的关联："只有当人们准备把各种真理作为平等的真理来比较和评价时，真理的共存才成问题。于是争论的正反两方假设了一种新的力量，以及可能的结果，即人们开始怀疑任何一方的声明的有效性。"（*Nihilism and Culture* 92）"真理的共存"暗示着哲学内部的过度积累，虚无主义因此是拒绝买进任何可选之物。如果每一个消费者的选择都同样无效，那么就会存在一种警告——

---

① 这种"地理学的扩张"可以说明，后现代主义是一种意识形态虚假意识，它通过移位遮蔽了过度积累。

顾客请注意！（*Caveat Emltor*!）——购买者必须留心正在展出的各种哲学，然后彻底离开这座形而上学的商店。这第二种解释被定义为"后现代虚无主义"，因为尽管虚无主义是在后现代主义的支持下被考虑的，但这是一种自我贬黜的虚无主义，它推迟了进入众所周知的理性经济的可能性。当鲍德里亚写道"根本在于，无物（nothing）可逃离意义的帝国"（*Simulacra and Simulation* 137）时，这由此意味着对知识经济的总体性拒绝，也意味着"虚无"（nothing）必然总是徘徊在"意义帝国"之外：一种"后现代"虚无主义，尽管仍然是对虚无的意识形态运用，但同时也在寻求保持伦理的运用，以针对它所遮蔽的缺席。

一种"后现代"虚无主义

在"从无而来"这一章节中，后现代时期之前的各种虚无主义和虚无形式都得到了描述。虚无主义对立于各种意识形态形式：对于基督教，虚无主义是无神论；对于独裁主义意识形态，虚无主义是无政府主义；对于后基督教思想，基督教本身是虚无主义的；对于当代的感受，虚无主义等同于野蛮和破坏。

表 4-1　后现代主义之前的虚无主义形式

	消极的	积极的
个体的	人道主义的（启蒙理性）	反独裁主义的（俄国虚无主义）
社会的	反人道主义的（基督教）	独裁主义的（国家社会主义）

从表 4-1 中我们可以看到，按年代顺序，四个虚无主义范畴可

以按照两种单独的坐标系来测度：个体的/社会的与消极的/积极的。人道主义的虚无主义是一种**消极的个体虚无主义**，意思是说，它并非人们寻求克服的虚无主义，而是致力于寻求促进个体的发展，而反独裁主义的虚无主义是一种**积极的个体虚无主义**，因为尽管它促进了个体的发展，但它关注的还是克服当代意识形态。随着向社会的虚无主义的发展，我们看到反人道主义的虚无主义和独裁主义的虚无主义都是意识形态运动，它们要求霸权结构以治理社会，而非尝试解放个体。

尽管这些构想在它们各自的历史时期都是有效的，但当虚无主义在与后现代主义的思考相关时，问题就出现了，因为这些二元对立面——个体的/社会的，消极的/积极的，以及人道主义的/反人道主义的——在后现代条件下都被分解了。这是因为后现代主义的悖论性质和它的"双重编码"癖好，它在后现代内部把对立的概念合并（为多元的真理，而非综合体）。正如尼伦所言："生活在后现代，就是生活在对立面或阶层之上（意思是**之间**，因为不存在简单的'之上'），而正是这些对立面和阶层导致和验证了 20 世纪的恐怖。"（*Double Reading* 83）尽管是这种"之间"，但后现代主义暗含一种期待，期待分解这种二元对立：存在于独裁主义和反独裁主义之间的对立。尽管独裁主义和反独裁主义都明显被修改了，但对立仍然残留着，即使是在"好的形式"或**善的意识**（独裁主义）的名义之下，而非在对这样的形式的否定，以及在**恶的意识**（反独裁主义）的名义之下。因此根据虚无主义，我们或许可以简单地说，21世纪初，只有两种虚无主义构想，"现代主义的虚无主义"和"后现代虚无主义"。"现代主义的虚无主义"可以概括虚无主义的那些早期的革命性构想，它们寻求逃脱非难，但非难还是强加给它们了：

独裁主义的虚无主义。相反，"后现代虚无主义"是那种尝试逃离它自己的非难的虚无主义。后现代主义导致出现自我指涉的虚无主义的可能性，它不是文化的无聊（ennui），而是一种远离意识形态进程的解放（或者，至少是伦理的解放）：反独裁主义的虚无主义。（参见图 4-1　现代主义的虚无主义/后现代虚无主义）

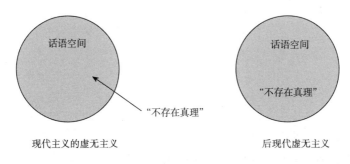

图 4-1　现代主义的虚无主义/后现代虚无主义

现代主义的虚无主义以这样的方式被建构，即"不存在真理"这一声明仍然处于话语空间的外面，这个空间是它尝试否定的对象，**即使它实际上是这一空间的一部分**。这就是说，为了保持有效性，虚无主义必须总是涉及某种东西，而非自身；没有自我指涉性地说不存在真理，就是说"不存在真理，除了不存在真理这一声明"。这意味着"不存在道德法则，除了这一条法则"（伦理学虚无主义），"不存在句子结构或意义，除了传达这个句子的意义的句子结构或意义"（语义学虚无主义），以及"不存在知识，除了包含在这个句子里的知识"（认识论虚无主义）。这些声明中的每一条都禁止了一种"真理"，但不包括表述声明的句子本身，同时又拒绝自身的无效化：它们利用一种控制形式，在那里它们可以保持真理，但其他的地方就不行。这种声明本身保持着真理，但其他语义学描述就无法保持真理，因为真理仍然处于真理要贬低的话语空间的外边。现代主义的虚无主义——各种历史性的虚无主义的总和——是一种总体化的虚无，那里没有什么东西能够存在，除了虚无主义。它通过把自己置于它要抹去的东西的外边，尝试着保持利奥塔所谓"好的形式"。实际上，现代主义的虚无主义是一种元叙事，一种世界观，它否定了所有其他的东西。利奥塔用现代这个术语"命名任何一种科学，这些科学由于涉及一种元话语而赋予自身合法性"（*Postmodern Condition* xxiii），在这个意义上，这种虚无主义是现代主义的。现代主义的虚无主义通过成为一种元话语，通过让自己保持在话语的外边并剥夺其真理，来赋予自身合法性。当虚无主义是禁止性的，所有关于真理的判断都在它的中心被制作而成，但是为了让这一点成为真的，它的中心必须不能处于这个被剥夺的非真理的总体性之中。再回到德里达，我们就会很容易看到这一点与他著名的观点"无中心的中心"之间的关系："关注结构的古典思想会悖论式地说，中心既在结构之内，又在结构之外。中心是总体性的中心，但是由于中心不属于总体性（不是总体性的一部分），总体性的中心在别的地方。中心不在中心。"（*Writing and Difference* 352）当我们以这种方式看虚无主义时，我们会发现，它有着同样的"症状"，就像德里达所批判的先验的能指所具有的那些症状一样。虚无主义的中心不可能是虚无主义的中心。但是，如果虚无主义要想成为一种有效的哲学，要想具有解放的潜能，它必须是摧毁自身的东西。这就是说，人们必须把"不存在真理"解读为一个语义学的悖论：即使这个声明本身也不是真的。

后现代虚无主义所关注的是这样的观念，即虚无主义不能真正地说"不存在真理"。这种描述不会尝试让自己保持在自己要否定的东西之外，意思就是说，这个声明本身会**既是真的，又是非真的**，或者作为虚无主义，它**既不是真的，又不是非真的**。这之所以被视为后现代，是因为它不能既保持为真，又把真理指示给别的东西。在这种描述中，虚无主义的声明本身是这个声明要否定的东西的一部分——"不存在真理"就像适用于其他东西那样适用于它本身。这样，后现代虚无主义可以被视为**自我指涉性的**，它不仅批评处于它之外的任何事物，还批评它自身。正如我们已经看到的那样，虚无主义强调"不存在真理"。但是，如果这个声明是真的，那么虚无主义最终会自食其果，因为不存在真理，这不可能是"真的"。于是，虚无主义既不是真的，也不是假的：一种"被解构"的虚无主义。

后现代虚无主义因此取消了自身的合法化地位，是对自身元叙事性的怀疑，还"否定了自身那作为好的形式的安慰物"（Lyotard, *Postmodern Condition* 81）。这种描述事实上是整个虚无主义历史的内在潜能，尽管它在后现代主义之前的任何时期都没有充分实现过。在"从无而来"章节所描述的各种虚无主义概念中，我们可以清楚地看到这一点。自我指涉的虚无主义类似于尼采的虚无主义定义，其中虚无主义指的是"**最高价值的自行贬黜**"（*Will to Power* 9；§2）。可是，尼采的定义原本用于反对基督教，是为了把基督教定义为虚无主义的。尼采并没有把这个声明指向虚无主义本身：他在虚无主义的"外边"而非"里边"写作。同样，海德格尔把虚无主义行为定义为"无自身无化"（"What is Metaphysics?" 103）。正如我已经说过的那样，对 Das Nicht nichtet 的翻译显示，不仅无化是虚无主义的行为，而且虚无主义也无化自身。这种虚无主义描述是一种空白的空洞（a blank void），它既不是"空白的"（blank），也不是"空洞的"（void），因为给它贴上这样的标签，将会是一种语言学结构，其中虚无主义会被带入存在。自我指涉的虚无主义所表达含义的最为贴切的语言学近似值，可能是"~~虚无主义~~不存在"（~~nihilism~~ does not exist），这里，它即使尝试被表达出来，也是不成文的，或者是在一种更加极端的形式"~~……~~"中，那里省略号本身就在被擦掉，缺席使自身缺席，正如乔治·佩雷克（Georges Perec）在《空洞》（*A Void*，1969）中所言："一种擦去了自身印记的空洞。"（278）① 这个虚无主义概念位于后现代主义的中心，依赖于悖论原则和自我指涉的语义学声明。

自我指涉的语义悖论原则，是对一种在语法上有效的句子的创造，它既不是真的，也不是假的；事实上，它证明自身为假。有很多悖论能够证明语言所具有的逻辑性废话癖好，比如说，"前言"和"再前言"。"前言"悖论来自这样一个事实，即一个作者通常会写一个前言以说明文本中可能会存在错误，但"一个真诚的作者会坚信他在文本中宣称的一切"（Sainsbury，*Paradoxes* 148），从而迫使他进入一种矛盾。不过，这是一种弱的悖论，因为它依赖于信仰和真理的观念，因此尽管它是矛盾的，但并非真的悖论。一种强的悖论出现在"再前言"中："假如一个作者的前言仅仅包含在这句话中：'至少这本书中有一处声明是假的。'那么，这本书的主体部

---

① 这些图形与海德格尔和德里达使用过的形式相关，他们曾经使用~~Being~~这样的术语表示存在既被"书写"又被"覆盖"的方式。问题是，"~~nihilism~~ does not exist"这种描述显示的是虚无主义既被书写又被擦掉，而第二个描述"~~……~~"避免了这种情况，尽管代价是任凭虚无主义以各种有意义的方式来定义——而这恰好就是问题所在。

分必然包含至少一处假的声明。假设主体部分不存在假的声明。那么如果前言是真的，前言就是假的，而且如果它是假的，它就是真的；哪一个都不可能。"（148）这是一种强的悖论，因为它允许声明的指涉性针对自身，但它仍然依赖于这一事实，即文本并没有包含任何错误；如果文本包含了错误，那么就不存在悖论了。这样的悖论很常见，而且跟随"前言"这条线，通过去掉任何涉及声明的指涉性的外部材料，这样的悖论会减掉许多："假设存在一个文本，只有一句话：'这本书中至少有一处声明是假的。'"如果情况确实如此，那么它能指涉的唯一声明就是它自身，就是暗示着一种自我指涉的声明。由于这个句子的自我指涉性反驳自身（也就是说，如果它是真的，它就是假的，而且如果它是假的，它就是真的），因而只有语义学的悖论保留了下来。①

这种语义学的悖论还可以被进一步削减，因为如果文本只包含一个句子，那么就完全没有再提及文本的需要，而且那个声明只需涉及自身。于是，我们看到这样的声明："这个声明是假的。"或者，为了保留真理的必要定义："这个声明不是真的。"这保留了语义学悖论先前的所有特征，但并不必然涉及任何外在于它的东西。这个声明不可能是真的，如果它不能获得来自它自己的标准的豁免，而且它实际上是"不存在真理"这句话的一个强版本，正是后者在

---

① 尽管存在诸多类似的对悖论的反驳，从塔尔斯基（Tarski）的元语言到这一事实，即对一个指涉性句子来说，"这个"属于不合适的表述，但对我来说，这些只是尝试着支持即将崩溃的大厦。如果语言是指涉性的，那么它就可以是自我指涉的；而且如果它可以是自我指涉的，那么它就不得不产生一些悖论。

这本书中从头到尾被用来定义虚无主义。① 自我指涉的虚无主义变成了悖论式的，而非总体性的和禁令式的，变成了首尾相连式的，而非能够宣称自己是真理的，那样会把自己迷失在自己创造出来的空洞中。

不仅像"这个声明不是真的"这样简单的声明是真的，而且那些彼此指涉的声明也是真的。比如，人尽皆知的说谎者悖论。这种悖论建立在这一声明之上："这个声明不是真的。"但是它分为两部分，第一部分可能指的是这样一些自我篡改的声明。正如罗伯特·马丁（Robert Martin）在《论真理和说谎者悖论》（*Recent Essays on the Truth and Liar Paradox*）中所定义的：第一部分的声明是"（S）有一个句子，它只是说自己不是真的"；第二部分的声明是"（T）任何句子都是真的，如果，仅仅如果它所说的是真的"。（1）第一部分的声明明显符合这样的声明："这个句子不是真的"，而且马丁这样判断那不相容性："假如（S）是真的，而且让 s 作为任何这样的句子。那么 s 不可能是真的，因为 s 说它不是真的，如果它是真的，它就不可能是真的［根据（T）］。但是由于 s 不是真的，而且由于，且仅由于 s 是 s 所说的东西，那么［根据（T）］s 就是真的。"（2）在这里，我们除了看到自我指涉性的声明的问题之外，还看到其他问题。语义学悖论对逻辑的反抗并没有到把逻辑导向第 n 级的程度，在那里它开始使自身去合法化。逻辑上看，句子 s 既

---

① "不存在真理"并非天然就是悖论性的。如果这句话被认为是真的，那么它就创造了一个悖论，因为它因此就是假的。但是，如果它被视为假的，那么这样的悖论就不存在了。于是，只有当它被视为真时，它才会创造一个悖论，而批评家在说虚无主义出于这一原因也必然无效时，就是以差不多同样的方式来创造悖论的。如果引进这种更强大的虚无主义描述，那么从现在开始，虚无主义就可以被等同于这样的声明："这个句子不是真的。"

是真的又是假的（因此既不是真的又不是假的）。存在于前言悖论和说谎者悖论之间的区别，对后现代主义来说很重要，因为存在两种悖论式的后现代小说：其中一种是内在地前后矛盾（"前言"式类型），另一种是悖论通过在同一文本中相反的意识形态的在场而出现（"说谎者"式类型）。①

返回"从无而来"章节结尾部分提出的问题，如果虚无主义是绝对否定的哲学，那么它为什么还会有任何关联，尤其是与伦理学的关联？尽管阿兰·巴迪欧（Alain Badiou）指出伦理学本质上是虚无主义的，说过"伦理学应该被更好地命名——因为它说的是希腊语——一种'*eu-oudénose*'，一种自以为是的虚无主义"（*Ethics* 38），但实际上不如说虚无主义是伦理性的（对立于"伦理学是虚无主义的"）。阿多诺指出，虚无主义是"最高的抽象，而且这个抽象是令人讨厌的"（*Negative Dialectics* 380），尽管他对"否定的辩证法"的需要显示虚无主义可能实际上是伦理性的：

> 如果否定的辩证法呼唤思想的自我反思，那确切的意思就是，如果思想要成为真的——如果它无论如何要在今天成为真的——它必须还要是针对自身的思想。如果思想不被逃避这个概念的极端性所衡量，那么它一开始就处于音乐伴奏的性质中，伴随着这种伴奏，纳粹党卫军喜欢淹没它的受害者的尖叫声。（365）

---

① 当然，"后现代"虚无主义的这些描述似乎是不一致的，因为这些悖论在后现代主义出现之前都已经被讨论很久了。不过，从很多方面来看，这些描述都是对这样一种虚无主义的逻辑特征的最简单的定义；在本书接下来的"实践"部分里，虚无主义的"后现代"元素将会被更为详细地讨论。

自我指涉的虚无主义是"思想的自我反思",因为它使我们思考虚无成为可能:阿多诺需要的,正是"思想针对自身"。同样,我们无能于使虚无主义和它自身和解,这可能会被视为"逃避这个概念的极端性"。于是,我们不能"克服"这种形式的虚无主义,因为我们**总是已经**无能于理解它——它标志着一个节点,那里思想贬黜了自身(来自尼采的《权力意志》),那里虚无主义战胜(无化)了自身(来自海德格尔的《形而上学是什么?》)。尽管我打算在后面的论述中才更具体地返回这些观点,但这种自我指涉的虚无主义还是已经可以被理解为伦理性的,因为它证明我们不再有权利建议任何事情:"如果虚无是真的,那么虚无是正义的。"(Goudsblom,*Nihilism and Culture* 137)于是,反思性的虚无主义是那种把自我带进问题,并且强迫它"选择能够赋予存在正义的东西,而不是担保存在的东西"(Levinas,"Ethics as First Philosophy"85)。它强迫我们赋予存在正义,强迫我们为我们存在的理由辩护,以反对我们不存在的理由。这就是虚无主义"真的"伦理,其中自我指涉的虚无主义并非"伦理虚无主义"而是"伦理性的"虚无主义,它构成我们的存在感。这是一种伦理,它由瓦蒂莫在《虚无主义与解放》中暗示出来,那时,他在区分两种形而上学,一种建立在"超越既有现实的"基础之上,一种建立在"他者的他异性之上——这里的他者并非最终被视为一种先验存在(哲学家的上帝),而是纯粹的、简单的他异性,它永远吸引我们走向拯救的地平线,没有允诺最后能够得到的价值的心灵安慰,而是对自我无尽止的否定"(70)。正是这个绝对他异性概念,能够证明虚无主义真正是一种"伦理性"哲学的程度。

实　践

第 5 章
后现代虚无主义与后现代美学

到目前为止，我们已经在这本书中看到虚无主义和崇高在历史上相关联的程度，它们都起源于启蒙运动，又都在后现代主义中继续发展。不过，这种探索迄今一直忽略了一些需要向这样一种虚无主义描述提出的关键问题：如果有这样一种虚无主义，那么它的"要点"是什么？它为什么会存在？它有什么作用？很明显，如果后现代主义已经吸收了虚无主义的成分，即使只是人为地肯定它的崇高成分而忽视了虚无主义本身，它也必然会在"虚无"中发现一些内在价值。本书最后一部分——"实践"——的这两章内容，探讨后现代文学如何运用虚无这一概念——后现代主义的"虚无主义"是什么，它怎么可能被视为崇高——以及后现代主义怎样提供一种新的虚无主义感知——虚无主义的哪些成分可能被视为"后现代的"。这些讨论被分别划入关于后现代理论和文学的两个核心元素：一种是"美学"，或者由后现代文学使用的形式和结构；另一种是"伦理学"，即后现代文学所崇尚的道德。

考虑到利奥塔把后现代主义规定为"对好的形式所带来的安慰的否定"（*Postmodern Condition* 81），区分美学与伦理学似乎没有必要：这一声明同样适用于后现代伦理学和美学。正如琳达·哈钦（Linda Hutcheon）所言，后现代主义并没有体现"均质化或总体化"，而是体现了"异质性和暂时性，它超越任何简单、正式的戏剧［……］以暗示政治和社会意图"（*Poetics of Postmodernism* 60）。不过，尽管后现代美学也许反映了一种后现代伦理（这就是说，被写出来的书都有一种确定的结构，以表现藏在结构后面的伦理信仰），使美学部分和伦理部分重叠了，但它们在涉及"虚无"时的行为方式稍有不同。这个"虚无"的表现在每一种情况中都各有不同，尽管它们都具有共同的终极目标。于是，不同于下一章关注"后现代虚无主义"的伦理和政治内涵，本章主要解释这样一种虚无主义形式怎样在文学中得到表现。

根据后现代美学，虚无通常在一个文本中作为一个结构性的不稳定点起作用，它是一种**困惑**（*aporia*），而文本常常故意促进这种困惑，以撼动读者的"存在论边界"，去解释布莱恩·麦克海尔（Brian McHale）对后现代小说的理解（比如，参见 *Constructing Postmodernism* 8 和 *Postmodernist Fiction* 26-29）。后现代小说是"离中心的小说，去中心的小说"（Hutcheon, *Poetics of Postmodernism* 70）。通过各种对后现代文学来说可能很平常的元素，如荒诞和不切实际性（内容方面的元素）、自反性和结构不稳定性（形式方面的元素），后现代**困惑**让读者质疑他们正在读的东西是什么，以及如何读，这是对利奥塔否认"好的形式"的具体实践。由于这个定义的根源是康德的无形式，存在于后现代文本中的这些崇高的"裂隙"很明显也是虚无主义的——就它们是后现代主义对虚无的运用的一部分这一意义上来说。于是，本章通过考察一些代表性的后现代文本和作者，以揭示虚无主义和崇高在后现代文学中的相互关系。

和荒诞、不切实际性有关，这种崇高的缺席主要与无意义、混乱相关联，这种无意义和混乱具体表现为一个荒诞的世界，还表现在人对这个世界的反应中；和自反性、结构不稳定性有关，这种崇高的缺席出现在后现代文学的叙事形式中。

虚无主义与后现代的荒诞

作为 20 世纪人类生存的一部分，荒诞（absurdity）是这个世纪所亲历的狂暴巨变——既有积极的又有消极的——的结果。在悲剧需要意义的地方，荒诞需要的是意义的丧失，而且，在一个亲历了原子弹的诞生和使用，前所未有的种族大屠杀，以及联合国诞生、电脑时代来临、健康保健和教育在全世界大多数地方——尽管明显并非在所有地方——得到快速改善的世纪，确实很难发现意义，甚至很难承认有意义存在。① 荒诞作为"一种信仰，即人类生存于一个无目的的、混乱的宇宙"（OED），明显是 20 世纪人类生存的一个方面，因为作为这些巨变的结果，人们很难再相信存在任何更高的意义，不管是根据先验神性，还是黑格尔的"历史精神"。从这个词的拉丁文词源 *ab-surdus*［"from, after, since" - "deaf, silent"（"从、之后、自从" - "失聪、沉默"）］来看，荒诞在生存得不到清晰或连贯的表达时才出现，而且起源于交往的缺失。比如说，大卫·摩根（David Morgan）就指出："20 世纪人类的悲剧在于，没

---

① 正如特里·伊格尔顿（Terry Eagleton）在《甜蜜的暴力》（*Sweet Violence*）中所言："悲剧之所以冒犯意义和价值，是因为它需要它们。"（26）当罪恶在"理性"的指导下被施行（而且这不仅仅是一个启蒙问题），这个世界已经很难发现价值或意义；同样，悲剧可以不再冒犯意义或价值，因为它们早已经被冒犯。

有什么可以表达，没有可以表达的对象，没有表达的权力，也没有要表达的义务。"（"And Now the Void"316）呼应塞克斯都·恩披里克的教义，摩根把虚无主义明确定义为这种"新悲剧"（也就是荒诞）中的核心成分："首先，无物存在；其次，即使存在某物，它也不可能被认识；最后，即使有某物存在，且可以被认识，它也不可能被话语表达出来，或者可以和他人交流。"（320）在后现代世界，虚无主义的悲剧是不可能的［也许它们确实曾经存在过；比如说，莎士比亚的《李尔王》（*King Lear*，1605），就结束于一句台词："一切都是惨淡，黑暗，死寂。"（V. iii. 289）但它之所以是悲剧，仅仅是因为"意义"被暂时放弃，但在戏剧的结尾，意义又得到恢复］，于是我们只能求助于一种虚无主义的荒诞。

　　如果除了荒诞与世俗现实格格不入，再没有其他原因，那么虚无主义总是暗含在荒诞中。但这不是说荒诞关注的是非现实，因为荒诞艺术的整个目的就是去证明这个"现实"世界是荒诞的。荒诞最适当的文学例证，可能是"没有官僚气的卡夫卡"：荒诞文学并非关注主人公面对更大的意识形态力量时的困惑（如卡夫卡所做的那样），它要促进的是这样一个观念，即在那些占据了主人公生命的事件背后，不存在意义。比如说，萨缪尔·贝克特（Samuel Beckett）的《等待戈多》，表现的就是弗拉基米尔和爱斯特拉贡在一棵树（可能总是那一棵树，但并不绝对）下日复一日、也许没有尽头地等待"戈多"的到来。在《残局》（*Endgame*，1957）中，贝克特运用了一种类似幽闭恐惧症的结构，其中克劳夫和哈姆在同一个房间里持续着它们固有的存在，既不想待在那儿，又不想**不**待在那儿。这可不纯粹只是一种西方现象：安部公房（Kobo Abe）《沙漠里的女人》（*Woman in the Dunes*，1962）中的主人公，被迫每晚在沙丘上挖出一个洞，尽管他实际上没有任何进展，因为沙每天都会重新填满洞。像这样，荒诞文学关注的是这样一种观念，即生命是一种存在主义的梦魇，一处无目的的困境，正如尤金·尤内斯库（Eugene Ionesco）《在城市的怀抱里》（"Dans les armes de la ville"）所解释的："荒诞就是目的的缺乏……被剥夺了信仰、形而上学和先验的根源，人迷失了；他所有的行为都变得愚蠢、荒诞和无用。"（引自 Esslin, *Theatre of the Absurd* 23）主要由于这一原因，荒诞性与虚无主义密切相关；虚无主义，通过促进**虚无**，积极地把人类从它的"信仰、形而上学和先验的根源"那里分离开来。从阿尔弗瑞德·杰瑞（Alfred Jarry）的《愚比王》（*Ubu*）系列剧［*King Ubu* (1986), *Ubu Enchained* (1900) 和 *Ubu Cuckonlded* (1944)］——它们"号召推翻对人、社会和宇宙的既有假设"（Labelle, *Alfred Jarry* 1）——到贝克特"表达虚无的意义的斗争"（Glicksberg, *Literature of Nihilism* 236），虚无主义的核心幻想——"不存在真理"——总是荒诞艺术的支柱。

在《甜蜜的暴力》（*Sweet Violence*）中，伊格尔顿明确区分了"有意义的"悲剧和"无意义的"后现代荒诞："这种类型［悲剧］有一种存在论的深度和高度的严肃性，它激怒了后现代的感受，后者带着不能承受的存在之轻。"（*Sweet Violence* ix）尽管伊格尔顿批评后现代主义并不涉及悲剧，因为后现代主义根本没有"存在论的深度"，但悲剧确实激怒了后现代感受。后现代主义（至少某些类型的后现代主义）毋宁说是对一个荒诞的世界的欢庆："后现代人不再等待戈多。荒诞不再与绝望相关；相反，它是一种是其所是的生活，是生活的最佳形式，是摆脱把自己作为生活的目标的负担的一种信仰；剩下来的可能是一种快乐的虚无主义。"（Kvale,

"Postmodern Psychology" 38）这种快乐的虚无主义可以在伊格尔顿所提及的"不能承受的存在之轻"中发现：米兰·昆德拉（Milan Kundera）的《不能承受的存在之轻》（*The Unbearable Lightness of Being*，1984）。《不能承受的存在之轻》开篇就讨论尼采的永恒轮回理论，这是一种关于在历史"之中"存在的沉思。它主张如果永恒的回复实存，那么存在就是"沉重的"，因为人类被过去的负担所压抑。相反，如果永恒的回复不实存，那么存在就是"轻的"；人类从历史重担中解脱出来。但是，昆德拉写道，轻并不滑稽可笑，它是某种"深刻的道德邪恶"的症状："在这个世界上，每一种东西都被预先原谅，而且因此每一种东西都可笑地被允许。"（4）"不能承受的存在之轻"因此不仅意味着后现代世界的存在可能是"难以忍受之轻"，而且这样一种轻是难以忍受的，因为每一种东西都"可笑地被允许"。尽管伊格尔顿对后现代的解释过分简单（后现代主义，实际上是创伤的后果，尽管它似乎轻视创伤），但从悲剧到荒诞的转变遮蔽了一种令人不安的道德矛盾。

在后现代小说中，荒诞处境到处可见，它可以分成两种不同的形式："荒诞的视角"和"荒诞的环境"。"荒诞的视角"小说，用读者（可能）从未考虑过的方式看待世界，并把它表现给读者。像朱利安·巴尔内斯（Julian Barnes）的《10½章世界史》（*A History of the World in 10½ Chapters*，1989）和约翰·巴特（John Barth）的《迷失游乐屋》（*Lost in the Funhouse*，1968）这样的文本，就表现了这种荒诞。《10½章世界史》有一章专门谈论一个藏在平底船中的偷渡者，最后发现，这个偷渡者是一只蛀虫。同样，巴特的"夜航之旅"（"Night-Sea Journey"）讲述的是一颗精子在性爱过程中的旅行。这样的视角强迫读者重新检查他们自己先前看待世界的视角。

相反，"荒诞的环境"小说，把读者置于一个世界，一个装满镜子使形象扭曲和变形（巴特的《迷失游乐屋》同时以这两种方式反映）的游乐屋，它反映着读者自己的世界，安吉拉·卡特（Angela Carter）、托马斯·品钦（Thomas Pynchon）和库尔特·冯内古特（Kurt Vonnegut）的小说，就是如此。[1] 在这些小说里，叙事行为围绕一系列非理性事件展开。这种形式的荒诞小说强加给读者的，并不是一种不同的**地方性**视角（像"荒诞的视角"小说所做的那样），而是让他们重估他们对待事件的**全球化**感知——这个世界如何运转。于是，后现代荒诞强迫读者质疑他们自己的意识，质疑他们生活于其中的世界，还有他们自己——正如稍早所言，是对"存在论边界"的去稳定化。正如马拉在彼特·韦斯（Peter Weiss）的《马拉/萨德》（*Marat/Sade*，1964）中所言：

> 重要的事情
> 是揪着自己的头发把自己拔起来
> 是把自己从里到外翻个遍
> 是用新的眼光看待整个世界。（I. 12–15）

后现代荒诞通过把我们自己"从里到外翻个遍"，强迫我们去"用新的眼光看待整个世界"；就像利奥塔那样，它要求我们去"怀疑"元叙事，包括那些宣传我们自己的元叙事。

后现代荒诞的这种自我指涉性元素，说明虚无主义的特征事实

---

① 尽管把这些作家与"荒诞"的称呼关联起来可能会有反对之声，但有必要指出，魔幻现实主义——我将会在本章后面的部分返回这一点——事实上就是后现代文学的荒诞性的表现。

上可以在我们所欲的那个世界以及现存世界之间的区别中被描述，正如约翰·马麦斯（John Marmysz）在《嘲笑虚无》（*Laughing at Nothing*）中所解释的："虚无主义提醒我们，人不是神灵，尽管我们拥有无数文明成就和奇迹，但我们无法改变这一事实，即我们对自己的命运，只能做到有限的主宰和控制。"（159-60）这正是荒诞文学所探讨的东西。存在于我们的期待和现实之间的裂隙，尽管会向绝望敞开大门，也会导致笑声，正如马麦斯所引述的精神分析学家阿兰·威利斯（Allen Wheelis）的话："我寻找的笑声，是那种带着绝望直视和发笑的人的笑声。"（121）还有什么别的理由给《等待戈多》一个副标题"悲-喜剧"？它毕竟在摩根的意义上——"没有什么可以表达，没有可以表达的对象，没有权力表达，也没有表达的义务"（"And Now and Void" 316）——是一种悲剧，又是具有喜剧性的。

这样一种虚无主义的笑声，在整个（荒诞的）后现代文学中到处可见，而它最明显的化身（至少从字面上）是巴特的"异性双胞胎小说"——《漂浮的歌剧》（*The Floating Oprea*，1956）和《路的尽头》（*The End of the Road*，1958）。这两个文本探讨在一个荒诞的世界里做一个虚无主义者意味着什么。正如巴特在他为合编版所写的导言中所言："我视《歌剧》为一部虚无主义的喜剧，《路》为一部虚无主义的灾难剧：同一支旋律被重新编排进一种残酷的音调，用一种贫乏的声音唱出来。"（vii-viii）于是，巴特表现出两种虚无主义——喜剧性的和悲剧性的——它们是对虚无主义的荒诞考察的组成部分。不过，它们并非对虚无主义的不同再现，而更准确地说是对虚无主义的不同回应，它们统一在一个荒诞的整体中：

安德鲁斯和霍纳不仅被一种完全怪异的寒冷感（这种感觉意识到人类所有努力的无能）搞得瘫软无力，还用他们的无能感把这种宇宙性的无力带进一种荒诞的串联关系，他们用一种搞笑的、隐晦的、自我批判的虚无主义土话来描述这种无能感的倾向，去影响那些处于这些关系中的人们。（McConnell, *Four Postwar American Novelists* 117）

存在于这些文本中的这种批判能力，注意到两个主人公都有类似的特征，这意味着，托德·安德鲁斯的"搞笑"（在《歌剧》中）和雅各布·霍纳的"无能"（在《路》中），实际上在一种虚无主义话语——一种用"搞笑的、隐晦的、自我批判的虚无主义土话来描述这种无能感的倾向"——中被隐约显示出来。尽管每个主人公分别应对不同的无意义问题，但他们都有一种"荒诞"的态度，而这种态度本身就是虚无主义的。

《歌剧》表面上看是一部关于喜剧性的虚无主义的小说，尽管这里的"喜剧性的"并不意味着幽默，而是对待生活的漫不经心的态度。《歌剧》探讨了安德鲁斯转向虚无主义的精神病理学，这可以在整个文本中由安德鲁斯制造的一系列逻辑进程中发现。这些进程不断被修改和升级，因为他看上去越来越理解什么是虚无主义了：

I. 没有什么东西具有内在的价值。

II. 人们赋予事物价值的原因，最终总是非理性的。

III. 因此，不存在评估任何事物的最终"原因"。（*Floating Opera* 223）

在后来的文本中，这段话被修改为：

　　Ⅲ．因此，不存在评估任何事物的最终‘原因’。

现在如果我再加上包括生活，这样下面的命题就立刻变得清晰了：

　　Ⅳ．活着是一种行动。不存在行动的最终原因。
　　Ⅴ．不存在活着的最终原因。（228）

最后，在小说"突然降临的高潮"过后，第五条原则本身也被修改了，因为"漂浮的歌剧"（船与文本）没有被破坏：

　　Ⅴ．不存在活着（或自杀）的最终原因。（250）

这些定义显示了一系列的推理，从最初的命题"没有什么具有内在的价值"到"不存在活着（或自杀）的最终原因"。安德鲁斯想要证明，没有什么东西具有内在的价值，并且运用逻辑来为他的行动正名，尽管他难以解释，如果"没有什么具有内在的价值"，那么他最初的命题也没有内在价值，他用以达到结论的逻辑也没有内在价值。逻辑变成了诡辩，语词变成了语义学——他只是在向自己证明自己。当他说"**没有什么东西具有内在价值。甚至真理也没有内在价值；甚至这个真理也没有内在价值**"时，安德鲁斯进入了一种片面的意识。如果连这个真理都没有价值，那么没有什么可以做或说了——在任何情况下，读者都被迫质问，安德鲁斯为什么会以他的方式开始。事实上，安德鲁斯的世界观——存在是无意义的——强迫他支持他自己的欲望：这个真理没有价值，先于用于正名他的行动的逻辑的运用。安德鲁斯作为一个虚无主义者开启了文本，但是从一开始就去建构他认为合适的世界，把他自己的"意义"规划给一个荒诞的世界。他并没有质疑他自己的假设，而且因此尽管他认为自己是一个滑稽的虚无主义者，一个荒诞的反英雄，但他只是荒诞世界里的另一个没有目标的无政府主义者（尽管那可能正是"滑稽的虚无主义者"的定义）。

这种来自虚无主义的发展也出现在第二部小说《路的尽头》中，尤其是与雅各布·霍纳的神游症有关。在这些杰克（雅各布的昵称）似乎不是杰克的插曲中，我们可以看到巴特在努力尝试让一种根本的"虚无"在存在的核心出现："我的心灵是空的。今天，在去餐厅的一路上，吃完一顿饭的整个过程，回家的一路上，好像雅克布·霍纳都不存在。在我吃完饭后，我回到房间，坐在我的摇椅里，摇着，摇着，很长时间，没有感觉，什么也不想。"（*End of the Road* 286）伴随着"没有感觉"的心理过程，杰克是"空无一物的"。但是他没有声明他在任何经验主义的意义上是不存在的，而只声明他成为一种生物结构，这种结构意识不到自己是杰克：

> 没有**天气变化**的一天是不可想象的，但对我来说，至少经常有几天没有任何心情。在这些天里，除了在一种无意义的新陈代谢的意义上之外，雅克布·霍纳停止了存在，对我来说已经没有了个人性。就像那些生物学家必须染上颜色以使之可见的微型标本，我必须被某种心情着色，否则对我来说就不知道会不会存在一个可以认识的我。我的连续而又间断的自我，通

过身体和记忆这两条不稳固的线与其他自我相关联；在西方语言的本性里，词语变化预设了一些变化会在那里发生的东西；尽管标本如果不染色就不可见，但染料并不是标本——这些事实，我都意识到了，但我根本没有兴趣。（287）

根据杰克，在这样的时间里，雅各布·霍纳不再是"雅各布·霍纳"，尽管和天气的比较告诉我们，存在一个雅各布·霍纳。有些天里似乎没有天气，尽管这不是实际情况——它只是指没有所指的天气。我们或许可以规定一个术语以指代这样的"没有天气的"几天时光；天气并没有离开，只是在那一时刻"不能有所指"。与杰克的角色相关，他的心情的空白的这个事实规定着他的心情；这不是心情的缺席，而是缺席的心情。标本也许不可见，但它依然存在着；一天时光的缺席并不意味着一个标本的缺席。

杰克并没有考虑，或许只存在两种身份特征——身体和记忆——而只有他的人格（persona）似乎消失了。这把杰克面临的问题再造为自我的多重性，而非自我的缺席。正如杰克的情人伦尼对杰克的观察：

> 不管他的观点什么时候准备俘获你，你都不再在那里，更糟糕的是，即使他摧毁了你的立场，这对我来说似乎就是，他没有真正接触过你——在你的任何立场中都不存在多少你[……]我想你根本就不存在。有太多的你存在。它不再是你戴上又卸下的面具——我们每人都有面具。但是，你无论何时何地都是与众不同的。你取消了你自己。你更像梦中的人。你并不强壮，也不虚弱。你是虚无。（316-17）

伦尼说"我想你根本就不存在。有太多的你存在",这是很明白的事实,因为杰克的"缺席"可能是多元主义的产品。巴特描述了一个角色,它直面有太多选择的可能性。这类似于围绕后现代主义和相对主义/多元主义的关系展开的争论,采取古德斯布鲁姆的"成问题的虚无主义者"的形式,宣称虚无主义出现了,因为所有彼此排斥的判断都是合法的:"很多人都可能是成问题的虚无主义者。对那些处于多样性观点之中失去真理的轨迹的人来说,拒绝所有流行的真理就成了命令;对其他人来说,它使人从那些盛行的形式中解放出来,并且为练习这种选项而提供原理。它可以导致绝望,或者导致安宁;导致悲剧性的信仰,或者彻底的不信仰。"(*Nihilism and Culture* 142)于是,如果多元主义承认所有的东西都是同样有效的,虚无主义者开始怀疑是否所有的东西都是同样有效的,那么所有的东西都会变得同样无效,因为它们开始互相取消对方。杰克就是这样一个例子,因为正如他所说的:"我老实说有一大堆观点。"(*End of the Road* 370)这些各个都有效的观点,导致一种麻痹无能:因为他面前的选择的多样性,杰克有时候难以决定任何事情。杰克本人认识到,这种无能不是决定的缺席,而本身就是一种决定:"不去作任何选择是不可思议的:我之前所作的只是选择不去行动,因为当那种情境出现时,我已经开始休息了。"(324)这样,尽管这可以被认为是"成问题的虚无主义者"的好例子,但读者开始看到,这种看上去的无能于行动,不如说是对行动的拒绝,它属于一种"伦理性的"后现代虚无主义的一部分,本书后面将会定义这种虚无主义。

杰克也表现出了萨特式的存在主义,正如托马斯·肖布(Thomas Schaub)所注意到的:"霍纳把萨特思想的辩证矛盾表现到了令人可笑的极致。"（*American Fiction in the Cold War* 170）尽管虚无主义在杰克那里，在"萦绕于存在核心的""虚无"中（Sattre，*Being and Nothingness* 21；引自 Schaub 171）表现出来，但这是自我的"绝对表现"的一部分（Sattre，*Transcendence of the Ego* 94；引自 Schaub 170）：就像凯奇的《4′33″》，杰克的角色依赖于它在其中表演的环境。对肖布来说，杰克的荒诞性起源于巴特"证明建立在任意的理性行动之上的价值体系的不可实行性"（173）的欲望。但是，尽管肖布宣称"在杰克［虚无主义者］和乔［理性主义者］的斗争中，萨特的理性主义消解了自身"（173），但《路的尽头》更准确地说是萨特式的意识的一个寓言。当他用"文本的身体——伦尼——是病态的结果"（173）这句话结束先前的声明时，肖布忽视了他自己的观点的重要性。在这样的解读中，杰克与乔之间的矛盾似乎暗示着"我"和"注视着的我"之间的矛盾，但是伦尼——死亡的身体——才是那缺席的虚无，是她造成这两个极点持续不断地循环下去。于是，巴特的小说并不是在反驳萨特的意识，而是在把它确证为"荒诞世界运行的方式"。

介于庸常之物和不切实际之物之间：荒诞的崇高

巴特早期小说描述了一个荒诞的世界，但那个世界只与哲学而非政治相关。于是，《漂浮的歌剧》和《路的尽头》只是对虚无主义的叙事性阐释，而很少提及形成这个荒诞世界的历史性语境。但是库尔特·冯内古特的小说却阐明了这一事实，即后现代生活的荒诞性植根于 20 世纪的创伤。《五号屠宰场》（*Slaughterhouse Five*，1969），冯内古特这部最有名的小说，就以声名狼藉的德累斯顿连环爆炸案为基础。冯内古特不仅处理创伤问题（以反对伊格尔顿的后现代概念），他还通过暗示第二次世界大战是存在于各种竞争式的意识形态中的荒诞矛盾，而根本不是善与恶之间的矛盾，来处理创伤问题。

冯内古特的小说是对日常生活的荒诞混合，这种生活非常简单，能够抵消文明化社会的虚伪——在冯内古特的世界里，它可以被命名为关于人性的"异乡人的观察"。在《冠军的早餐》（*Breakfast of Champions*）中，德维恩·胡佛因为存在于他脑子里的某种"恶的化学品"，开始发疯并袭击他人。这种"恶的化学品"——或者是有故障的线路——在这个世界上到处可见。比如说，冯内古特认为第二次世界大战就是这种"恶的化学品"的结果："在被称为德国的这个国家中的人民身上一时具有那么多恶的化学品，以至于他们实际上建了很多工厂，唯一的目的就是屠杀数以百万计的人。"（133）这样的"恶的化学品"是昆德拉"轻飘飘的"后现代世界的一个例证，其中"每一种东西都被预先原谅，而且因此每一种东西都可笑地被允许"（*Unbearable Lightness of Being* 4）。它消除了对作恶者的暴行的谴责，因为那不是他们的错误，而是"恶的化学品"的错误。当冯内古特对这样的事件的反应，要么是"等等"（etc.）（228）这样的空白，要么是《五号屠宰场》中的"就这么回事儿"① 时，他揭示了这样一种客观的宿命论（不同于主观的责任）。

"就这么回事儿"几乎就是尼采"命运之爱"（*amor fati*）的复原，它对命运的盲目接受，不允许存在任何人类行动的观念，尽管

---

① 每当坏的事情发生时，"就这么回事儿"这句话就出现在《五号屠宰场》的文本中，尽管关于这句话的使用的解释与外星人的时间观念（本章稍后将会讨论这些观念）相关。

冯内古特用这句话讽刺性地暗示，"恶的化学品"只是人类面临的更大的伦理问题的象征。出于这个理由，"恶的化学品"并非恶的事情发生的唯一原因，当冯内古特谈论美国的"产生"是如何被教授出来的时候，他揭示了这一点：

1492

老师们告诉孩子们，这是他们的大陆被人类发现的时间。事实上，1492年的时候，已经有成百万的人们在那里过着丰富而有想象力的生活。正是这一年，海盗们开始欺骗、抢劫和杀戮他们。（*Breakfast of Champions* 10）

冯内古特的小说揭露了我们生活于其中的那个荒诞世界，揭露了它的有讽刺意味的事情，它的不一致性，还有我们告诉我们自己以正名我们的存在的谎言。接着这节课，他写道：

孩子们被教授的，还有另外一种邪恶的胡说八道：那些海盗最终创造了一个政府，它成为世界上其他地方人民的自由的灯塔。［……］实际上，这些与这个新政府的产生密切关联的海盗们拥有人类奴隶。他们把人当作机器使用，而且即使奴隶制被取消之后（因为它是如此使人难堪），他们和他们的后代仍然把普通人视为机器。（10-11）

当人被等同于机器时，糟糕的事情就会发生。这就是发生在德维恩·胡佛身上的事，他认为"所有其他人都是一个完全自动化的机器，他们存在的目的就是激励德维恩。德维恩是一种新的造物，接受造物主的检验。只有德维恩·胡佛才有自由意志"（14-15）。

可是，对人性的这种感知，还只是冯内古特小说中"人类"的一个元素。后来在《冠军的早餐》中，他写道："在他作为一部机器的范围内，他的处境是复杂的、悲剧性的和可笑的。但是他身上的神圣部分，他的意识，仍然发出一种坚定的光芒。"（225）尽管那个生物学意义上的动物是"复杂的、悲剧性的和可笑的"——也就是荒诞的——但还存在"神圣的部分"，即"一种坚定的光芒"，那就是我们的意识。在这部小说中，这一点的象征是一个虚构的艺术家罗伯·卡拉贝肯的画《圣安东尼的诱惑》（207）。

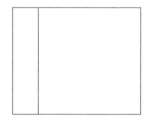

这幅画里，一个拉链在一片单色领域中垂直滑下，这类似于纽曼的绘画，后者对于利奥塔的崇高概念来说非常重要。以这种表现为基础，（荒诞的）存在很明显就出现在两种对立的意识形态之间的空间里（正如《路的尽头》中的伦尼），一条存在的细细的"拉链"出现在两种较暗的背景之间。[1] 它还暗示了品钦的"暂时的频宽"（temopral bandwidth）概念："'暂时的频宽'是你的当下存在的宽度。那为人熟悉的'Δt'是一种因变量。你在过去和未来徘徊

———————————

① 同样，它也暗示了罗伯特·亚当斯（Robert Adams）的"虚无"概念："［虚无］表达的是对有意识的心灵的愤怒和深刻的敌意，它在19世纪后期开始得到普遍表现，而在20世纪成为震耳欲聋的合唱。意识开始装作一块灼热的钢板。"（*Nil* 246）

得越多，你的频宽就越粗，你的角色就越固定。但是，你对当下的感受越狭窄，你就越贫乏。"（*Gravity's Rainbow* 509）冯内古特或许对这种解读不置可否，尤其是当我们考虑来自《五号屠宰场》的外星人的时间观念时。在《五号屠宰场》里，毕里·皮尔格林被外星人绑架了，他问的第一个问题是："为什么是我？"他们对这个"非常**世俗的**（Earthling）问题"的回应是："我们在这里，皮尔格林先生，在这琥珀色的时刻抓到你。没有为什么。"（55）外星人的时间是一种暂时性的观念，其中每一个时刻都是**此刻**（now），一种永恒的当下（这就是当人们死去的时候，一个外星人会说"就这么回事儿"的原因：在永恒的当下的某个地方，他们仍然活着）。就像纽曼的著名声明（来自同名论文）"崇高就是此刻"，我们可以看到永恒的当下导致"为什么"的缺席。在"现在 - 这里"/无处（Now-Here/nowhere）中，只有一种身份意识——这个世界是荒诞的，时间是无意义的，而且我们只是缺席的空间里的一种崇高的在场。

　　荒诞的崇高对后现代小说来说非常重要，因为它是崇高的"后现代"起源的地方。后现代世界是**庸常之物**（*the quotidian*）——通常被命名为"日常生活"，但它也意味着一种可以被衡量和控制的生活——和**不切实际之物**（*the quixotic*）——不守规则的生活①——之间的冲突世界。尽管后现代小说证明生活是荒诞的，但在这个悲剧后面，还有一种政治动机存在。利奥塔的"崇高的"后现代的命题，就是要逃离元叙事的非难，就是一种不切实际的姿态。但是鲍德里亚的崇高，是不切实际之物已经死去的世界，是完全由庸常之

---

　　① 艾斯林（Esslin）也注意到"不切实际之物"与荒诞派戏剧的关系，认同后现代主义是荒诞派的延伸这一观点（参见 *Theatre of the Absurd* 429）。

物主宰的世界，是对立面已经变成人造的超现实的世界。这就解释清楚了后现代小说和理论的很多方面；解释清楚了为什么后现代可以同时在异质性的结构碎片和均质化的全球市场中被发现，以及为什么后现代小说是一种既关注解放又关注偏执狂的文学类型。这些术语出现在"后现代虚无主义"——处于现代主义的"总体性的"虚无主义和后现代"反总体性的"虚无主义之间——的作品中。

在后现代文学中，不切实际的冲动可以用出现于 20 世纪文学的"实质性的实验"（Zurbrugg, *Parameters of Postmodernism* 163）时期来描述。这一时期包括博尔赫斯（Borges）、品钦、卡特、巴特这样的作家，还有那些参与"潜在文学工厂"（*OuLipo*）的人，比如伊塔罗·卡尔维诺、阿兰·罗布-格里耶（Alain Robbé-Grillet）和佩雷克。不切实际的冲动反映了后现代主义在文学中的出现，此时传统叙事结构被抛弃，新的形式和类型受到追捧。由这些人物想象出来的异质性乌托邦，描述了存在于那个时期的不切实际之物与庸常之物之间的对立。在早期后现代文学被描述为魔幻现实主义和荒诞性的地方，其他形式的文学仍然坚持在严格定义的参数中。以杜鲁门·卡波特（Truman Capote）的《冷血之中》（*IN Cold Blood*, 1965）、约翰·赫西（John Hersey）的《广岛》（*Hiroshima*, 1946）和普利莫·莱维（Primo Levi）的《如果这是一个人》（*If This is a Man*，出版于 1947 年，后被重写并再版于 1958 年）为代表的新新闻学和实验文学，正是在追求实在性的现实主义欲望支配下完成的。这种在小说中追求真理，或者追求小说的完全的消失的具有讽刺意味的欲望，是在代表性的创伤事件"奥斯威辛之后"的艺术最终被诅咒为"野蛮的"（Adorno, *Prisms* 34）之时"不要把现实隐藏在语词的藩篱背后"（Levy, "Admitting Reality" 97）的要求的结果。

魔幻现实主义——加一点魔术给现实主义——想要做的，是给这些文学所表现的单调而危险的庸常世界一点解毒剂。

不切实际的后现代主义仍然具有指向创伤的伦理性，尽管非常不同于实验文学所主张的道路；它寻求消解那些导致实验文学的庸常冲动。如果造成大屠杀的极权主义是规定现实性的结果，那么新的现实性——杰瑞杜撰的超科学（pataphysics，关于想象中的世界的科学，完全对立于形而上学）的后现代延伸——的公布，是避免存在论的极权主义的可行方法。① 就像贝克特在《初恋》（"First Love"）中所做的那样，后现代作家可能会说："我总是在说，毫无疑问，总是在说一些从来没有存在过的事情。"（*Complete Short Prose* 35）比如说，当冯内古特描述"老式的故事讲述者"时，他注意到，他们"让人们相信生活具有主角、配角、重要的细节、次要的细节，相信生活有需要学习的课程、需要通过的考试，相信生活具有开端、中间和结局"（*Breakfast of Champions* 209）。后现代主义反对现代主义的世界观，后者尽管有些零碎，仍然关注"好的"艺术和"坏的"艺术的命题。现代主义是一个庸常的问题，而不切实际的后现代主义是这个问题的答案。因此，后现代文学反映了冯内古特对外星人文学的描述："没有开端，没有中间，没有结局，没有悬念，没有道德，没有原因，没有效果。在我们的书中，我们所爱的东西，是在同一时间里看到的许多非凡时刻的深度。"（*Slaughterhouse Five* 64）这抵消了这一事实，即有那么多的角色都是"某些完全无精打采的玩物"（119）。

----

① 这解释了哈桑用现代主义的"浪漫主义"对比后现代"超科学"的原因，也说明杰瑞的概念如何被变更，以支持一种后现代的框架（参见 Hassan, *Postmodern Turn* 84-96 和 *Dismemberment of Orpheus* 51）。

存在论的控制明显出现在安吉拉·卡特的《英雄与恶棍》（*Heroes and Villains*，1969）和《霍夫曼博士的恶魔欲望机器》（*The Infernal Desire Machines of Doctor Hoffman*，1972）中，这两部小说都探讨了现实性受被选中的少数人的欲望操纵的途径。《英雄与恶棍》表现的是野蛮人与教授之间的对立。那里，野蛮人穿着"兽皮和鲜亮的布片"，"身上涂满了各种颜色，满头浓密的头发"，而（保护教授的）士兵们穿着"黑皮制服，塑料头盔"。（4-5）这里明显暗示不切实际与庸常现实的对立，野蛮人多彩的、多纹理的衣服，对立于士兵单调的、几乎是党卫军式的或盖世太保那样的制服。那些在城市居住的教授们——他们自称"工匠或艺人"（*homo faber*）——与那些所谓的抢劫者（*homo praedatrix*）和牧羊人（*homo silvestris*）形成了对比。（9）这暗示着一种海德格尔式的技艺（*teknè*），它位于城市的中心，那里知识和技术统一在对现实的整理中，这种现实对立于野蛮人的"自然性存在"。同样，《霍夫曼博士的恶魔欲望机器》表现的是霍夫曼博士和决心部长之间的对立。部长是"世界上最理性的人"（22），而霍夫曼博士关心的是"无意识的解放"（208）。这里有一个心理寓言，在那里庸常的超我和不切实际的遗传因素相互冲突。不过，在另外一种关于第二次世界大战的姿态里，部长的决心政治（Determination Police），就像《英雄与恶棍》中的士兵一样，看上去"仿佛已经从犹太人的梦魇中完全恢复过来了"（*Infernal Desire Machines of Doctor Hoffman* 22）。

但是，这样的解读过分简单化了这些文本对不切实际之物的现实感知和对庸常之物的现实感知之间的对立所作的复杂表现。《英雄与恶棍》揭示了一种基本的矛盾情绪，与之相关的是存在于对立等级中的正项，因为尽管文明化的教授是古板和自控的，但野蛮人在他们自己的等级制里却是极度野蛮的。在《霍夫曼博士的恶魔欲望机器》中，尽管部长是"一人独掌整个城市"（17）的独裁者，但霍夫曼本人"想要建立一个欲望独裁政权"（204）。二者之间其实并没有多大不同。尽管博士希望解放无意识，他实际上打算做的是**强加**这种自由，就像不再想要强加给他的镇压一样。从这方面看，野蛮人和博士都是庸常的。

当我们考虑"秩序"概念时，这些文本与虚无主义的关系就变得很明确了。尽管野蛮人不同于那些教授们，但在野蛮人的社会里，仍然有一种基本的秩序在起作用，即使它像"强权即公理"一样不讲道理，但他们并没有废弃秩序，而是接受了一种不同的秩序；对那些教授们来说，它可能是一种反意识形态，但无论如何也是一种意识形态。同样，博士和部长之间的区别可以根据笛卡尔的"我思"（cogito）来处置：部长的"我思"是"我痛苦，故我在"（22），而博士的"我思"是"**我欲望，故我在**"（211）。双方都以"故我在"（ergo sum）为基础，都必须用一个动词去规定自身，这个动词表明一种决定他们"如何"存在的行动。这是一种存在的自我授权，迫使在场的规则位于缺席的规则之上。没有允许"一种纯粹的、没有稀释的存在感"（209），博士反而寻求把无形式——在"生成"变成"存在"之前的非存在的形式——引入某种别的东西，那种东西仍然处于存在的领域中。

于是，像博士/部长、野蛮人/教授这样简单的对立，取消了非常现实的问题，即如何把我们置于一个由对立主宰的领域。事实上，二元对立是后现代作家创造出来的荒诞世界的对立。比如说，在品钦的《第49批拍卖》（*The Crying of Lot 49*，1966）中，有一段奥迪帕谈论等待的话，让人想起贝克特："首先是等待；如果没有其他的可能性以替代那些已经决定了这片土地的东西［……］那么，至少，可以等待那选择的对称性被摧毁，变得倾斜。她听过关于排中律的议论；它们是一堆屎，不要踩上。"（125）"排中律"由二元对立产生，那时存在于对立面之间的中间地带就被思想排除了。这是启蒙理性的结果，它促成了一种"被严格定义的关于真理的临床版本"（*Gravity's Rainbow* 272）。正如伊莱恩·赛弗（Elaine Safer）所言："读者开始认识到，这种情况远大于简单的非此/即彼。"（"Dreams and Nightmares" 289）我们不可能既谈论**要么**"庸常的"、**要么**"不切实际的"后现代主义，**要么**"现代主义的"、**要么**"后现代主义的"虚无主义，却不排除存在于它们之间的东西。就解构性的实践来说，简单地颠倒对立面的等级是不够的，正如朱迪思·钱伯（Judith Chambers）所言："对二元对立的颠倒，会危及它所拒绝的那种对立结构本身的永恒性。"（"Parabolas and Parables" 6）①相反，这"第一阶段"必须也被第二阶段跟随，后者是"体系的普遍**替代**"（Derrida, *Margins of Philosophy* 329）。后现代主义给出的崇高形式，正是这种"普遍替代"，威廉姆·格里森（William Gleason）称之为"既/又多样性"（"Postmodern Labyrinths of Lot 49" 93）。②

---

① 这种颠倒，被科林尼克斯（Callinicos）用于解释内在于后现代的诸多问题。在"The Children of Marx and Coca Cola"中尝试运用这种颠倒解释 1960 年代的（失败的）革命时，科林尼克斯指出，作为过度审美主义的结果，后现代主义陷入了消费主义（*Against Postmodernism* 162-71）。品钦的 *Vineland*（1990），一个有意追溯从自己的早期小说到新右翼政治之间的历史的文本，明确表达了这种观点："致力于虚假世界的空间，被认为受到了真实世界的严肃行为的再改造。"（192）不切实际之物之所以会土崩瓦解，是因为它是不切实际的，而非因为它可能具有自由主义的庸常形式。

② 当然，后现代主义的"既/又"观念的逻辑结论会导致这样的意识，即为了成为真正的"既/又"哲学，它必须"既"是既/又，"又"是要么/要么，而这再一次证明了存在于自我指涉性的结构里的问题。

这种"既/又"模式本身是非常复杂的,正如品钦在《万有引力之虹》(*Gravity's Rainbow*)中所暗示的:"你必须问两个问题。第一,什么是综合(synthesis)的真实本质?然后:什么是控制(control)的真实本质?"(167)综合——黑格尔版的"既/又",其中差异被解决掉了——根本上与控制相关。同样,另外一种版本的"既/又"在《霍夫曼博士的恶魔欲望机器》里也是无效的,那里霍夫曼博士说道:"我不承认任何存在于两种思想模式的现象学基础中的本质差异。所有的事物都成对存在,但我的世界不是一个非此/即彼的世界。"(206)尽管霍夫曼最初似乎在暗示一个"既/又"的世界,但博士的"欲望机器"所渴望的性活力暗示了一次"指向渴望已久的相互灭绝的静态旅行"(215)。这种"渴望已久的相互灭绝的静态旅行"把"既/又"的解决方案置于对双方的毁灭中。不同于这两种"既/又",后现代主义并不寻求解决存在于彼此排斥的概念之间的差异(参见图5-1"既/又"的各种变形)。黑格尔消解了神学与反神学之间的差异,霍夫曼博士消灭了它们之间的差异,却导致对之前这些术语的根除。可是,后现代主义却保存了这两种概念,并且探讨了存在于它们之间的地带。正如品钦在《万有引力之虹》中所言:"当偏执狂遇上偏执狂,会发生什么事情?一种唯我论的交叉。无疑是这样。两种模式创造了第三种模式:一种云绸(moiré),一个飘浮着阴影、冲突……的新世界。"(395)① 当唯我

---

① 这里值得指出的是品钦对"偏执狂"的运用与哈桑在 *The Postmodern Turn* 中为区别现代主义和后现代主义而画的表格之间的关系,在表格中,哈桑区分了现代主义的"偏执狂"和后现代的"精神分裂症"。以这种方式来看,后现代主义可以被有益地理解为"云绸",它来自一系列竞争的现代主义,而不是破坏一个完整的"现代主义"的革命(就像一些后现代主义者想让我们相信的那样)。

论遇上唯我论，"两种模式创造了第三种模式"，一种"云绸"。与文本的创造相关，这种云绸或"有波纹的绸缎的图案"（OED），是不切实际的后现代主义的一种形式，其中"织成的"文本（来自*textus*，意指"网"或"组织"）的图案总在变化。于是，后现代小说的荒诞性起源于它与二元对立的（非二元性的）对立。后现代作家对荒诞的处理，不管是巴特介于喜剧和悲剧之间的虚无主义，还是冯内古特神圣的"坚定的光束"，或者品钦和卡特的"被排除的中间地带"，都证明正是在这样的区别的"中间地带"，不切实际之物出现了。

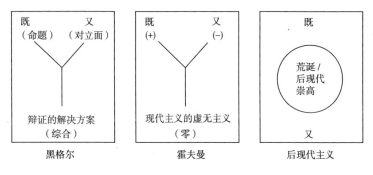

图 5-1　"既/又"的各种变形

从这一方面看，纽曼的"拉链"暗示了一种荒诞，那是一种崇高的形式，它在二元对立面之间的黑暗地带被捕捉到，并且把我们引向对"后现代"虚无主义——一种虚无主义形式，它是"一个漂浮着阴影的新世界"，存在于虚无主义的现代主义和后现代概念之间，存在于后结构主义所区分的形而上学与虚无主义之间，这种虚无主义总是已经摧毁了自身——的更好理解。正如前一章已经提及的那种自我指涉的悖论，后现代文本的行动指向它自身，激起存在于两种不同的对立面之间的观念，导致一种荒诞，它既是虚无主义的，又是崇高的。在两种在场的二元对立之间，存在着缺席的"被排除的中间地带"，一种虚无主义，它站在代表自身的可能性之外，甚至缺席于缺席与在场的对立之间：

┤……├

建造后现代小说：文学"空间"里的虚无主义

对崇高的荒诞性的这种理解，间接地通向后现代小说的结构性元素，因为后现代小说要想成为后现代的，就必须在两个对立面之间进行交涉。也就是说，它们必须既通过荒诞的内容又通过"拒斥性的"结构来描述崇高——"不可描述之物"。更多传统文学类型（尽管有必要指出，称后现代小说为一种类型有其内在的困难）在这方面无疑存在问题；后现代动摇了先前的文学形式，在它们可能出现之前就拆解了它们的"好的形式"。在论文《控制论与幽灵》（"Cybernetics and Ghosts"）中，伊塔罗·卡尔维诺（Italo Calvino）指出："我们的房子越光明，它们的墙壁就会泄露出更多的幽灵。进步及理性之梦与噩梦如影随形。"（*Literature Machine* 19）初一看，这似乎在暗指对我们已经知道的后现代主义的基本描述；后现代是一种从"启蒙现代性"的墙壁上泄露出来的幽灵。就像被压抑的东西的反弹一样，后现代在这里被视为与启蒙"进步及理性之梦"如影随形的噩梦。尽管后现代主义和后现代主义者明显高估了它们对启蒙现代性的反应，但这样一种寓言并非完全错误，虽然它确实忽略了这一事实，即后现代主义尝试在可能的情况下取消虚无主义

（这种观点的更全面的阐述，参见"虚无主义和崇高的后现代"一章）。鉴于这一事实，即一种自我指涉的虚无主义尝试躲避话语，在现代主义和后现代主义的争论中保持一种不能判定（也不可表现）的第三种术语，那么很明显，虚无主义本身就作为一种"幽灵"存在于两种话语中。

基于这一事实，即启蒙现代性和后现代主义都寻求抑制虚无主义，它们对虚无主义保持沉默是显而易见的。它们实际上把自己建构在"虚无"之上，建构在一种危害它们的存在的虚无主义之上。这里显示出来的因此是"结构"原则，正如卡尔维诺在他的建筑学范式里所暗示的："我们的房子越光明，它们的墙壁就会泄露出更多的幽灵。"甚至后现代主义可能有的伦理基础也建立在缺席、沉默和虚无之上：简言之，建立在虚无主义的空间之上。不同于把虚无主义感知为所有可能形式的枯竭，虚无主义也可以被理解为"写在"空白页或空地上的东西。用形而上学的术语来说，这是存在在非存在之上的建构，是形而上学命题在虚无主义之上的建构（参见米勒关于解构的讨论），是通过思想本身对不可思议之物的贬值，是以无意义为代价进行的意义生产。

要想全面领会这一点是如何在后现代小说中起作用的，关键在于清楚后现代以"空间"概念为条件：在后现代叙事中，空间侵占了时间。尽管这些声明有些宏大——"时间已经老旧过时了。历史已经终结了。"（Heise, *Chronoschisms* 11）——它们确实说明了为什么空间会在后现代叙事结构中变得那么重要。正如海思后来所言："后现代主义小说关注的是瞬间或叙事的当下，这以牺牲更大的时间发展为代价［……那种］瞬间不是作为自我指涉的在场的瞬间来被想象，而是作为分享或导致无限的差异、相对性和有时彼此排斥的暂时性来被想象。"（64）正如冯内古特的外星人时间，这样的叙事技巧唤起一种永恒的当下，把时间理解为一个无穷大的住宅里的一系列房间，而非一系列线性的"事件"。后现代作家在构建他的虚拟世界时，只是选择那些他想要访问的房间。另一种空间性可以在鲍德里亚的著作中看到："我们离开历史，进入仿真领域，这一事实只是另外一种事实的结果，即历史本身实际上总是一种巨大的仿真模特。"（*Illusion of the End* 7）历史的这种"模特"只是它的空间结构的另一种表达。它是一种附着在人类时间之流上的结构，这个时间之流是一连串的节点，对时间的意识从中穿过。根据这个寓言，后现代作家就像一个电路，以某种秩序连接着各种节点，这种秩序可以再现一个故事的叙事连续性。问题因此不在于什么样的按时间顺序叙述的事件会出现，而在于这样的叙事空间如何被建构。在后现代小说中，时间服从于空间，正如史蒂夫·艾瑞克森（Steve Erickson）在《黑色时钟之旅》（*Tours of the Black Clock*，1989）中所言，时间伴随着一种"20世纪的地图"（203），在《两站之间那几天》（*Days Between Stations*，1985）中所言，时间伴随着"命运的蓝图"（170），在《子夜来临时的海》（*The Sea Came in at Midnight*，1999）中所言，"启示录日历"的"各种相关联的大事记""作为神秘的隧道贯穿着记忆的大厦，在那里历史只是一种建筑平面图"（51）。① 这意味着"一种时间在其中发生的空间"，而不是"一种空间在其中发生的时间"，它标明了一种存在于后现代文学中空间与时间之间的主客转换，证明时间现在是空间的功能。

---

① 读者应该注意到近些年出版的讨论"历史的终结"的文本的可笑之处。这些文本中当然包括怀疑这样的声明的证明，它们让读者自己决定这种"历史的终结"本身可以被历史化到什么程度。

"潜在文学工厂"（OuLiPo）是空间在后现代文学那里繁衍增殖的一个例子。潜在文学工厂（*Ouvroir de Litterature Potentialle*）由雷蒙·格诺（Raymond Queneau）和弗朗索瓦·勒利奥内（François Le Lionnais）于 1960 年在巴黎创建，其他作者包括罗伯-格里耶（Robbé-Grillet）、佩雷克和卡尔维诺。对潜在文学工厂的作品的一个基本定义，是"一种把自己正常约束在审美核心的观念，主张文学文本必须是系统性的技巧的结果"（Motte，"Telling Games" 120），这种"系统性的技巧"本身就是"空间化"一个文本的结果。比如说，罗伯-格里耶的《嫉妒》（*Jealousy*，1957），就把文本置于一个种植园的空间中，包括这个种植园本身的建筑平面图。同样，佩雷克的《生命：使用手册》（*Life: A User's Manual*，1978）处理的是一个宾馆空间，而且像《嫉妒》一样，包含一份建筑平面图。卡尔维诺的技巧可以在《寒冬夜行人》（*On a Winter's Night a Traveller*，1979）和《命运交织的城堡》（*The Castle of Crossed Destinies*，1969）这样的文本中找到。《寒冬夜行人》把 10 部不同的小说的开端合并进它的结构里，《命运交织的城堡》用一副塔罗纸牌的图案在文本之上放置了一个正式的结构。这些结构中的每一种都反对给文本一种线性的年代学。不像传统小说的叙事以一种年代学的方式贯穿所有章节，后现代小说在叙事之上强加了一种空间结构。

就这一点而言，卡尔维诺的故事是其中最值得注意的，因为它们关注文本空间，证明了一种放大的自反性，在罗伯·格里耶、佩雷克更正式的空间概念里，就缺乏这样一种自反性。《寒冬夜行人》是一种原文本（metatext），包含 10 个微文本（microtext），并且关注读者如何阅读文本，文本是怎样被建构的，却并不关注现实空间或叙事行为。《寒冬夜行人》中主要的动词是"阅读"，因此叙事行为是阅读"叙事"的行为：这说明自反性处于文本的核心，一个文本的"行为"是阅读自身的行为。同样，《命运交织的城堡》也相关于意义通过阅读而进行的建构。到达城堡的旅行者必须使他们的故事符合塔罗牌的解读，因为他们在通过城堡时必须保持沉默。这明显与阅读相关，因为读者不能听，只能读塔罗牌上的故事。于是阅读的过程，就是通过一个叙事空间的旅行行为。

叙事空间，就像一般的空间那样，建构于某些意识形态参数中。作者是叙事空间的意识形态关键，于是发现一个意识形态空间结构是可能的。亨利·列斐伏尔（Henri Lefebvre）指出，空间以一种阿尔都塞（Althusser）式的方式起作用，它把读者插入刻在这个空间里的意识形态中。当列斐伏尔谈论纪念碑时，我们看到进入大教堂的空间强化了某种意识形态：

> 参观者注定会意识到他们自己的脚步声，而且会听到那杂音，那歌声；他们必然会呼吸那空气里的焚香，沉浸到一个特别的世界里，一个罪恶与救赎的世界；他们将会分享某种意识形态；他们将会沉思和解释围绕着他们的那些象征；他们将会因此以他们自己的身体为基础，在一个完整的空间里经验一种完整的存在。（*Production of Space* 220）

列斐伏尔描述了这种空间复制意识形态的机制——空间只是建构空间的意识形态的象征性代表。于是，他从社会领域与意识形态的物理空间的关系方面拓展了阿尔都塞的"意识形态国家机器"概念。

这一范式对后现代空间来说依然是真的。如果人们想象一下原型的（审美的）后现代空间，这个空间一定是一个不连贯的艺术画廊，一个后现代艺术的陈列柜，其中一系列不同的空间被展现给观众，他们在展览会的每一个阶段的移动，都伴随着空间结构的转换。① 同样，展览会的每一个阶段都可以从任何其他阶段那里开始，没有开始和终结，强迫观众去建构他们自己的路，这个空间本身是弯曲的还是直的，是上升的还是下降的，依赖于他们站在哪里。还有，展出的艺术作品彼此间将会是不连续和不协调的，装置艺术和视频艺术就在文本、雕塑和绘画旁边展览。最后，也是最重要的是，这样一种空间应该是暂时的、游牧式的流动结构。这种空间的唯美化仍然会强化那藏在它后面的现实政治意识形态：**它建构参观者的方式，就像那动摇他的传统空间感知的方式一样**——列斐伏尔的"在一个总体空间里的总体存在"。

列斐伏尔对空间的理解适用于物理空间，也适用于叙事空间，因为后现代文学关注某种小说结构以实现它的目标。作为一种普遍法则，后现代文学尝试通过使用叙事策略动摇读者，这些策略混淆了文本的线性年代学和存在论视域：多样化的（或没有）开端，多样化的（或没有）结尾，多种叙事模式之间的相互转换，不可能的事件，或者根本没有事件，进一步的转喻，碎片化的句子、段落和章节结构，这些都是后现代叙事空间的特征。② 这样的特征在后现

---

① 尽管大型购物中心经常被拿来指代一种原型的后现代空间，这种思路遵循的还是一种后现代主义（换言之，"后现代性"）的经济学视角。一种审美的后现代空间应该是一处艺术画廊，尽管它不可能是博物馆式的（而且因此是文化的具体化），只能是探讨艺术本身的有限性的地方。

② 我不可能列举出所有为后现代小说的各种实践正名的批评家，只能建议读者关注一些关键的考察方向，比如布莱恩·麦克海尔（Brian McHale）的 *Postmodernist Fiction* 和 *Constructing Postmodernism*，马克·柯里（Mark Currie）的 *Postmodern Narrative Theory*，以及琳达·哈钦（Linda Hutcheon）的 *A Poetics of Postmodernism*。

代小说里到处可见，不断复制着后现代意识形态。比如说，巴特的《迷失游乐屋》（*Lost in the Funhouse*），实际上就是一系列的故事，而每一个故事就是文本这个大房子里的一个房间，读者就迷失在这个大房子里。住在这样的文本中的读者，会被迫进入一个难以任何绝对的方式解读文本的位置，那里文本的元叙事（对叙事的叙事）挫败了任何其他的意识形态元叙事［利奥塔所谓"大历史"（*grande histoire*）］。通过这样的机制，在"一种迷宫般的符号实践"（Baudrillard, *Simulacra and Simulation* 65）中，读者作为一个不连贯的主体受到热烈欢迎，这种实践，既是寓言式的（对后现代文化来说），又是文字的（一个文本）。

事实上，空间和建构过程是任何思想体系都暗含的一个方面。在《空间是政治的吗?》（"Is Space Political?"）一文中，杰姆逊写道："建筑永远不可能摆脱政治。"（255）这句话暗示建筑注定属于政治话语，通过空间媒介表现意识形态斗争。这种思路，当然类似于列斐伏尔的"纪念碑式的"空间。不过，不像列斐伏尔，杰姆逊拓展了指向动词结构的类比：

> 建造空间的语词，或至少它的实词部分，似乎就像房间，那些在句子中和各种空间性的动词、副词紧密相关的范畴，被形容词修饰，就像走廊、正门和楼梯被油画或家具、各种装饰和修饰品修饰（阿道夫·鲁斯的清教徒式的谴责提供了某种有趣的语言学和文学的对比）。同时，这些"句子"——如果那确实是一个建筑能够被称为的东西——被身体充满了各种转换阴谋和主体立场的读者所阅读；而那嵌入了这样的句子单元的更大的文本，可以被分配给像这样的城市文本语法。（261）

杰姆逊把建筑转换成句子，而且通过类比，把句子转换成建筑。于是，任何形式的建立在语言基础上的推理（推而广之，任何形式的心理过程）都建基于结构原则之上。

这种观念明显暗指一种"后现代"或者"自我-指涉"的虚无主义；如果所有的东西都是被建构的，那么虚无主义也是。本书从头到尾都在论证，虚无主义就是品钦所谓"关于零的意识形态"（*Gravity's Rainbow* 149）：在一个既有意识形态体系中对虚无的质询或具体化。这符合列斐伏尔的意识形态空间概念，因为一个非结构化的空间是不可思议的。这样一种空间是不可能的；它完全不同于我们思想的方式（我们怎么可能思考一个非意识形态的空间?），比如说，佩雷克就尝试概念化"一种没有用途的空间"：

> 我曾经好几次尝试思考一处公寓，那里有一个无用房间，绝对地和故意地无用。它不是杂物间，不是额外的卧室，走廊，一间小屋子或一处角落。它应该是一处无用的空间。它只服务于虚无，只与虚无相关。
>
> 尽了一切努力，我还是发现无法把这种想法贯彻到底。语言本身似乎证明自己不适合描述这种虚无，这种空虚，似乎我们只能谈论那些充实之物、有用之物和实用之物。
>
> 一种没有用途的空间。不是"没有任何明确的用途"，而是明确地没有任何用途；不是没有多用途，而是一种用途也没有。我再重复一遍，它明显不是一个纯粹让与他者（杂物堆放室、橱柜、悬挂间、储藏室等）的空间，而只是一种不服务于任何目的的空间。（"Species of Spaces" 33）

佩雷克尝试想象一种"没有用途"的空间，它不同于先前所思考过的那些功能主义的空间：它不是一种被植入居住原则的家用空间，而是一种纯粹异质的空间。比如说，在《生命》（Life）中，佩雷克写道，楼梯就是一种"中立的地方，它属于所有人，又不属于任何人"，而且是"一处匿名的、冰冷的、几乎是敌对的地方"，但即使这样的地方，也是过渡的空间，而非一处零空间（null-space）。尽管楼梯和楼梯平台完全不同于宾馆旅客"在他们的家庭居住空间里确立自身"（3）的地方，它仍然是具有一种用途的空间。

虚无主义因此是一处在场的空间，其中缺席被带进功能化的意识形态空间。那么，同样，一种"后现代"虚无主义会复制后现代主义为虚无找到的用途。根据后现代叙事空间，有两种可能性表现为这种"后现代虚无主义"，它们都被卡尔维诺无意中提及，当他谈论文学在 21 世纪可能的发展时：

> 21 世纪有可能出现一种带着不断膨胀的预制形象的怪异文学吗？从现在开始，似乎有两条路在我们面前展开。（1）在一个新的文本里，我们重复已经使用过的形象，这些形象的意义已经改变。后现代主义或许可以被视为一种反讽地使用大众媒介的常备形象的趋势，或者是为了大量继承的文学传统，把品味注入叙事机制的趋势，这些机制可以强调这种趋势的间离效果。（2）我们可以擦掉黑板，从头开始。萨缪尔·贝克特通过把视觉和语言元素降到最低而获得了一种非凡的效果，就像处在一个世界末日之后的世界里。（Six Memos for the Next Millennium 95）

这两种文学发展之路，表明在后现代主义本身中存在一种两分，即它的"双重"本性。一方面，后现代主义在新的类型里重复使用旧的形象；另一方面，它把"视觉和语言元素降到最低"。

后现代文学的这种二元性，也可以在潜在文学工厂关于约束（constraint）与开放（openness）的争论中发现。不同于莫特（Motte）先前对位于潜在文学工厂核心的"正式约束"的感知，阿尔伯特·斯巴基亚（Albert Sbragia）在罗伯-格里耶的叙事对客观性和无序的放弃里发现了一种"虚无主义趋势"（"Italo Calvino's Odering of Chaos"292）。这种争论关注的就是建筑。根据斯巴基亚对卡尔维诺作品的解释，"约束"意味着巴什拉（Bachelard）的"内在的无限大"（inner immensity），其中"无限大是静止不动的人的运动"，也就是说，"居家"之人在他的住处感知到大量的空间形象。（Poetics of Space 184-85）它制造了一个有无数房间的大房子；尽管无限性在场，但它被再现在严格规定的界限内。相反，斯巴基亚认为罗伯-格里耶的作品是"开放"的，它具有一种无限性，它是没有约束的存在，是一种无限的空白，其中没有意义曾被发现过。① 尽管在斯巴基亚的观点中存在大量问题（它认为罗伯-格里耶证明了这种"虚无主义趋势"，认为卡尔维诺倾向于同一种趋势，这些观点都不那么准确），但区别是明显的：导致意义的增殖的约束是非虚无主义的，而开放是对叙事的一种虚无主义消解。

---

① 一种数字序列将有助于理解这种"有限的"无限性。就像一组素数，相比于所有的数字来说，它是一种"较小的"无限性。于是，整数序列（1，2，3，4，5，6，7，8，9，10……）继续向无限延伸，就像素数的延伸一样，只不过后者的数字要少一些（1，2，3，5，7……）。尽管规定素数出现的界限（适用于所有素数的一般公式）尚未被发现，但相对于整数的"开放的"无限性，素数的无限性是"有限的"。

约束与开放之间的对立，实际上还可以再表述为**过度**（*excess*）与**缺乏**（*absence*）之间的区别。约束导致一种叙事的"过度"，而开放导致一种叙事的"缺乏"。另外，缺乏与过度本身是论证后现代文学是"精疲力竭的文学"（参见约翰·巴特的同名论文）的术语，尤其与对后现代主义的后启示录式的理解相关。于是，尽管"开放"与"缺乏"是虚无主义的，但"约束"与"过度"也是虚无主义的。这种"过度的"虚无主义，可以在马西莫·卡其亚利（Massimo Cacciari）的定义"虚无主义的建筑学"中找到："简而言之，虚无主义的建筑学用它自己的语言和创意，相信每一种根，每一种形式，每一种传统象征手段，都已经被完全耗尽了。"（*Architecture and Nihilism* 204）这种虚无主义的精疲力竭，类似于巴特的定义，可以在后现代文学对过去的形象的再利用中。当卡其亚利指出"它好像是说城市被转换成一条可能的路，一个关于路线的文本，一座没有中心的迷宫，一座荒诞的迷宫"（200），他无意间定义了后现代文学的"建筑学"。这可以直接应用于后现代文学——后现代叙事倾向于无意义，因为各种可能的路线在文本中增殖。

这样一种解读强化了这样一种观点，即叙事的增殖导致"成问题的虚无主义"，后者——太多的选择，没有足够的方向——一再出现在本书中，尽管这只是存在于后现代文学中的一种虚无主义类型。沉默（Silence）是后现代文学的另一个重要方面。尽管我在下一章论伦理学时会探讨沉默的政治衍生物，但沉默扮演了一个根本的角色，因为它是那存在于文本之前的东西，是文本的房子建构于其上的空白页，正如卡尔维诺在《命运交织的城堡》中所言："世界的核心是空，推动世界的开端是虚无的空间，存在者围绕缺席被建构。"（97）继续这种建筑学范式，于是沉默成为文本的房子写于其上的东西：像房子一样的文本建构在虚无之上，语词的大厦覆盖了沉默。文学文本追随着相同的过程，正如卡尔维诺后来在《命运交织的城堡》中所言："不，月亮是一处沙漠。[……]每一种话语和每一首诗都从这片不毛之地开始陈述；每一次通过森林、战斗、宝藏、宴会和卧室的旅行，都会把我们带回这里，带回一处空虚的地平线的中心。"（39）尽管卡其亚利把"虚无主义的建筑学"规定为精疲力竭，但把虚无主义视为建构之前的建筑学（的缺乏），也是可能的。

图 5-2　虚无主义与叙事的增殖

于是，在后现代文学中有两种潜在的虚无主义类型，它们都建基于后现代文本的建构（参见图 5-2）。这个范式里的每一块儿都显示叙事线索在文本中的形成。第一页是空白——"无"，它是文本空间建构之前存在的东西，是文本空间建构于其上的东西。这当然对所有叙事来说都很常见。不过，随着叙事的发展，我们在"后现代"和"现代主义的"文本中间发现了一个分歧。①"现代主义的"文本是那些只形成一种叙事的文本，而且不管它们在那种叙事里发展出什么样的原创性，它们仍然被一种叙事所困——它们是**专题式的**（*monographic*）。相反，后现代叙事促进了叙事在一个文本中的增殖——它们是**多重主题式的**（*polygraphic*）。这种多主题性导致虚无主义，即意义是不确定的，因为贯穿叙事的道路是绝对多样性的——古德斯布鲁姆的"成问题的虚无主义"。②虚无主义的第一种类型是"缺乏"，因为它是建构之前的空间；第二种类型是"过

① 这里的"现代主义的"主要是涉及第 4 章"后现代虚无主义"的内容，那里"现代主义的虚无主义"用于比照"后现代虚无主义"，而不是指现代主义这个流派，尽管这种解读在某些方面对那些被称为"现代主义的"作品来说也是适用的。

② 当然，把后现代文学简化为这样一种简单的图案，会忽略一些必要的例外情况，比如巴特的"框架叙事"（Frame-Tale）（见 *Lost in the Funhouse*），后者引领读者进入无止境的循环或"帕勒洛丰状态"，即带领读者走出故事，返回小说集的名字《喀迈拉》（*Chimera*, 1972），重新卷入现代主义的循环图案。正如麦克海尔（McHale）注意到的那样，后现代文本不仅仅是开放的——这也是现代主义的一个策略——还是多样化的或（并且？）循环的（*Postmodernist Fiction* 109），这使现代主义和后现代主义之间的边界变得更加复杂了。但是，这些策略仍然适用于这里所建议的虚无主义模式。比如说，"框架叙事"可以被解读为一种转喻的延迟，其中"从前有一个故事，它开端于'从前有一个故事，它开端于"从前有一个故事，它开端于'从前有一个故事，它开端于'"'"，如此等等，以至于无穷。这里仍旧讲述了各种故事，尽管是在一个类似的循环模式里，而且读者仍然不知被带向"何处"。

度"，因为它来自叙事的增殖。在过度的虚无主义导致一种启示录般的虚无主义［这种形式的虚无主义已经是"后－存在"（post-Being），并且关注它的毁灭］的地方，缺乏的虚无主义把虚无主义重新配置为"前－生成"（pre-becoming），甚至在生成成为存在之前。这样一种解读暗示存在一个各种虚无主义在此交叉的点，那里"真正的"（也就是不可能的）虚无存在于两个对立面之间的裂隙里，而我们所做的所有事情，就是用这种缺席服务于一种特别的虚无主义意识形态，而非进入一种"现实的"虚无。

乌有之乡：（崇高的）虚无主义空间

　　如果情况就是如此，那么我们怎样去理解虚无主义的真正内涵？如果虚无主义被理解为"关于零的意识形态"，那么虚无主义的意识形态空间是什么样子的？具有讽刺性的是，尽管这样一种"没有任何用途的空间"是被"建构"的，但它事实上仍然可以根据房子来理解，虽然只是作为这样一处房子的外部，或更准确地说，作为房门口的访问者来理解。确实，当某个客人访问这处文本房子时，这一点就变得很明显了。冒着重复讲述我在其他地方讲过多次的话（参见"'This is not for you'"）的风险，有必要理解虚无可能有的效果，当我们认识到它被从我们的意识的"房子"里驱逐出去的程度之后。在《权力意志》中，尼采写道："虚无主义站在门口了：这个所有客人中最神秘可怕的一位从哪里而来？"（7；§1）尼采所说的，是虚无主义正在等待进入欧洲文化，但紧跟着虚无主义而来的是一种建筑学范式，一种空间，正如让－米歇尔·雷伊（Jean-Michel Rey）已经注意到的，在这个空间里，虚无主义是一个**宿主**

（*hôte*），这个术语能让人同时想起"客人"和"主人"，但同时也是"所有宿主中最神秘可怕的（*unheimlich*）——最神秘的，最令人不安的，最令人恐惧的——一个"（"Nihilism and Autobiography" 29）。这个**宿主**，作为专为**宿主**而准备的"宾馆"（hotel）的词源学前辈，代表的是虚无主义在文学中的双重"在场"。

第一次现身，是虚无主义在结构本身中的表现：文本作为"宾馆"（hotel）**包含**虚无主义这个**宿主**（它作为一个客人，既陌生又熟悉），并且显示虚无主义是佩雷克的《生命》的访问者。每一种文本都莫名其妙地内含虚无主义——虚无主义"内在于"文本房子的内部性。这就是解构所谓"虚无主义"暗含于所有形而上学结构，它是结构破坏自身的那个点，也是萨特所谓虚无"纠缠于存在的核心"（*Being and Nothingness* 21）的意思：在存在的里面，在内在的内在里，居住着虚无。①

作为宿主的虚无主义的第二种功能，是被结构的内在性所否定的外在性——房子的建造就是要防范这种外在性。② 这种解释揭示了虚无主义对文本来说是"外人"，或者是文本为了尝试生产意义而有意忽视的东西。当被忽视的东西来敲门的时候，当外在性遇上内在性，冲突就出现了："我们吸收了一种存在与虚无的混合物。'在那里-存在'（being-there）的中心在摇晃和颤抖。私密的空间失去了它的清晰性，而外在的空间失去了它的空洞，作为存在的物质

---

① 哈桑（Hassan）在 *The Dismemberment of Orpheus* 中对这个短语的使用，暗示了后现代主义和虚无主义的关联："后现代精神缠绕于现代主义的语料库里。"（139）后现代主义因此等同于"虚无"，后者暗含在现代主义的"存在"中。

② 这一观点更支持把虚无主义视为一个"他者"而不是绝对的内在性，因为正如布莱肖特（Blachot）所言，他者"总是来自外部"（*Infinite Conversation* 56）。

材料的空洞。我们被从可能性领域中驱逐出去了。"（Bachelard,
Poetics of Space 218）虚无主义在门口的表现把存在"从可能性领
域"驱逐出去，而且消解了房子的结构。当我们的内在性被外在性
入侵时，我们大声惊呼，并且尝试控制这个他者"外人"。这种不
道德的态度象征着存在对待虚无主义他者的态度：我们充满嫉妒地
护卫着我们自己的生存。虚无主义是存在为了保持它的内聚力必须
总要去压制的东西，而且当被"驱逐"的虚无主义开始来敲门时，
用品钦的话来说就是，"令人恶心的事情"（bad shit）（*Crying of Lot
49* 125）发生了。

不管是被理解为先于文本的缺席，还是文本之后的解释学的不
可能性（或者是二者之间的空间），虚无主义都处于话语之外（或
内在于话语结构本身），从来没有被带入存在。因此，后现代文本
对虚无的使用和描述，意味着语言接近虚无的不可能性，也意味着
虚无只能幽灵般萦绕着文学文本。唐纳德·巴塞尔姆（Donald
Barthelme）的短篇故事《虚无：一种初步解释》（*Nothing: A
Preliminary Account*, 1974），就证明了理解虚无的不可能性，不过他
还认为，即使我们不可能知道虚无是什么，但我们至少知道虚无不
是什么。叙事的开端是这样的："那不是黄色的窗帘，也不是窗帘
环。它不是桶里的麸糠，也不是麸糠，或者是微红色的大牲畜在吃
桶里倒出来的麸糠，他的妻子，或者那位长着葡萄干脸的银行家要
去取消农场的赎回权。所有这些都不是虚无。"（*Sixty Stories* 245）
读者立刻认识到，这些东西都不是虚无，而是些东西，而且可能是
某些重要的东西。因此可以不屑一顾地认为，说"什么也没有"对
任何这些事物中的一个都是不公正和不正确的。巴塞尔姆还拒绝了
对虚无的语言解释，认为"它不是一个'○'，或者一个星号，或

者理查德正在想的东西，或我们不能立刻命名却可以用来把纸张钉在一起的东西"（246）。"虚无"既不是语言的替代者，也不是任何特殊的缺席。还有："它不是藏在床下面的东西，因为即使你告诉我'床下没有任何东西'，而且我想**最后！最终！用针别住那标本板！**即使这样，你仍然只能告诉我们一个当地新闻，一种暂时稳定的状况，你并没有告诉我们虚无本身是什么。"（247）巴塞尔姆指出，虚无不可能在语言的**困惑**（aporiae）中被发现。当语言难以表达一个概念，或暗示某种没有现实在场的东西的缺席时，只存在"一点"无关紧要之事（nothings），而不存在虚无（nothingness）本身。即使这些暗示某种（别的）东西的缺席，它们也不是对虚无的解释。

同样，巴塞尔姆也拒绝了传统科学和哲学对虚无的解释，至少拒绝了大众对这些概念的理解。他继续说道："虚无不是一个电话号码，或者包括零在内的任何其他数字。它不是科学，尤其不是黑洞物理学，后者只是物理学。"（246）这里，我们看到，即使科学和数学中的缺席概念（"零"），或者黑洞里物理事物的缺席/毁灭，都不是"虚无"（黑洞事实上是一些"奇点"）。他还很有意思地拒绝了作为虚无的虚无主义观念："它不是高尔吉亚（Gorgias）的虚无主义，这个人宣称无物存在，而且即使有东西存在，它也不可知，而且即使它可知，也不可能拿来交流，不，不是这样的，即使这是一首很美的诗。"（246）当巴塞尔姆谈到海德格尔和萨特关于"无无化"（Nothing nothings）的议论时，巴塞尔姆指出："海德格尔关于虚无的思考不是虚无。"（247）这证明海德格尔关于虚无的思想事实上绝不可能描绘出虚无的样子。

事实上，巴塞尔姆通过"虚无"拒绝了思考虚无的观念，但又主张一种"列出一张清单"的"平常任务"。(247)这个作为故事的清单，对于列出不是虚无的所有事物这个宏大任务来说，只是一个初步任务。不过，正如巴塞尔姆所指出的那样，不管有多少人帮忙，任务都不可能完成："而且即使在千辛万苦后我们能够穷尽一切可能性，记下一切东西，给所有不是虚无的东西命名，直到最调皮的原子，那滚在门后面的东西，最终也包括我们自己，这份清单的制作者也在清单上——清单本身将会保留。但是，谁能胜任这个工作？"(247)巴塞尔姆在这里引入了"罗素悖论"这个幽灵，这个悖论与集合论相关，那里存在一个集合，它应当既把自己包含在自身之内，又不应当把自己包含在自身之内。虚无就是这样一个悖论，它不能被带入存在，但是仍然存在，巴塞尔姆最后得出结论："虚无必须根据它的不出现、不显示和不可救药的推迟出场而被描述。虚无是让我们一直（永远）在等待的东西。"(248)

抓住虚无这个任务的完全失败，在马克·泰勒（Mark Taylor）论"不"（not）的著作里被认识到了，这本书关注的是"虚无"在话语里的"露面"。泰勒指出，在虚无和我们用语言表现虚无的能力（不管是思考、言说还是写作）之间，存在着一条根本的裂隙，这个裂隙产生了"不"。他说道：

> 但是，思考"不"不是这样思考"不"。只有当反思折回本身变成反身性的，"不"难以捉摸的复杂性才能被思考。通过这种精神的转向，目的在于让反思成为完整的循环，思想通过间接地邀请某种它不能理解的东西而无意间泄露了自己。[……]去思考"不"，就是和一种否定磨磨蹭蹭，这种否定虽然绝不可能被否定，也不仅仅是否定性的。"不"是某种像非

否定性的又绝对不是肯定性的否定的东西。如果这样理解，"不"根本不存在。"不"既不是什么东西，也不是什么东西都不是，它处于存在和非存在之间。（*nOts* 1）

"不"是一个"绳结"（knot），他不可能被思想所理解。以禅宗心印（一种理性无法解决的谜语，比如"一只手鼓掌会发出什么样的声音？"）的方式，泰勒给读者提供了一个谜语——我们怎么样概念化那不可能被概念化的东西？任何形式的表现都自动迫使"不"进入一种在场形式，这种形式它不能自己独立拥有。我们只剩下虚无的"不可救药的推迟出场"，只能等待一个永远不会到来的戈多。

虽然如此，还是有可能显示从某个地方**开始**理解"不"之结的过程，尽管很明显不是怎样**结束**这一过程。伴随着泰勒所写的这些东西，通过思考"非此/即彼"和"既/又"这些先前曾被考察过的结构，我们也可以接近（但永远不可能达到）"不"。现代主义的虚无主义——关注对既有概念的否定——可以被理解为对非此/即彼的否定：既不/也不。这种类型的虚无主义证明，假如现代主义主张一件艺术作品要么是好的要么是坏的，那么现代主义的虚无主义就会主张艺术既不是好的，又不是坏的，而且根本不存在像"艺术"这样的东西。但是在"后现代虚无主义"那里，问题开始了。后现代主义主张一个既/又的世界，崇高就产生于由这样一个类型承担的对立面之间，而由泰勒建议的"非否定性的又绝对不是肯定性的否定"将会否定既/又中的每个方面，但又不是直接的"既不/也不"。这两方面仍然保留在一种被否定的"既/又"中，不过只有残留的一点在场，这种在场既不是肯定性的，又不是否定性的。

对这种残留的虚无主义的描述，就是鲍德里亚的"残余物的残余"（*Simulacra and Simulation* 143），一种导致虚无主义的"痕迹"的描述。这是对列维纳斯"痕迹"的回忆，它再次暗示，在列维纳斯伦理学和虚无主义之间存在关联：

> 由于它［痕迹］是对一个标志的抹杀的标志，而这个标志已经是对一种缺席的标志（或者如果你愿意，也可以说是对抹杀的标志的抹杀），痕迹是一种双重的抹杀，一种双重的擦拭，一种再标志和再追踪（*un re-trait*）。［……］属于一种无法追忆的过去，又不能接近现在，这种痕迹外在于在场/缺席的二分体。正如列维纳斯所言，它是"确切地说从来不在那里的东西的在场"。（Robbins, *Altered Reading* 28；引号中内容来自 Levinas, "The Trace of the Other" 358）

这种痕迹就是虚无主义的痕迹，或者"确切地说从来不在那里的东西"的痕迹，那个东西属于"一种无法追忆的过去"又"不能接近现在"：正如罗宾斯后来所言，缺席"只是在表象领域对痕迹的可能的表象"（*Altered Reading* 28n9）。虚无主义的痕迹消解了自身，正如它被记录下来（先前提到的省略号形式），而且因此以一种崇高的方式，成为指向在场本身的难以在场之物。

这样的观察并非绝对抽象的，正如保罗·奥斯特（Paul Auster）《纽约三部曲》（*The New York Trilogy*, 1987）里威廉姆·利特尔对泰勒的"不"的分析所揭示的那样。有点像巴塞尔姆，对他来说，"不"包含了一种总是"初步的"解释：

对虚无的任何解释，都不可避免地是初步的或不完全的，因为虚无是某种东西总不那么恰当的名字，运用哲学术语来说，这种东西拒绝被思想占用或理解。虚无总是位于绝对知识的边界，是完完全全的他者——一种激进的异质性，一种不可还原的差异性，一种不可恢复的残余物。既不在场也不缺席，既不是存在也不是非存在，既不是同一性也不是差异性，既不是外在的又不是内在的，虚无是（也不是）完全的（十足的）废物。就像垃圾拒绝被拒绝进入已知者的生产性经济，在任何表象领域的边缘，虚无保留着无名的剩余物。（"Nothing to Go On" 135-36）

在奥斯特的著作里，"不"的出现在奎恩这个角色里最有意义。在《纽约三部曲》里，奎恩作为侦探出现，他假扮"保罗·奥斯特"的身份，后者不是作者的叙事替身，而是在文本中装扮成作者的一个角色。他也在奥斯特其他的著作里出现。在《月宫》（*Moon Palace*，1989）中，有一个"奎恩的烤肉酒店"（31）；在《眩晕先生》（*Mr Vertigo*，1994）中，"丹尼尔·奎恩"是叙事者的外甥（276）；而在《最后的国度》（*In the Country of Last Things*，1987）中，一个叫作奎恩的男人的护照被发现了。（31）读者永远不能确定这是不是同一个"奎恩"。如果是同一个"奎恩"，那么他在这些文本中就是一个断裂点，一个空洞的能指，对存在于文本自身中的他者的一种指示或痕迹：那个"不"。奎恩标志着一种空白的空间，一个幽灵，他无力地萦绕着奥斯特的文本。他一再被写出来，叙述出来，实际上是为了"授权"——虚无主义那缺席的在场（或在场的缺席）。

对奎恩的这种解读所暗示的缺席的文本空间（或文本空间的缺席），可以和斯蒂文·阿尔福特（Steven Alford）对《三部曲》的解读相比较。阿尔福特指出，《三部曲》中的乌托邦——如"乌有之乡"（no-place）——与意义的重构暗中关联，并且围绕这样的事实，即由老斯蒂尔曼想象的乌托邦空间以一种人类中心主义的宇宙为基础："它的存在内在于人自身之中：一种他可能哪一天的此时此刻会创造出来的超越观念。因为乌托邦那里也没有——如达克所解释的那样，甚至在它的'语词的头巾'里也没有。而且即使人能够制造出来这个梦里存在的地方，它也只能通过他自己的两只手来建设出来。"（Auster, *New York Trilogy* 46—47）老斯蒂尔曼觉得只有通过人的努力，意义才能够被创造出来，这让人想起吉恩·布洛克（Gene Blocker）关于规划性与非规划性意义的论文。① 对阿尔福特来说，出现在《三部曲》中的散步者和制图者（奎恩与这两个范畴都相符）的空间，"存在于一个乌有之乡，在其外部，意义出现了。"（"Spaced-Out" 626）后来，这又被描述为"《纽约三部曲》的乌托邦，不是一个此处不存在的地方（not-here），而是一个哪里都不存在的地方（neither-here-nor-there）。它是一个沉思的舞台，在它的外边，一种可能的主-客、自我-他者、内在-外在的空间，一种

---

① 在 *The Meaning of Meaningless* 中，布洛克（Bloker）更为巧妙地证明，大多数关于无意义的概念都依赖于这一事实，即意义是被规划出来的（这就是说，是因个体而异的，就像在相对主义和多元主义那里一样）。更简单的表述是，这种观点宣称那些对立于相对主义和多元主义的思想是在世界中发现意义的，因为它们寻求一种"藏在日常显现的虚假世界之后的非规划性意义的坚核"（91）。如果我们认同规划性意义和真理与更为传统的柏拉图式（非规划性的）真理观念一样有效，那么无意义只作为个体规划"意义"给世界的结果而出现。一个类似的观点由欧尼斯特·拉克劳（Ernesto Laclau）给出："当然，很容易证明的是——在一种基础性意义上——这些虚无主义的立场［这就是说，那些为自己的缺席寻找替代术语的后现代立场］仍然位于它们想远离的地方。比方说，宣称某物是无意义的，就是宣称一种非常典型的意义概念，只不过这种意义是缺席的而已。"（*Emancipation*（s）86）

平庸的抹去空间的空间，出现了"（629）。还有，这种非空间"不是一种物理空间，而是一种文本性的空间"（625）。这指出，意义作为这种非空间的结果而被建构出来，正如阿尔福特的最后观点，借用了海德格尔和德里达的术语，这个非空间"是（is）一个哪里都不存在的地方"（631）。乌托邦的这个"neither-here-nor-there"，或者文本的"nowhere-ness"把虚无主义和崇高关联在一起："nowhere"既暗示"哪里都不"（no-where），一个纯粹异位的虚无主义空间，又暗指"就是这里"（now-here），由纽曼和利奥塔确证的崇高时刻。

即使有阿尔福特的最大努力，奎恩也坚持拒绝解释，因为他与"不"结盟。当事情开始崩溃，这一点就出现了："奎恩的心灵散乱了。他进入了一个充满碎片的乌有之乡，一个到处都是没有语言的事物和没有事物的语言的地方。"（*New York Trilogy* 72）① 这个"乌有之乡"也是《三部曲》最后的故事"锁着的房间"里范肖的小说的名字，关于这篇小说，读者/叙事者这样声明：

> 如果我说我在那里什么也没有发现，那是因为我理解得太少。所有的语词我似乎都很熟悉，但它们又被陌生地组合在一起，仿佛它们的最终目的是取消彼此。我不能以其他方式来表达。每一个句子都擦掉了之前的句子，每一段都使下一段变得不可能。于是怪异的是，从这本笔记里逃脱的感觉是最清醒的一种感觉。（313-14）

---

① 这段引语让人想起贝克特的话："无物存在，除了无名之物，无名存在，除了无物之名。"（*Molloy* 31）

读者只能就他在文本和语词里发现的东西说"什么也没有"，尽管这些语词很熟悉，但又"被陌生地组合在一起"（人们可以想想这里有一首诗 L＝A＝N＝G＝U＝A＝G＝E）正如丹尼利斯基（Danielewski）在《叶房》（*House of Leaves*，2000）中所言，我们"迷失在那么多危险的句子的纠缠中"（xviii）。那"最后的目的"——一种目的论的**解释**——是"取消彼此"——一种反目的论的**意图**。于是，在后现代那里，它的自然目的论是取消目的论——这个目的，是通过反射性的悖论除去一个结局的可能性。

奥斯特《三部曲》里三个故事的每一个结局都推迟了叙事的决定，正如威廉姆·拉文德（William Lavender）所言："所有的密码（codes）［……］都译解（decipher）成了省略号。"（"Novel of Critical Engagement"236）读者对叙事"密码"的这种"译解"意义重大，因为"译解"的字面意义就是"从单调的术语那里拿回来"，正如约翰·巴鲁（John Barrow）所言，"cipher"是一个用于暗示缺席——一种未知，比如 x——的术语，它原指的是"虚无"。（*Book of Nothing* 49-50）解码行为因此是"重新编码"（re-coding）或"反编码"（un-ciphering）的行为：把缺席置入一种既有的解释学或意识形态架构。拉文德注意到所有的密码"都译解成了省略号"，这把缺席解释为省略号。通过这样解释缺席，拉文德鼓励读者保持对文本的伦理态度，拒绝把意义建立在无意的东西之上。对后现代文学的否定性的解释学时刻的这种感知，是"乌有之乡"——虚无主义的空间。《乌有之乡》作为一种代表性的后现代文本（它缺席于其他后现代文本），把在这一章里所确认的空间规定为一种后现代虚无主义的审美空间。

第6章
后现代虚无主义与后现代伦理学

通过探讨美学与虚无主义的后现代构想的关系，我们清楚地发现，这种关系背后还有一种伦理的动机。尽管这主要与再现（representation）的伦理学相关，至少是因为后现代主义与不可描述性相关，但还有其他的伦理学来自一种"后现代"虚无主义。不过，后现代虚无主义的政治倾向通常被忽视，因为它被假设为一种纯粹否定性的哲学（而且因此被双重禁止参与政治订约）。当我们看到各种政治性著作，就会发现对虚无主义的这种看法是很清晰的。比如，欧内斯托·拉克劳（Ernesto Laclau）的《对我们时代的革命的新反思》（*New Reflections on the Revolution of Our Time*）曾经说过："在'理性的危机'中远不能看到一种虚无主义，一种导致对任何解放性计划的废除的虚无主义，我们反而把前者（'理性的危机'）看作为激烈批判所有统治形式、为迄今为止仍然被启蒙运动的理性主义"独裁"所约束的解放计划打开了各种史无前例的机会。"（3-4）为什么只是"前者"？从本书其他几章中我们已经很明显地看到，虚无主义在很多方面都是"理性的危机"的顶点，因此也同样具有丰富的解放性潜能。和其他众多当代批评家一样，拉克劳夸大了启蒙运动的消极元素，但此外他还遗漏了这一事实，即虚无主义，至少虚无主义的自反性描述，是"对所有统治形式的激烈批判"。毕竟，如果"没有什么是正当的"，以及"不存在真理"，一种意识形态靠什么可能的途径寻求证明自身的正当性？

本章尽管仍然要与后现代文学接触，但主要关注的是这样的文学如何揭示某些伦理立场。第一部分考察空白小说（blank fiction），这种流派的小说深刻体现了 20 世纪后期的文学危机。作为一种流派，这种小说象征着一种对西方文化的感知，在这种文化里，贪欲主宰着权力，道德只在被"消费"时才是有用的。这就是说，消费主义的伦理学以剥削、暴力和道德缺乏为中心。尽管空白小说的标准定义包含对消费文化的分析，但这里所建议的，是把空白小说理解为一种伦理虚无主义形式，它来自传统道德标准的衰落。这会令人怀疑对后现代主义的马克思主义批判和宗教批判，但必须被认识到的是，这里要谈论的是后现代主义的一种特殊形式——我们可以说，是后现代主义没有肯定成分的否定元素——这种虚无主义还没有发展成为由像利奥塔和列维纳斯这样的理论家和哲学家支持的伦理立场。

本章的第二部分和第三部分考察女性在后现代文学中的表现。尽管这样的考察自觉局限于空间的约束（而且因此并不意味着代表作为整体的后现代文学），但是，指出甚至在致力于从传统白人西方男性教条中解放女性边缘身份的那种文学形式中，女性也被再现为缺席者的方式，这是很重要的。这一部分的第一阶段探讨某些后现代文本有意无意地把"缺席的女性"用作一种转义的方式。第二阶段考察的是，当这种缺席进入性别政治领域时会发生什么事情，进入的方式首先是再现的暴力，其次是女性以一种启示录的形式坚持这种缺席。

后现代文学的这些不道德特征，说明后现代规划（如果有这样一个规划的话）仍然是不完美的。本章第四部分建议一种替代性的虚无主义伦理，它尽管建基于后现代主义，但来自"关注缺席"（being absent-minded）这个概念。这样一种伦理学致力于质问主体的立场，这不是因为这些立场已经被统治性的意识形态（我们应该已经质问过它们了）**从外部**指定了，而是因为它们已经被我们自己有点自私的（Self-ish）欲望**从内部**指定了。本章拓展了后现代主义的解放潜能，而且根据一种"沉默伦理学"（ethics of silence）来更准确地描述一种沉默，其中我们不能**责备**（speak *to*）他者，更不能**代表**（speak *for*）他者。根据这种论证，（后现代）虚无主义的解放潜能明显来自它的崇高性，而且在结尾部分"关于虚无及其'崇高客体'的（后现代）意识形态"中，这种观点被认为是所有未来伦理学的根源，这种伦理学是一种"伦理性的"虚无主义，而不是"伦理虚无主义"。

空白小说：后现代性的"伦理虚无主义"

空白小说不是一个新观念，而且当然也不是一个纯粹的后现代概念，它在尼采的《善恶的彼岸》（*Beyond Good and Evil*，1886）和安德烈·纪德（André Gide）的《背德者》（*The Immoralist*，1902）这样的文本中有其根源。尼采注意到，当我们超越社会价值时，道德就变得毫不相干："认识到非真理是生命的条件吧：确实，这肯定是对传统价值观的危险责难，因而胆敢这样做的哲学就是在独自超越善恶。"（*Beyond Good and Evil* 36；§4）这种"超越善恶"，是一种道德，它来自活生生的经验，而非来自社会意义上的对与错。就像尼采，纪德也在一种文化的而非先验的道德语境中探讨不道德。但是不像尼采为了个体的利益而清除社会道德，纪德的主人公米歇尔更具否定性，在文本的结尾部分，他写道："我在这个地方几乎不为任何东西而活。"（*Immoralist* 158）米歇尔"超越了善恶"，而且发现没有什么为之而活的东西。这意味着在道德和伦理之间存在一种区别，那里道德是在社会中的生活方式，而伦理是在"你自己那里"的生活方式。尼采发现了一种拒绝社会道德的伦理，而纪德显示了缺乏道德和伦理时会出现的问题。这样，在"不道德"（immorality）和"非道德"（amorality）之间就存在一种区别，其中前者是对一种特别的社会契约的拒绝，后者则是对任何道德形式的拒绝（或缺失）："空白小说。"

詹姆斯·安斯利（James Annesley）注意到，空白小说尽管证明了"对商标、大众文化和商品的无情强调，还有，对消费主义的详细描述，对暴力、颓废和极端性欲的具体描写"，仍然"难以捉摸"（*Blank Fictions* 136）。安斯利倾向于把展示了这些特征的文学视为"空白小说"，因为这样一个术语既能说明"对文学范畴本性的保留"，又能说明"一种现代小说的生产，这种小说是单调的，含混的和成问题地空白的"。（137）提供一个理论概念以统一所有的空白文学，这确实非常困难，尽管安斯利否定了这样的事实，即像布莱特·伊斯顿·埃利斯（Bret Easton Ellis）、道格拉斯·库普兰（Douglas Coupland）和塔玛·雅诺维茨（Tama Janowitz）这样的作者，都把他们的小说建立在道德和伦理的缺席之上。不管是不是因为过度消费或社会的碎片化，这些作者〔还有像杰伊·麦金纳尼（Jay McInerney）、林妮·迪尔曼（Lynne Tillman）和丹尼斯·库珀

（Dennis Cooper）这样的作家〕都倾向于证明一种纯粹意义上的"伦理虚无主义"。这些作者都没有徘徊在那些没有最终答案的伦理问题左右，而是在证明无论好坏，道德都已经缺席。

空白小说是后现代的，因为他证明了杰姆逊的后现代主义概念"晚期资本主义的文化逻辑"。尽管这种观点适用于任何在战后晚期资本主义庇护下生产出来的艺术品，但空白小说，就像网络朋克小说一样，必然与经济相关。虽然马克思主义批评家认为所有的文本都显示经济的特征（不管是被包含还是相反），但空白小说明显关注的是消费的价值经济学，以及这种经济学使伦理缺席的方式。这种缺席不仅仅是因为现实金钱方面的富足和贫穷，还因为艺术的消费——文化的买与卖。还有，虽然空白小说关注的问题常常不合人们的胃口，但它也可以被视为经典马克思主义的例证，后者总是谴责富人对穷人的虐待。不过，空白小说在这方面却是沉默的：它是否诅咒消费社会（而且因此具有讽刺性的是它对暴力的赞颂），或者是否纵情其中（庆祝免于道德关注的自由），都是不清楚的。事实上，这种含混性把空白小说同时置于"伦理虚无主义"和"后现代主义"的话语中。空白小说的伦理性沉默，既不与资本主义沆瀣一气，也不诅咒资本主义，因为它不能作出伦理价值的判断。它因此是虚无主义的，即它没有一种有效的伦理体系来决定一种价值判断，它也是后现代的，因为他者（无论多么令人厌恶）必须总被允许是他者。

比如说，埃利斯的空白，关注的是当代美国的消费的本性，而且因此在埃利斯的小说里，富裕就是一个重要的因素。在《美国精神病人》（*American Psycho*, 1991）里，主人公帕特里克·贝特曼是城市行政长官，他的暴力间歇性发作，标志着他既是一个精神病人，又是一个反社会的人，尽管财富和性别在某种程度上决定了受害者的身份：他的目标是动物、无家可归者和女性——那些经济和身体方面都被认为较弱的对象。懒散的财富，也是雅诺维茨的"未来女英雄颂歌"（出自 *Slaves of New York*，1987）的特征之一，那里她比较了古希腊和当代纽约："在古希腊，最高等的人由黄金造成，他们像诸神那样生活，没有劳作或痛苦，而且也不会忍受来自过去时代的苦难，但他们在睡梦中死去。不过，我现在正在指的是我的姐姐。黄金人是中空的，而且容易弯曲和熔化。"（245）雅诺维茨并没有充满怀旧之情地召唤过去以批判现在，但认为黄金只是一种表面，而且总是一种表面："黄金人是中空的。"这里不存在现在时态的过渡，正如雅诺维茨在批判当代纽约时那样。相反，这里有一种意义，即最初的"黄金人"和当代社会一样是中空的：所有的社会都是中空的。在中空与黄金的联盟中，与财富的关联是明显的，那里表面的价值并不等于深度。

这种中空性也被空白小说的语言所转换。比如，在《美国精神病人》中，埃利斯展现给读者的，是在他描述了一个特别可怕的谋杀者之后，明显缺乏一种情感性的共鸣：

她的头放在餐桌上，被血浸透的脸——眼睛被挖掉，一副阿兰·米凯利牌太阳镜罩在眼洞上——像在皱眉头。我非常疲惫地看着它，尽管昨晚一夜未眠，现在感觉精疲力竭，但我仍然在一点钟的时候在奥登与杰姆·戴维斯和阿拉娜·伯顿相约吃午餐。这对我很重要，我必须讨论我是否应该取消这个约会。（291）

一只被割掉的头颅和一次午餐约会获得同样多的关注，而且这段话在反映这一点时只对贝特曼如何行动做了单调的报告。于是，对谋杀和拷问的处理，和用了五页纸讨论某种品牌的瓶装水时的语气恰好相同（247-52）。同样，雅诺维茨强调，这种空白在"未来女英雄颂歌"中处于死亡的核心，那里叙事者叙述了她在姐姐死去之前看她的最后一段时间。她在一间酒吧和姐姐与两名男性朋友约会，那时姐姐正在讲述一个故事。后来，姐姐回家了，吃了一些药，跳出她所住公寓的窗户。故事里没有因果关系，好像并非因为约会、故事或者可能是药物才导致姐姐的死亡。她只是死了。姐姐死后，读者看到了叙事者关于死亡的思考：

> 好吧，我的头脑里没有太多思想。只有一点点，好像完全失效的什么东西，并且被遗忘在柜子里：一块老乳酪三明治，或者可能是半瓶根汁啤酒。或者更糟糕，长满绿色地衣和霉斑的旧袜子。如果他们没有在报纸上发表这些照片，这事可能会对我的伤害更少一点，这些照片应该是不合法的：我的姐姐就像一个碎掉的杯子，和地板上的尘土和铅笔刨花混一起。（259）

描写过程中没有情感，尽管叙事者被姐姐的死所影响，但单调的风格没有受影响。在对死亡的经验和故事对它的表现之间，存在一条裂缝。叙事者思考的不能是她的姐姐，却是正在腐烂的家用人工制品，一种在乳酪三明治、半空（并非半满）的瓶装啤酒和旧袜子中显现的城市生活考古学。被耸人听闻地发表在报纸上的她姐姐的尸体照片，也被配置在这些家用品术语中：一具尸体，就像一只

"碎掉的杯子"，被"铅笔刨花"所覆盖。

如此"空白"的描写，唤起由角色在一个破碎的世界感受到的异化感。丹尼斯·约翰逊（Denis Johnson）虽然严格意义上并非一个"空白小说"作家（而是一个探讨空白性的作家），但也探讨了当代社会——作为"晚期资本主义逻辑"的结果——变成破裂的碎片的程度。生活在这样的社会，接近于无家可归，因为心中没有在家的感觉。正如《天使》（*Angels*, 1977）中的比尔·休斯顿所认识到的：

> 大街上乱七八糟——到处都是垃圾、铁锈和油渍——所有的东西至少都坚持了一分钟。在他的心里，他是无言的，知道大街是什么，知道他是谁，是带着指纹看着大街的人，一只赤脚放在鞋子上，另一只斜依着冰冷的油布，一个喝醉了的受骗了的男人，没有一点机会的男人。这一切本无所谓，但在别人看来应该很糟糕。他过去有好几次都达到了真理的绝对零度状态，没有任何恐惧和痛苦的他现在认识到，在某个地方，他可能会去行动，以改变他的生活，去变成另外一个人，但是他一直猜不出那会是一个什么样的人。（41-42）

虽然约翰逊描述了救赎的潜能，但这种潜能是悲剧性的，因为比尔难以达到。"真理的绝对零度状态"让人想起尼采的"超越善恶"状态，尽管它在一种远不那么积极的光亮中被描述。这里，尽管可能存在救赎，但比尔无法知道救赎，无法知道自己被救赎的道路。相反，未来被描述为完全消极性的："谈论美好的未来很容易，因为它从未到来，亲爱的。但你必须去做的是对自己观察半分钟。

没有人可以对我们保持神秘，我们都共用一个相同的厕所。我们都在下水道里。预测明天和这一点基本相同。"（71）于是，空白也在关于未来的悲观主义中得以实现。与约翰逊《吊死鬼的复活》（*Resuscitation of a Hanged Man*，1991）中的"吊死鬼"齐名的莱纳尔多·因格里希，不能完全相信他为了获得救赎而必须相信的东西："他一点也不祈求信仰，因为他发现，在场的不断增长的确定性，必然伴随着一种令人恐惧的缺席，符号的缺席，感受的缺席，或者对感受的表现的缺席。他担心他所祈求的只是虚无，只是这种无限的缺席。"（119）因格里希的神学虚无主义导致位于文本核心的伦理虚无主义。因此需要区别两种伦理虚无主义，第一种是"晚期资本主义的逻辑"结果（参见埃利斯和雅诺维茨的作品），第二种是上帝或先验意义缺席的结果（参见约翰逊的作品）。空白小说，作为一种类型，不可避免地求助于经济学而非信仰，但有必要指出的是，如果空白小说根据一种盛行的空白感而被定义，那么约翰逊也就落入了这个范畴。

尽管这些作家都证明了伦理虚无主义的存在，但这种虚无主义得以实现的机制却各有不同。同样，空白小说对这些虚无主义空白的反应也各有不同。在埃利斯的贝特曼和雅诺维茨的叙事者把空白作为日常生活的一部分而正常接纳的地方，其他的主人公却在追求某种形式的意义。《零下的豪情》（*Less Than Zero*，1985）中的主人公克莱说道："我认识到，金钱无关紧要。要紧的是，我想看到最糟糕的东西。"（160）克莱想看到最糟糕的东西，是因为他是那样的厌倦，以至于日常经验对他没有多少价值，尽管他仍然在寻求感受。正如维利里奥所言，经济资本主义因此附属于对持续的战争的感受，或者依附于灾难中的生活。《零下的豪情》中最具创伤性的场景，是对一个 12 岁女孩的轮奸。在所有的毒品和色情凶杀电影后，克莱达到了他所厌倦的道德的极限，他不再能观看，而且说道："我认为这不对。"（176）尽管他仍然没有帮助那女孩一点点——道德的空白意味着他不在乎那内涵，只因为这种经验不是为他而存在的。他的朋友利普回应道："什么是对的？如果你想要什么东西，你就有权利得到它。如果你想做什么事情，你就有权利去做它。"当克莱注意到利普拥有一切时，利普并不同意："我没有什么可失去的。"（176-77）这种态度规定了空白小说，因为不管角色拥有什么，他们都没有什么可失去的——他们拥有可以从那里开始的"虚无"。这是暗含在这样的小说中的伦理虚无主义的后果，即使享乐主义本身不是虚无主义的。没有可逃离这一点的出路，正如帕特里克·贝特曼所看到的那样，在《美国精神病人》的结尾，我们看见一道门上写着"这不是出口"（399）。没有可逃离这一点的出路，只有对缺席的意义的永恒追求，对戈多的永恒等待。

空白小说的角色怎样发现并不存在的意义？大多数人都只是在稀里糊涂地生活，做着他们的日常工作，而那些为行动积极寻找原则的人则通常使用暴力，并且满足于否定性的经验如谋杀和拷打（一种有深意的价值判断）。但是，不同于埃利斯对空白世界的捕食者和受害者的描述，约翰逊颠倒了偶然的暴力，以至于他的角色都是掠夺者的受害者：

> 他们开始称呼它为强奸者，而它开始代表所有的事情：代表刚聚又分；代表彼此相爱而仇恨他人；代表以极快的速度运动却无处可到达；代表在大街上冻僵，又在爱的房间里被融化。强奸者既是重要的，又是无用的，就像一把小刀插进事情的中

间。他们可以恨它，把自己的照片围着它来贴。(*Angels* 64)

比尔在洁米琳被强奸后慰问了她，然后他们成为情人，而"强奸者"开始作为世界的中心而被定义。它"既是重要的，又是无用的，就像一把小刀插进事情的中间"。具有讽刺意味的是，如果没有小刀堵住它所造成的伤口，意义将会从那个世界里流失。不管是什么导致了情感，对需要保持的意义来说都是必要的，而且通过痛苦发现的意义是绝对否定性的。这里，创伤不是缺席——可以被命名为对否定性经验的压抑——的标志，而是在场的标志，一枚需要戴在身上的徽章，可以保证空白不会逼近。

在空白小说的世界——一个可以反映我们自己的世界的世界——里，规则和制度的缺席规定了遍及这个世界的伦理虚无主义。这暗示虚无主义和崇高之间存在一种关联，因为"制度与规则的取消，是崇高感得以产生的原因"（Lyotard，"Complexity and the Sublime" 11），而且也是空白感——虚无主义得以产生的原因。没有道德的世界的空白，开始作为"伦理虚无主义"为人所知的空白，规定了一个崇高的世界，尽管不是在它最为积极的形式中。虽然利奥塔不同意这样使用他的观点，但空白小说确实使用这种伦理规则的空白（不管是来自上帝之死，还是后现代主义所显示的对元叙事的不信任）去暗示那存在于 20 世纪后期西方社会核心的道德空白。但是，暴力和崇高之间的这种关联并非完全随意的，正如巴里·泰勒（Barry Taylor）在解读托马斯·哈利（Thomas Harris）的《红龙》（*Red Dragon*，1989）和《羔羊的沉默》（*The Silence of the Lambs*，1990）时所注意到的："那么，莱克特，可能会是利奥塔崇高客体的神秘例证，是恐怖主义的潜能并没有在其中被压制的那种事件的暴力的代表。"这种"恐怖主义的潜能"出现于后现代主义被"不充分地解构"时，而且落入一种"既是共识又是歧见的虚无主义中"（"Violence of the Event" 224）。① 在这个意义上，"空白小说"利用了一种**不完全的**虚无主义，用缺席这个核心概念和"对元叙事的怀疑"来暗示空白，却没有实现一个接受差异的世界的"伦理"平衡。于是，空白小说的"伦理虚无主义"与它的后现代本性纠缠在一起，并且揭示了存在于后现代崇高和被称为"伦理虚无主义"的道德缺席之间的基本关联。

导致②缺席 I： 缺席的女性

前一部分所表明的暴力、性与性别之间的通常关联，规定了朝着"伦理性的"虚无主义方向走的第二步。空白小说表明性与暴力之间的联盟，这一联盟建立在男性对女性肉体的控制上。于是，当我们考察女性在某些后现代文本中的表现时，我们会发现一种现象，玛丽·阿兰（Mary Allen）称之为"必要的空白"。她指出："［20世纪］60年代文学中女性最明显的特质是她们的空白性。"她们的空白性不是先天的，而是由男人附加给她们的一种特征，这表明女性在某些后现代文本中作为一种怪异的他者而起作用："男人现在规划了一种那个时代可怕的空白性给女性的形象。"（*Necessary Blankness* 7）尽管阿兰的思路表明女性等同于空白性，但这种"空

---

① 另外一种把莱克特视为一个崇高角色的解释，见齐泽克（Žižek）的 *Tarrying with the Negative* 48。

② 这里，作者把"engender"写成"（en）gender"，是在强调"导致"的内在意义是"使"（en-）加上"性别"（gender），而"engendering absence"就是"使（女性）性别缺席"。——译者注

白性"可以被归类为"缺席",意味着某些文本证明了**缺席的女性**。把这个观点置于比 1960 年代美国文学更大的语境中,不仅能够揭示"缺席的女性",还能揭示女性化的缺席。这一颠倒表明的不是作为缺席的女性的散漫结构,而是表明缺席本身就是女性化的。

缺席的女性可以在那些后现代作品中清楚地看到,布洛德利布(Brodribb)曾把这些作品定义为主张一种非物质性的纯粹缺席,比如贝克特的《等待戈多》就是如此。女性角色的缺席,显示这部戏剧——还有其他戏剧如《尾声》(Endgame)——对缺席的关注程度,因为它们拒绝一个有女性身体的世界。布洛德利布写道:"戈多是一种结构,不可移动,神秘莫测,而且绝对永恒。"[Nothing Mat(t)ers 38]于是,对戈多的等待,就是对缺席的意义的等待,这种缺席的意义有意拒绝女性意义的在场。大多数由男性写作的后现代文学都只关注男性经验,尽管后现代理论宣称要探讨边缘身份。①

这种关注意味着,即使是在那些女性角色"在场"的文本中,她们通常比男性角色——甚至是那些缺席的男性角色——的在场时间少。比如说,奥斯特的《纽约三部曲》和《巨兽》(Leviathan,

---

① 把缺席带入在场的那种后现代文学,是一种重写早期经典文本的"修正"计划,尽管这个计划通常只是由被视为"边缘身份"——非白人、男性、西方和异性恋——的作者来实践。比如说,库切(J. M. Coetzee)的 Foe(1986)描写的是苏珊·巴顿——鲁滨孙·克鲁索的"原型",她的故事被丹尼尔·迪福(Daniel Defoe)写成小说——的故事。同样,简·瑞思(Jean Rhys)的 Wide Sargasso Sea(1966)重新恢复《简·爱》(Jane Eyre)缺席的女性——阁楼上的疯女人——并且把她带入在场。尽管哈钦注意到库切的巴顿在"真正真实"的意义上而非"(想象的)真实"意义上是"真的",她正确地指出,这个"缺席的和沉默的"女人"关于女人的地位和再现在 19 世纪小说和非小说中的政治问题,确实有话要说"(The Politics of Postmodernism 76)。当然,她忽略了这一事实,即这同样适用于 20 世纪。

1992），都表现了一个三合一结构：一个缺席的男性（寻找的对象：范肖或本雅明·萨克斯）；一个在场的男性（这个角色实际上在寻求那匿名的叙事者，而后者后来称自己为赫尔曼·麦尔维尔，或者彼特·亚伦）；还有一个在场的女性（缺席的男性的妻子：苏菲或范妮）可是，这两本书的核心动力学关注的是那些男主角之间的关系，而女性只是这种关系的附加物，它毫无吝啬地从一个男性角色移到另一个男性角色（《纽约三部曲》里的叙事者，《巨兽》里的查理斯·斯佩克特），因为它似乎总是需要某个男性出现在她们的生命中。于是，对大多数"前-后现代"文学来说特别寻常的积极/消极的性别对立，仍然出现在某些后现代文本中。范肖和萨克斯在他们缺席时还是"积极的"，让读者的注意力集中于寻求他们的缺席，代价是一种依性别而划分的在场动力学；苏菲和范妮（还有彼特的妻子艾瑞斯）都是消极的，尽管她们是"在场"的，而且对所有她们贡献给叙事的发展的东西来说，她们和缺席没有什么两样。

女性的这种"缺席的在场"，在卡特的《爱》（*Love*，1971）和巴特的《路的尽头》这样的文本里表现得也很明显。这两个文本的结构显露出女性在男性主宰的世界里的缺席程度。实际上，女性被搞成了"虚无"。关于女性在家长制社会里被设置为缺席者的方式，《爱》提供了一个好例子。这一文本通过三个角色来建构：李，李的哥哥巴兹，还有李的妻子安娜贝尔。作为唯一的女性主角，安娜贝尔缺席于由李和巴兹开始的文本行动，后两人用她来决定他们自己的相对权力。安娜贝尔，由于"遭遇含混性而缺乏自我保护的本能"（1），最终自杀。尽管卡特确保每一个角色都有同量的细节，但安娜贝尔仍然是"缺席的"。比如，安娜贝尔和李第一次发生性关系时，安娜贝尔穿着巴兹的衣服，并且因为"她的被动，她的沉默"（33）而显得"特别性感"。她有一枚戒指（属于巴兹的父亲），这让她"不可见"（54），她戴着它，另一根手指上戴着李给她的结婚戒指。文本中的其他女人都是缺席的，包括李的大量"其他女人"（一个暗示身份和权力的延伸的短语），还有他的"有精神病的"妈妈，当他还是一个小孩子时，她就被从他身边带走了。

和《爱》一样，巴特的《路的尽头》呈现给读者的是一出家庭戏，其中两个有权力的男人遮蔽了女性角色的光彩。尽管有杰克的"虚无主义"，但伦尼才是一个"完全的零"（*End of the Road* 306），是小说中真正缺席的角色。当第一次遇到自己的丈夫乔的时候，她必须完全重新改造自己："我丢掉了我拥有的所有观点，因为我不能保护它们。我想我完全抹去了我自己，〔……〕直到一无所有，于是我才能重新开始。"（311）她"深深地凝视着自己的内部，但只发现**虚无**"（316）。作为乔的妻子和杰克的情人，她"被卡在摩根〔·乔〕和霍纳〔·杰克〕的意识形态之间，受着那些破碎的抽象概念的折磨"（McConnell, *Four Postwar American Novelists* 130）。伦尼关于上帝（乔）和撒旦（杰克）的梦（她在其中被它们抓住），象征着"激情"的主题，这一主题规定了伦尼的角色。（参见 *End of the Road* 317）她包含了文本的"动物生命"和"活力"，肖布称之为"对两个男人非人的理论化的戏剧性指责，这两人强加给她分裂的忠诚"（*American Fiction in the Cold War* 166），尽管他永恒化了灵肉二分，后者仍然纠缠于性别争论中。这个梦表明，伦尼可能是意义和无意义的冲突在其中出现的世界的象征，而她的生命意志——她的"激情"——在由杰克和乔导致的苦难与爱的并置中得到反映。最终，正如弗兰克·麦康奈尔（Frank McConnell）所注意到的那样，她被"钉上了十字架"，尽管读者必须警惕以伦尼为代价的"非人的理论化",因为根据小说家的术语,必须有一个人偿付代价。位于文本核心的流产,导致伦尼死亡的流产,是关于生命面对"非人的理论化"时表现出来的流产本性的寓言,而且用伦尼来正名一种解读,就是在像杰克和乔那样共谋她的死亡。

后现代文学中关于缺席的女性的其他表现,可以在后现代对欧律狄刻神话的运用中看到。根据古典神话学,直到欧律狄刻死之前,欧律狄刻和俄尔普斯都是爱人。俄尔普斯被允许去冥府带回欧律狄刻(一种"拯救"女性被动性的男性主动性),但是有一个条件,那就是他不能回头看欧律狄刻。他回头了,欧律狄刻被判永留在冥府。这个神话明显"从一些画面中错误地推论出来,这些画面显示俄尔普斯在地狱受到欢迎"(Graves,*Greek Myths* 1:115),而且只是后来才出现在古典神话里,虽然这种明显的基础缺乏并没有贬低这则神话在后现代世界里的力量。比如说,依哈布·哈桑(Ihab Hassan)就发现,后现代文学起源于"对俄尔普斯的肢解",表明俄尔普斯因为喜欢年轻男子胜过女人而受到的惩罚[根据奥维德(Ovid)的神话观],而且通过这种肢解的转义,这也能解释从萨德(Sade)到贝克特这些作家。(参见 *Dismemberment of Orpheus* 5)

更普遍地说,在后现代小说中,后现代对缺席的意义的追求被设置为对欧律狄刻神话的性别探索:在场的俄尔普斯寻找缺席的欧律狄刻。① 比如说,品钦的小说 *V*(1963)就显示,对"V"的寻求,根本上就是对女性他者的寻求。"V"可以化身为许多东西,如

---

① 很明显,《纽约三部曲》和《巨兽》都可以被解释为这一神话的同性恋版本,尽管这绝不会使这种批评变得无效,即女性角色仍然还是缺席的;她们只是不再成为被追寻的对象。于是,奥斯特并非在对这个神话进行一种"伦理学的"后现代修正,而是以女性为代价重新肯定男性。

维罗妮卡（Veronica Manganese）；如维海苏（Vheissu），一种"毁灭的梦"（206）；如维纳斯（Venus）；如维拉（Vera Meroving）；如维多利亚（Victoria Wren）；但最终又都"消失于"文本的结尾。① 尽管文本还给出了其他化身，包括明显是阳物崇拜的复仇者号火箭（*Vergeltungstaffe*-rockets）（228），但"V"的身份主要还是女性的、缺席的和混乱的——"在 V 那里，极端之物被魔术所消解。"（487）② 钱伯指出，这种女性与缺席的并置出现于品钦小说的始终，这相关于"那个古老的白色女神，她的被摧毁象征着语言的贫乏，神秘与悖论的运用，以及对他者的贬低"（"Parabolas and Parables" 1），"白色女神"，作为被动核心的缺席女性，持续萦绕在他的文本中。

卡尔维诺也明显使用了欧律狄刻神话，因为在他的所有文本中，女性总是男性所欲望着的缺席对象，正如玛丽琳·施耐德（Marilyn Schneider）所说的："女人作为被隐藏的能指，一种欲望和缺席的象征，代表着永恒的潜能。"（"Subject of Object?" 179）这种观点一再出现在卡尔维诺的作品中，从《宇宙奇趣》（*Cosmicomics*，1965）到《寒冬夜行人》。比如，在《宇宙奇趣》中，故事主要表现卡尔维诺的主人公 Qfwfq 寻找核心女主角的欲望受到挫败。在"月亮的距离"一章中，他之所以找不到女主角，是因为她在地球上的缺

---

① 这里的名字"Veronica"还有其他含义，因为它是被规划意义的似是而非的"实象"［*vera ikon*］。这也出现在《万有引力之虹》中，那本小说曾提及"St. Veronica 治疗结肠和呼吸系统疾病的实象医院"（46）。

② 作为一种女性化的"V"，它也暗示了"阴道"（the vaginal），凯瑟琳·布莱克里奇（Catherine Blackledge）曾经在 *The Story of V* 中研究过这一暗示，并且揭示了另外一种经常出现在西方小说中的转义，它把女性生殖器和缺席关联在一起，这一缺席形象被明显运用于文艺复兴文学中，那里阴道一再被称为"无"。

席，因为她想生活在月亮上。在其他故事里，Qfwfq 因为普遍性环境——在"总是那一个地方"中，是因为宇宙大爆炸，在"无色"中，是因为进入世界的颜色，而在"空间形式"中，是因为从不交叉的平行线——而被迫与欲望中的女人分离。

男性对不可企及的女性身体的欲望，也是《寒冬夜行人》的重要部分，那里对真实的"寒冬夜行人"文本的寻求，包含在利特若（Lettore）[男读者]对利特丽思（Lettrice）[女读者]的欲望中。这里，女人被比作文本的意义和性的满足（利特若的享受），"错误的"解读的挫折被比作与一个"错误的"女人的性结合。这可以在微叙事"在由月光照亮的落叶上"中看到，其中主角陷入与他渴望的女人的母亲的性关系中，而非这个女人本身。性别与意义之间的这种关系，被特蕾莎·德·劳拉提斯（Teresa de Lauretis）在《寒冬夜行人》中发现："书的结尾的追求，对应于对不可企及的爱的对象的追求，叙事的结尾受到书写（écriture）、意义消失和作为延异（différance）的写作的阻碍；还有，文本的快乐（pleasure）浸透着或交叉着文本的享乐（jouissance）。"（"Reading the（Post）Modern Text"137）享乐之所以出现，是因为意义永远被延迟，这种观点一再出现在当代文学理论中，尽管德·劳拉提斯认为这种延迟的出现是因为女性和文本在卡尔维诺的故事里互相影响的方式。在《寒冬夜行人》中，当利特若用小刀打开那些空白页时，他被它们所迷惑，那阅读的具体行为也变成了对性的追求的寓言（参见 de Lauretis 138）。《寒冬夜行人》宣称：

来自裁纸刀的快乐是可触知的、听觉的、视觉的，尤其是心灵的。在阅读过程之前，是一种穿越书的物质稳定性的行动，这种行动允许你通过它的非物质的实体。穿透下面的页码，刀片竭力向上移动，在一阵阵的切削中打开一个垂直的槽。［……］在页码的障碍中，用刀片为你打开一条路，和语词究竟包含和遮蔽了多少东西这样一种思想关联起来：你通过你的阅读杀出一条路，就像它是一片茂密的丛林。（42）

这种阅读的性行为激发了这样一种观点，即女性，就像他者一样，是空白的，不可解读的，消极的。于是，我们离开了一种情况，其中阅读的延迟是被挫败的性行为的享乐。于是，缺席的女性不是延异的后果，而是延异的原因：如果缺席的女性是延异的结果，那么它会成为象征，男性与女性、意义与延迟之间的对立，将会在它的建构下被摧毁。情况不如说是这样的，正如德·劳拉提斯所注意到的："欲望成立于缺席中、张力指向中，而非在爱的对象的获得中，成立于延误中，移位中，延迟中。"（"Reading the（Post）Modern Text"132）正是因为女性是缺席的，所以她们被欲望着——拉康的作为缺乏的欲望（desire-as-lack），而且正是这种在文本中被带入存在的缺席，创造了那要解释的问题。欧律狄刻，缺席的象征，一直被后现代的俄尔普斯寻找着，但从来都没有被发现。

不过，阿珂（Acker）持一种完全不同的观点：对她来说，俄尔普斯故意抛弃了欧律狄刻。在阿珂的神话学著作《冥府里的欧律狄刻》（*Eurydice in the Underworld*，1997）里，欧律狄刻（You）饱受癌症之苦，俄尔普斯（Or）是一个波希米亚音乐家，他与欧律狄刻同眠。她同时代表着柏拉图（他认为俄尔普斯"没有为了爱而死的勇气"）和布朗肖（他认为俄尔普斯从未看见过欧律狄刻，因为"他不想让她能够被看见"），然后认为俄尔普斯之所以抛弃欧律狄刻，是因为她爱他。（23）Or（对 You）写道："你太爱我了。"（24）而且以一种典型的（老套的）不负责任的男性姿态，把她抛给了她的命运。阿珂对这个叙事的颠倒，显示女性的缺席并非她们选择了缺席（就像在卡尔维诺的小说里那样），或者因为她们对男性话语来说是真正的他者（就像在品钦那里一样），而是因为她们被男性话语的主宰性力量弄得缺席了。这种被强加的缺席是布洛德利布《无足轻重的女人》的中心主题："最初，上帝说他让语词成为肉身。通过现代炼金术士，肉身被制成了语词。而女人仍然是（最）必要的：他们的话语需要我们的沉默，他们的美学需要我们的牺牲，他们的写作需要我们的形式。"（136）俄尔普斯明显地离开了欧律狄刻，这使得他能够写出**关于**她而非**献给**她（或者说实际上是**用**她而写）的歌曲。

导致缺席 II：启示录式的政治学

最终，男人对女性缺席的"重写"行为，不是一种无辜的解释学游戏，它刻上了再现的暴力这一永恒的痕迹。艾瑞克森也许会把女性再现为缺席的，但他那样做（至少他这样告诉我们）是为了分析男性通过强奸控制这种缺席的欲望。在 Arc d'X（1993）中，他描述了一个叫韦德的患有强迫症的黑人政客，他在观察一个叫莫娜的白人脱衣舞女："俯视她就像从中心下降，通过一处迷宫达到一扇处于中央的门，那里你期望发现一个忏悔室，却停留在一片一望无际的草原之上。一种虚无的歇斯底里邀请他爬上去，把自己流注其中。"（79）这段话明显根据缺席来描写女性，因为男性的注视探索着迷宫，想发现一处忏悔室（来自罪恶的性释放），却发现了一处

"一望无际的草原"——女性身体和自然风景的结合。但是它也用短语"虚无的歇斯底里"暗示着一种女性的缺席。这段话描述的是女性的外阴,男性尝试通过在那种缺席之上写作,控制这种被动性和缺席的性征(虽然由男性话语如此建构)。韦德的描写明显证明了控制,因为他既是镇压性的 ISA 成员,又是一名男性。性别与意识形态的统一,是艾瑞克森作品的重要元素:艾瑞克森认为:"政治学是心理学和性征的显现,而非性征是政治学的显现。"(McCaffery and Tatsumi,"An Interview with Steve Erickson"405)这说明韦德在 ISA 的职业是他控制女性的性别欲望的象征。

从 *Arc d'X* 里美国的开创来看,当托马斯·杰弗逊在强奸了他的一个奴隶萨利·海名斯后单独"创造"了美国时,把政治感受为"一种性征的显现"的意义特别重大:

> 这是任何听过关于它的谣言的人每时每刻都需要直面的事情:它将会考验那些认为这个谣言太油滑而难以相信的人。但是,我知道它是有缺陷的,而且我知道那缺陷就是我的缺陷。就像我腰间那股白色的墨水已经浇灭了那制造这个谣言的灵感,那同样的墨水潦草地写下了它被消灭的过程。签名是我自己的。我写下了它的名字。我称它为美国。(46)

这里,我们再一次看到政治和性征的联合,但是我们也看见性仍然被描写为在缺席的(空白的)女性页码上写下(白色的)男性教义的行为,正如美国被杰弗逊腰子里的"白色墨水"创造出来。这种(男性)对(女性的)缺席的重写,出现在艾瑞克森的所有小说中,它标志着男人的总体化控制的开始。比如说,在《黑色时钟之旅》中，班宁·金莱特，一位服务于 Z（希特勒）的色情文学作家，相信"我们国家的核心"就存在于他的胯间。（150）金莱特用本质上是阳物中心主义的东西来规定 20 世纪的积极控制，其中男性对语言的控制规定着现实性。

艾瑞克森可能会被指责把这种男性权力的物化永恒化了，因为他的人物角色之间奇异的、通常是纠缠不清的联合，几乎不可避免地涉及某种形式的控制；对环境的控制，其中性大行其道，或者在性行为本身中被控制，比如，在对捆绑的使用中。可是，这些描写是为了证明女性可能运用她们假定的被动性来反对男性话语的方式。比如，在《黑色时钟之旅》中，达尼娅而非班宁·金莱特是文本的核心：所有的男性角色某种程度上都与她相关（她的儿子、情人、父亲、情郎或想象中的叔父）。达尼娅通过她与所有男人在文本中的关联定义了 20 世纪的**消极枢纽**，这些男人虽然希望了解她（用列维纳斯的话说，这个词意味着"财产"），但难以开始了解。在一场舞蹈考试中，她让那些裁判员困惑不解，因为他们不能理解她："'但是，她的形式没有结构。'他们中的一个这样说道，或者他说的是她的结构没有形式。杨（另一个舞者）笑了，'她在创造她自己的结构，你们没看见吗？'他厌恶他们的假设方式，他们没有看到的结构根本就不是结构。"（201）她根据她自己的内在结构跳舞，但因为裁判们不理解这种结构，他们就猜测不存在结构；因为他们不理解她，他们就假设没有什么可以理解。① 达尼娅的舞蹈，因此政治性地关联于女性从家长制社会的非难中获得自由的问题："她

---

① 达尼娅的舞蹈——还有裁判们对它的感受——本质上是尼采所谓"男人的非分要求：在他看不到意义的地方，就否定意义的存在"（*Will to Power* 325；§599），尽管这里它被按照性别术语重新配置以反对尼采。

跳舞的那些时刻，仿佛时间归她所有。"（201）用朱迪思·巴特勒（Judith Butler）的术语，这是一种表现，它"本质上作为表演成分，属于质疑它的物化地位的可能性"（"Performative Acts and Gender Constitution" 271）。男人不理解，这象征着他们对表现的理解，而正是那表现行为可能"为了将来的被接纳，去期望和设置替代性的语境"（Butler, *Excitable Speech* 160）。①

男人们总是尝试着把达尼娅合并入他们所理解的家长制世界。侦探布莱恩开始跟踪达尼娅，发现了她后面的一条死亡小径："他调查得越多，越发现男人都死于她跳过舞之后；他们都有被他们手中的葡萄酒杯中的东西毒死的迹象，而且那种看起来像毒品的奇异东西，都留在他们的眼睛里。"（234）可是，因果关系问题开始出现在这里，正如他面对达尼娅时达尼娅所看到的：

> "你难道没有看见，"她带着一些怒意说道，"这应该完全与我没有关系。这完全与你有关［……］你认为每次我跳完舞之后就有人死去。但是事实或许并非如此。"她说道。"可能，"在离开之前她说，"每次你看我跳舞时就有人死去。"（241）

这种颠倒揭示了男性角色在文本中把自己的结论强加给她和她的身体的程度："我厌倦了成为男人的梦。［……］我从来不想成为别人的梦，只想成为自己的梦。"（241）正如艾瑞克森自己所言：

---

① 注意，尽管巴特勒在这处来自《兴奋的言语》（*Excitable Speech*）的声明指的是"言语行为"，但身体行为和言语行为都是表演活动的成分："言语行为是一种身体行为，而［……］表演的力量从来都没有完全分离于身体的力量。"（141）

"达尼娅跳舞的要点必然与窥阴癖和强迫症有关，与男人把女人转化为他们的幻想有关。"（McCaffery and Tatsumi 417）

如果达尼娅能够让自己免受男性的控制，不受跳舞的历史的影响，那么艾瑞克森另一个女性角色所主张的方法对男性权力来说就更有威胁。在《健忘症》（*Amnesiascope*，1996）中，雅思贝尔谈到一个三角家庭（*ménage à trois*），其中两个女人占有一个男人："我知道你们在想什么。你们在想，这正是男人梦寐以求的。每个男人都认为这是他梦寐以求的。但是当我用两条大腿夹住他的脸，然后把我自己的放进他的嘴，让我自己的流出来时，我就可以告诉他，这不是他梦寐以求的，这是我梦寐以求的。"（87-88）雅思贝尔的行为，通过颠倒性行为中的权力结构，动摇了男性对女性身体的拥有。这一幕也颠倒了出现在卡特《爱》和巴特《路的尽头》中两个女人控制一个男人的权力斗争。那个男人被捆着，处于被动，雅思贝尔扮演着主动的角色——"夹住""把我自己的""让我自己的"等词语的每一次使用，都决定了一个与男人无关，而只与她自己的快乐相关的性角色。通过这样做，雅思贝尔颠覆了男性的幻想，并把它转化为一种女性的幻想，把女性再造为性行为中的主动方。雅思贝尔是一个性捕食者，让所有看见她的男人失去勇气：她"一定是疯了，像一个女人走在深渊边上"（99）。通过削弱男性的统治，她成为"走在深渊边上的女人"——一个虚无主义的（既形容传统的虚无主义概念即破坏，又形容更准确的意思"与虚无相关的"）男性控制毁灭者。

艾瑞克森文本中的女人让她们免于男人控制的方法，实际上是让她们在这种控制中缺席。通过拥抱缺席和被动性这些被解释为拥有的东西，她们使自己获得权力。通过把对她们的强奸转换成对男人的强奸，萨利和莫娜都颠倒了男性殖民女性身体的幻想：当韦德强奸莫娜时，她颠倒了这一事实，直到"她自己的阴暗强奸了他的阴暗"（*Arc d'X* 98）。同样，男性性高潮是"那些男人的短暂死亡"（98）；那是他们失去自己所谓的控制的时刻。在一次神秘的宾馆房间邂逅中，乔吉，一个具有控制情节的新纳粹，在性交时听到"美国"一词而完全缴械投降："它意味着什么，在他的权力征服她的高度，在他羞辱她的深度，她说了这个词，然后他就失去了一切？她说了这个像有魔力的词，而它立刻就摧毁了他对她的权力。"（238）对"美国"一词的使用，显示了存在于艾瑞克森美国概念中的二元性。它一方面与控制、主宰相关，与男性解释和编码现实的动机有关。与此不同，它另一方面与自由、爱和（尽管是在文化上被编码的）女性创造某种新事物的能力相关。于是，艾瑞克森总是在他的文本中表现一种二元性；《卢比孔河海滩》（*Rubicon Beach*，1986）表现的是美国 I 和美国 II，《健忘症》表现的是记得与遗忘作为记忆的两方面之间的区别。在 *Arc d'X* 中，艾瑞克森谈论了两种时间概念——"权威的重力和自由的熵"（216）——其中权威被设置为男性的，而自由被设置为女性的。尽管艾瑞克森强化了女性是被动的老生常谈，把男人与"重力"、女人与"熵"相关联，但他尝试让这种缺席成为肯定性的。

卡特也在她的小说里用熵和缺席来设置女性，比起艾瑞克森小说中的男性幻想，她的小说似乎更成功地装扮成性别政治的探查术。卡特的《新夏娃的激情》（*The Passion of New Eve*，1977），是一个由早期后现代理论和法国女性主义构成的文本，通过特丽斯特莎的性倒错和艾芙琳（Evelyn）变成夏娃（Eve），关注性别的文化和生物学结构。"我们的消解女士"（15），艾瑞克森"行走在深渊边上的女人"的卡特版，负责关联一个混乱的城市。混乱被定义为"原始的物质"，"杂乱创造的早期状态，被迫指向一种隐藏着意义的现象的新秩序的创造。先前的富有成果的混乱，开端的开端之前的状态"（14）。这个定义很多方面都类似于虚无主义的结构，因为它是"杂乱创造的早期状态"，"开端的开端之前的状态"。混乱作为《新夏娃的激情》的核心主题，联系着后现代的虚无主义和崇高：它以一种"令人陶醉的修辞术""拥抱存在于一种无差别的消解状态中的所有对立形式"（14）。对"所有对立形式"的拥抱，根本上是后现代的，而且依赖于感觉上的悖论，后现代虚无主义就以这些悖论为基础。这种混乱也是崇高的，在修辞术方面是"令人陶醉的"。最重要的是，它是女性的。当艾芙琳/夏娃到达比乌拉——女家长制城市——时他注意到，"我在比乌拉，那里对立面共存一起"（48）。当卡特谈论"存在的矿物的灭绝"时，"女性的缺席"也出现了（47）。尽管她似乎喜欢沙漠，但文本描述了一个"纪念碑式的"被毁坏的阴茎，它暗示"存在的矿物的灭绝"，实际上指的是这种对雄性的阉割式毁灭。这样的转义明显证明了女性混乱的观念，那里"有秩序的"存在等同于男性的"在场"，而（男性）存在的灭绝或消解意味着一种女性的"缺席"。

正如布洛德利布和阿兰都指出的那样，女性的缺席对男性的在场来说是必要的——这对女性是空白的男性话语来说也是必要的——而且因此，女性被重写，以证明男性话语的合法性，后者最终只是一种"阴茎一般的"话语。之所以是"阴茎一般的"，是因为它不能包容和理解女人的"真正"本性（一种夸大的观点，但是一种很重要的观点）。比如说，德里达在研究尼采对女性的表现时，就说道：

女性没有本质，因为她逃避自己，并被她自己所逃避。缺乏深度，没有目标和难以理解，她吞噬、覆盖着所有本质性，所有同一性和所有适当性。这里，哲学话语盲目地建构着，又允许自己被一脚踹毁。没有关于女人的真理，但这是因为真理的深层断裂，因为这种非真理就是"真理"。女人是这种真理的非真理的代名词。（*Spurs* 49）

"女人"不能被包含在男性的话语中，因为她象征着男性话语的毁灭，象征着男性话语被贬黜的点：黛安·埃兰（Diane Elam）的"戏中戏"（Ms. en abyme），《女性主义与解构》（*Feminism and Deconstruction*）的副标题。尽管埃兰发现，德里达的《马刺》（*Spurs*）"并不简单地表现为简单地支持或反对女性主义"，因为关于女性如何被建构（先是作为"真理"，然后是"非真理"，最后是"阉割不起作用"的点）（17），存在一种复杂的解构，对女性的这种理解无论如何仍然深刻体现在缺席观念中。正如简·盖洛普（Jane Gallop）对《马刺》的评价："反菲勒斯主义变成了一种新的菲勒斯主义，那里女性开始再一次缺席。"（*Thinking Through the Body* 100）这就是说，当（女性的）无意义成为新的（男性的）意义时，女性已经迷失了。

于是，对第三种术语的需要，就是克里斯特娃（Kristeva）的"卑贱者"（the abject），它"**既不是主体**（subject）**又不是客体**（object）"，而是某种别的东西，它存在于语言的冥府，永远不可能进入俄尔普斯式的在场，但也不是欧律狄刻的缺席。这个神秘的卑贱者是对"象征化的抵抗和挑战"（*Powers of Horror* 51），而又象征化了"一种作为虚无的空白"（1）。克里斯特娃式的卑贱者，就像马克·泰勒所描述的那样，规定了交流的不可能性，因为它不能被捕捉，而只能接近，它暗示虚无主义的"不"形式已经指出的："可接近又不在场的虚无，只能间接地接近。在这个神秘的领域，交往不可避免地是'间接的交往'。总是纠缠于遮蔽与解蔽的游戏，作者能做的，最多不过是在卑贱（abjection）边上绕。"（*Altarity* 160）于是，当克里斯特娃后来写道，"卑贱者以崇高为边界"，因为"它不是旅途中的相同时刻［……］同样的主体和语言它们聚在一起"，所以我们可以清楚地看到，虚无主义和崇高在卑贱者的表演中存在交叉点，"一个第二级的宇宙，它从'我'存在的地方开始"（*Powers of Horror* 11-12）。事实上，正是这个卑贱者允许我们去观看一种"伦理虚无主义"（否定所有形式的伦理学）和一种"伦理性的"虚无主义（一种崇高形式，虚无主义于其中变成伦理性的）的转换，这是一种从作为"关注在场"的存在到作为"关注缺席"的存在的转换。

关注缺席：表现一种"伦理性的"虚无主义

尽管布洛德利布认为后现代主义对缺席的关注证明女性的缺失，但是在缺席这个概念里仍然留下了一些伦理的潜能。这种潜能来自对某种必须被"缺席"以便达到一种伦理性存在状态的东西的理解。后现代虚无主义不是让他者缺席，而是通过摧毁它自己的原理而陷入缺席。沉默在这种转换中扮演着重要角色，因为它标志着语言不再起作用的程度：它是一种特殊的缺席形式，其中交流是缺席的。不过，沉默有两种政治性的方面：共谋的沉默和伦理性的沉默。

统治性的意识形态寻求压制或摧毁那些反对它们的意识形态，

方法是让它们在政治领域"缺席"（沉默），或者让它们在身体方面"缺席"（死亡），但是，在统治性意识形态如此表现的过程中仍然沉默，意味着与之共谋。马丁·尼莫拉（Martin Niemöller）对伴随国家社会主义上台的沉默的著名谴责，就表明了这种共谋性：

> 首先，他们冲着共产主义者而来，但我不是一个共产主义者——所以我什么也没有说。然后，他们冲着社会民主党而来，但我不是一个社会民主党员——所以我什么也没有做。然后是工团主义者，但我不是一个工团主义者。他们又冲着犹太人而来，但我不是一个犹太人——所以我很少有什么问题。然后，当他们冲着我来时，没有谁留下来可以支持我。（引自 Novick, *Holocaust and Collective Memory* 221）

在尼莫拉看来，沉默是统治性意识形态的共谋。但是，在同一个时期，还存在一种对沉默的要求。布朗肖呼吁一种沉默，它是面对"灾难"的伦理性态度："不是你要说话；而是让灾难在你那里说话，即使是通过你的遗忘或沉默来说话。"（*Writing of the Disaster* 4）劳伦斯·朗格（Lawrence Langer）同意这种观点，因为即使有谈论大屠杀的需要，他最终还是承认："对这样的人类境况，我们缺乏话语词汇。"（*Holocaust Testimonies* 118）看看整个大屠杀研究，存在一种对发声的要求，但在那里，发声是不可能的。这种结果可以在列维纳斯对哲学的批判中看到，那里大屠杀并没有再现在他的著作里，正是因为它是"历史中的一个破洞"（"Meaning and Sense" 93）。相反，列维纳斯强调了一种起源于大屠杀的伦理学。他的主体间性存在概念是大屠杀的产品而非再现，而且因此列维纳斯作品对大屠杀的非再现，回应了一种来自他者的伦理要求，要求不要描述大屠杀。

卡尔维诺的最后作品《帕洛马尔先生》（*Mr Palomar*，1983），清楚地表现了沉默固有的矛盾性。这一文本包含了他之前写作的很多方面，在一种半自传性的框架里探讨了一些哲学概念。在"蛇与头盖骨"一章中，帕洛马尔被向导引领着参观一座古老的特洛伊城市——图拉。他的向导不停地解释着那些雕刻意味着什么，它们从何而来，它们为什么会被刻出来。同时，一个青年教师正在给他的学生讲解这片废墟，并且说道："我们不知道它意味着什么。"（87）最终，两个向导发生了争执，帕洛马尔的向导告诉了那些学生一种关于这些雕像的意义的理论。当青年教师离开时，帕洛马尔说道："这不是真的（*No es verdad*），那个先生说的不是真的。我们不知道它们意味着什么。"（89）帕洛马尔的观点准确说明了，沉默是对这样的情境唯一合乎道德的反应：

> 从他学者和教师的立场来看，他似乎明显缺乏兴趣，这个严肃而认真的年轻人对此似乎明显不感兴趣，这是一种有条不紊的选择，是他不会背离的准则。那些让我们远离其内涵的一块石头、一幅图案、一个符号和一个语词，只是石头、图案、符号和语词：我们可以尝试定义它们，描述它们，但仅此而已；它们除了向我们显示的这副面孔之外，是不是还有另外一副面孔，这是我们不得而知的。拒绝理解多于这些石头能够向我们显示的东西，这可能是向它们的秘密致敬的唯一方式；尝试猜测，是对真正的、失去的意义的傲慢和背叛。（88）

尝试认识某种东西，就是去控制它，因此"拒绝去理解"就是"表明尊重它们的秘密的唯一方式"。尽管卡尔维诺认识到"不去解释是不可能的，就像制止思想是不可能的那样"（89），但他还是承认："所有的解释都是对文本的充满暴力和任性的使用。"（*If on a winter's night* 69）这证明沉默的两种形式：一种是伦理性的沉默，它拒绝再现他者，另一种是共谋了他者的衰落，因为"在一般的沉默中，遵从大多数人的沉默当然是应该受到责备的"（*Mr Palomar* 94）但是，哪一种沉默才是最重要的沉默，这个问题卡尔维诺没有回答——这证明伦理性的要求不能解释。他关于沉默这个主题的最后的话，可能是最意味深长的，因为尽管帕洛马尔理论化了沉默的本性，但"他咬住自己的舌头，保持沉默"（94）。

帕洛马尔的声明显示，沉默在后现代世界可能是对他者唯一的伦理性回应。如果正如列维纳斯所言，我们由他者所建构，而且作为"罪责存在"而生存，那么他者就要求我们自己保持沉默。如果我们不使他者沉默自己就不能言说，那我们就不要言说：交流的表现性行为带有再现的暴力性质。凡是在这样一个短语——"再现的暴力"——通常被用来规定再现如何遮蔽客体的地方，作为符号遮蔽所指物的地方，那言说行为本身就暗含着这种暴力。这是因为我们生存于存在的缺席之上，或者生存于缺席的存在之上，而且在我们忽视这个事实的欲望中——即使列维纳斯也难辞其咎——我们言说着，正如贝克特《无名的人》（*The Unnamble*，1952）所言，类似"死刑犯面对沉默时惊恐万状的胡言乱语"（357）。这种"惊恐万状的胡言乱语"同样相关于结构原则，正如品钦在《万有引力之虹》中所言："我们痴迷于建构迷宫，在有开阔的土地和蓝天的地方。在空白的纸张上画下越来越复杂的图案。我们不能忍受那种**开阔性**：

它对我们来说太可怕了。"（264）我们害怕沉默，于是我们言说——虽然是毫无必要地**说着**任何什么东西。言说因此就是句子的句子，不是德里达"语言的牢笼"意义上这样说，而是因为我们被迫言说：我们不能忍受听到深渊在我们下面打哈欠。交流以沉默为代价而完成，因此正是交流行为本身对沉默和缺席来说是不道德的。①

当然，追问我们为什么应该关注缺席，为什么需要通过沉默对缺席保持伦理性态度，这还是可能的。没有缺席，就没有在场，这个事实——如果我们沉默太久，"整个建筑就会垮塌"（*Unnamable* 351）——并不足以为这种伦理性的观点辩护，只能说明我们为什么应该持续言说，而非保持沉默。但是，通过我们的言说让我们忽视掉的东西，是我们通过语言要根除的东西：那需要于其中倾听的沉默。关于这一点，《等待戈多》里有一幕：

爱斯特拉贡：［……我们］做不到保持沉默。

弗拉基米尔：你说得对，我们不知疲倦。

爱斯特拉贡：这样咱们就可以不思想。

弗拉基米尔：咱们有那个借口。

爱斯特拉贡：这样咱们就可以不听。

弗拉基米尔：咱们有咱们的理智。

爱斯特拉贡：所有死掉了的声音。

弗拉基米尔：它们发出翅膀一样的声音。

---

① 这种观点让我们返回波利（Boly）对解构的解释——"难以言传的虚无主义"。尽管"后现代虚无主义"一章指出，他这样理解解构是不正确的，但这种理解确实准确概括了向人性保持开放的唯一的伦理性立场。

爱斯特拉贡：落叶一样。

弗拉基米尔：沙一样。

爱斯特拉贡：落叶一样。

沉默。（62）

　　弗拉基米尔和爱斯特拉贡不想听到话语之下的沉默，因为这种沉默是"落叶一样""所有死掉了的声音"。沉默带来缺席的幽灵，"落叶一样"意味着死掉的声音都是那些已经缺席的东西。尽管两人都认识到这一点，但他们难以直面这种沉默，正如弗拉基米尔大声说的："说点什么吧！"还有爱斯特拉贡回复的："我在试着说点什么。"（63）言说的命令意味着我们是那样忙于言说，以至于我们总是让其他立场缺席，以便听从我们自己的声音，就像女性在某些话语里被表现为缺席那样的方式。那么，更好的是保持完的沉默。

　　不同于弗拉基米尔和爱斯特拉贡不间断地胡扯，在"追求虚无的文本"（1955）中，贝克特谈论了"我们的幽灵，死者的幽灵，活着的人的幽灵，还未出生的人们的幽灵"（"Texts for Nothing（1-13）"，出自 Complete Short Prose 5.120）。他继续写道，由于不能直面这些幽灵，"现在我被它们缠住了，让它们来吧，一个接一个来吧，让那最后一个幽灵抛弃我，只给我留下空虚，空虚和沉默"（5.120）。这样，在贝克特那里，就有两种感受沉默的方式。第一种强调生者倾听死者的不可能性，比如《等待戈多》，第二种强调远离生命（活过的、活着的和将要活的）背后的幽灵以支持缺席的欲望。"追求虚无的文本"因此暗示了成为缺席本身的欲望："只有语词打破了沉默，其他的声音才会停止。如果我是沉默的，我会听见虚无。"（8.131）当言说停止，就有可能听见缺席。

阿多诺有一句著名的话，即"奥斯威辛之后写诗是野蛮的"（*Prisms* 34）。这句话的意思是说，以一种审美的形式再现大屠杀是不可能的，而沉默是"奥斯威辛之后"唯一合乎道德的反应。阿多诺后来改变了这一观点，因为"无尽的苦痛完全有权利表达自己，就像一个受严刑拷打的人必须号叫；所以，说奥斯威辛之后你不应该再写诗，应该是错误的"（*Negative Dialectics* 362）。这一声明可能暗示，沉默现在不再被要求，而且那令人哀痛的时期已经过去，尽管事实并非如此。相反，阿多诺**延伸**了对生存本身的禁令，问题变成了"奥斯威辛之后"你是否能够带着"多余人的强烈罪责""继续活下去"（363）。尽管阿多诺谈论的是幸存者，但那些"紧跟而来"的人们也是多余的人。这是把对沉默的要求推展到对因为没有缺席而感到罪过的要求。我们在场，而那些死者不在场——我们活着，而他们死了。因此，这样的"强烈罪责"不仅是对幸存者的宽恕。它也是施予这样的人的禁令，他们不仅在"奥斯威辛之后"生存，而且生存于人的非人性对抗人性的所有时刻（这种措辞是深思熟虑的）。虚无主义的伦理方面，因此不仅是保持沉默，以避免再现的暴力，而且是缺席，以避免生存本身的暴力。所有那些之前已被（无声的）政治或毁灭性手段（种族灭绝）弄得缺席的人们，有权利要我们沉默，就像他们被迫沉默那样。

　　重要的是，这种关于沉默的讨论，根本上与审查制度相关，正如巴特勒在《兴奋的言语》（*Excitable Speech*）中所言。她说道：

　　　　没有言语可以获得准许（permissible），如果没有其他言语被禁止（*im*permissible）——建立在这一假设基础上的审查制度，通过强调区分可被准许和不被准许的言语来准许言语。就像取消抵押品赎回权［把"内在的"变成"外在的"行为，参考上一章］，审查制度通过对不可言说之物的生产而生产话语体制。（139）

很明显，通过监控那些不被社会接纳的言说，审查制度作为一种规定和控制能被社会接受的言说行为的方法起作用。被如此严格地创造出来的"话语体制"强化了审查制度，而且反过来被审查制度再强化。巴特勒在这里重新描述了利奥塔《歧论》（*The Differend*）的"词语体制"和"话语类型"，正如我们在"虚无主义和后现代主义"部分已经看到的那样，这些术语在某些话语中描述何为合法的言说。看看这种关联，就有可能理解巴特勒对审查制度的看法稍有不同。现代主义和现代性，至少根据某些后现代观念，通过审查制度起作用：比如说，利奥塔的"好的形式的安慰"（*Postmodern Condition* 81），列维纳斯的"对存在的**善的意识**"（"Ethics as First Philosophy" 82）和鲍德里亚的"意义帝国"（*Simulacra and Simulation* 137），都通过压制某些言说行为来构建等级结构。不同于此，后现代主义不接受审查制度，它主张利奥塔的"语言游戏"（*Postmodern Condition* 10），瓦蒂莫的"**世界观**的增殖"（*Transparent Society* 5）或者是鲍德里亚的超现实，一种没有言语行为被禁止的多元主义。

不过，后现代主义的自我想象存在明显的问题，这些问题有助于解释为什么后现代主义会面临它产生的问题。首先，我认为，从这一点看，贝克特的"死刑犯面对沉默时惊恐万状的胡言乱语"（*The Unnamable* 357）常常出没于后现代主义中。在大屠杀的（被迫的）沉默之后，后现代主义疯狂地（空洞地）胡言乱语一气，却没有说出任何东西，并且再造出一个世界，它并非一个行为道德的世界，而是一个每个人都以其他人为代价而言说的多元世界。尼采式的冲突对立就位于这种后现代世界的核心，"一个反对自身的世界，一个持续普遍战争的世界，其中每一种存在都寻求征服和压制所有其他存在"（Gillespie, *Nihilism Before Nietzsche* 239）。这些冲突创造了一种语言"市场"——用于买与卖的语词规则，被名声不好的小贩沿街兜售——它完美显现了存在于消费文化中的相互利用和剥削。①

在这种审查范式中，虚无主义起着不同的作用。早期现代主义形式可以被称为审查的**直率**而**外在**的形式——没有人能说任何话——而后现代形式的审查显示一条更道德的路径，我们可以通过改述巴特勒在《兴奋的言语》中的声明来阐明这条路径："没有言语可以获得准许，如果没有其他言语被禁止。"（139）这句话可以被理解为"没有言语是可能的，如果没有其他言语是不可能的"，一种"伦理性的"虚无主义，允许个人不说话的权利，不以他人为

---

① 同样，我忍不住会同意拉克劳和齐泽克关于后现代社会的观念。齐泽克认为后现代主义是后-意识形态的，因为它的"愤世嫉俗的距离"掩盖了这一事实，即它仍然在意识形态之内起作用。他说道："愤世嫉俗的距离只是一种方法——诸多方法中的一种——来让我们看不见意识形态幻象的建构权力。"（*Sublime Object* 33）他还说道："愤世嫉俗的理性，带着它所有的反讽的超然物外，让意识形态幻象的基本水平保持不变，而意识形态就在这一水平之上建构社会现实本身。"（30）同样，拉克劳说道："透明社会的神话只是关于没有霸权和裂缝的社会的神话，其中没有什么'真正'在挑战象征秩序的客观性。"（*New Reflections* 212）追随鲍德里亚所谓"工作过程的双重化"（*Simulacra and Simulation* 27），后现代社会很多方面只是意识形态控制的偏转（deflection），而非对意识形态控制的背叛（defection）。当然，这也意味着，我发现可以同意拉克劳的观点，他（像瓦蒂莫那样）指出，尼采式的"解释的战争""为各种视角的无尽互动打开了大门，从而让任何一种总体性的梦想的可能性都变得越发遥不可及了"（*Emancipation（s）* 16-7）。

代价提主张的权利。沉默暗含于"伦理性的"后现代虚无主义观念之中，而且在它来自我们不说话的欲望而非被迫沉默这一意义上，它内在于这种观念里。事实上，虚无主义证明我们应当竭尽全力保持从"话语体制"那里缺席，这种话语体制由各种现代、后现代形式的真理赋予合法性。我们还应该小心审视自己——"咬住我们自己的舌头"——而非通过言说行为赋予它们合法性。

这种激进的缺席伦理，并不要求我们全部"成为缺席的"（这将会是一种现代主义的虚无主义），而是要求我们认识到自身的生存是以他者（不仅是在场的他者，而且是缺席的他者）为代价的。沉默成为我们这样做的唯一方法，如果我们不能变得绝对的缺席，正如贝克特在《无名的人》中用他的不间断的话悖论式地表达出来的："我想让它沉默，它想沉默，它沉默不了，它第二次尝试，然后又开始，它说那不是真正的沉默，可以说是真正的沉默的东西，我不知道，我不知道那是什么，有没有这样的东西，可能有这样的东西，是的，可能有，在哪个地方，我永远不会知道。"（412）尽管我们永远不可能知道什么是"真正的沉默"，因为它对我们来说是令人讨厌的，但那要发现它的欲望是致命的。这不是尼莫拉所谓有罪的沉默，其中我们通过我们的沉默同意识形态共谋，而是对言说、对主张、对购买的拒绝，并且因此是对买进资产阶级意识形态的拒绝，正如鲍德里亚所言："社会秩序教会你保持安静，但它没有教你沉默。"（*Cool Memories* IV 54）尼莫拉认为，沉默是"保持安静"（什么也不说），而且即使有时候它可能这样了，"真正的"沉默（只谈论"虚无"）对意识形态控制来说是绝对的他者。

如果每个人都沉默，那么"再现的暴力"就不再出现——尽管这只是一个乌托邦。通过选择克制我们自己，保持缺席状态，我们就会成为"关注缺席的"。在留给我们的这种可能是唯一的不切实际的姿态里，使我们从庸常控制中缺席的欲望，只有通过我们的沉默和缺席来实现。这是一种上升到恐怖主义水平的被动性，那里恐怖主义不是积极的反抗控制（鲍德里亚认为这不可能出现），而是对被控制的消极抵抗，那里"没有什么比虚无更可以被言说"（Cage，"Lecture on Nothing"，in *Silence* 111），那是"纯粹的、无内容的纯粹零的状态"的"极度宁静"（Pynchon，*Gravity's Rainbow* 404）。正如哈桑所言，沉默是"一种孤独的意识，是处于孤立中的至高无上者，是对空白的渴望；一种与之相应的语言，隐藏在自我废除的艺术中；是从生存和现实肉体的情色撤退，是对超验的黑色祈求者"（*Dismemberment of Orpheus* 14）。① 后现代文学对此作出了回应，而且"通过虚无主义的戏剧或神秘的超验性，走向那正在消失的点"（23）：一种建基于沉默的"后现代"虚无主义。

尾声：关于虚无及其"崇高客体"的（后现代）意识形态

到目前为止，我们已经在本书中看到了虚无主义作为其他哲学的附加物的程度；它是所有既有意识形态对虚无的意识形态使用。这样，"后现代虚无主义"关注的是位于后现代的结构核心的缺席。但是这种类型的虚无主义只是过程的一部分；一种"后现代"或"自我指涉"的虚无主义更明确地关注虚无主义本身，

---

① 布洛德利布这时也许会说，哈桑在这里所定义的"从生存和现实肉体的情色撤退"，深刻表现在对身体经验和女性——作为性对象而被迷恋的缺席——的拒绝中。

就像其他哲学被用于规定虚无主义本身。这就是说，尽管虚无主义可能根据其他哲学来理解，比如暗示后结构主义或后现代主义的虚无主义，但是它也可以被视为一种"纯粹"的形式：关于虚无的意识形态。

认识到这样一种类型明显非常困难，正如齐泽克在《意识形态的崇高客体》（*The Sublime Object of Ideology*）中所言："意识形态的真正目标，是被它需要的那种态度，意识形态形式的一致性［……］；意识形态证明这种需要——让我们遵守意识形态的形式——合法的积极理由，只存在于隐藏这一事实的地方。"（83）我们怎样在与虚无主义的关系中理解这个声明？鉴于意识形态的目标是"意识形态形式的一致性"，如果那些被意识形态控制的人发现它的唯一目的是"一致性"，那么它的效果就会是自我摧毁式的；宣传总是在你没有认识到它是宣传时才有效。于是，如果我们接受关于**虚无**的意识形态，那么它只能是那种已经处理过的现代主义的形式：那些非自反性的虚无主义，它们剥夺和摧毁了所有的真理，除了自己的真理之外。在齐泽克看来，去"相信"一种自我指涉的虚无主义，或者被这种虚无主义"质询"，是不可能的。正如齐泽克稍早在《意识形态的崇高客体》中所言："只有当我们没有感觉到在一种意识形态与现实之间存在任何对立——也就是说，当这种意识形态成功地决定了我们对现实性本身的日常经验的模式——时，这种意识形态才在'控制我们'。"（49）虚无主义的现代主义描述能够调节现实，而且因此能够成为意识形态（在尼采看来基督教帝国的出现，或者国家社会主义的出现都是如此）；但是，用齐泽克的术语来说，后现代虚无主义很多方面都不能"控制我们"，尽管它那样做了：一种述行矛盾。

一种述行矛盾——被巴特勒规定为"一种言说行为，正是在它的行为中产生了一种意义，削弱了它打算给出的意义"（*Excitable Speech* 84），被德里达规定为"阐释的述行姿态会在行动中支持证据所支持的东西（也就是某种真理）的对立面"（*Monolingualism of the Other* 3）——通常与一种糟糕的观点相关联。大量的批评指向后现代主义和后结构主义的述行矛盾，这里值得重复一下的是下述两个批评。首先，克里斯托弗·诺里斯这样论鲍德里亚：

> 只要我们不认真阅读，他就因此能够施行述行诡计，用一只手魔法般地驱除同一标准（真理、现实性、历史等），他曾经拿这些标准用于对立的定义。在"后现代"的这些教父那里，这种诡计相当常见（甚至是普遍性的）。因为这个术语没有任何意义，除非与那些各种各样可能早已过时的观念相关联，正是这些观念构成了现代性的话语。（*What's Wrong with Postmodernism?* 182）

其次，是科林尼克斯对鲍德里亚的评论：

> 鲍德里亚——或者任何被仿真所俘获的人，或许我们每个人都可能是——[怎么]能够描述仿真的本性，勾勒出从现实到超现实的转变？鲍德里亚明显陷入了尼采思想那种进退两难的境地——他怎么能证明他的声明，即我们超越了一个世界，这个世界适合理论的探寻，而且这样的探寻不依赖于假设和程序？（*Against Postmodernism* 147-48）

科林尼克斯和诺里斯都求助于同一个观点：鲍德里亚一方面在拒绝学术探寻、历史和真理，另一方面又在述行它们。根据这种解读，鲍德里亚作品的"表现"在逻辑上会使自己的观点变得无效，会"否定"自身。这样，鲍德里亚作品里的述行矛盾就被视为内在的薄弱环节（尽管如我在"虚无主义与崇高的后现代"一章结尾所言，这事实上是"诱惑开始的地方"）

尽管理论著作（这里还有太多没有提及）的全部理论都建立在这已经为人所知的述行矛盾之上，而且学术名声部分决定于观点的"一致性"，有必要指出的是，述行矛盾并非总能使这些理论失效。正如巴特勒所言："对于普遍性的历史标准的持续修正和制作来说，述行矛盾非常关键。"（*Excitable Speech* 89-90）她的话具有一种特别的意义——被压制的个体，通过"宣称被那普遍性的意识形态所遮蔽"，然后"揭露先前传统的矛盾特征"，来述行那假定"普遍的"意识形态的矛盾。（89）不过要注意，在这里，述行矛盾的本质仍然是"否定性的"，因为这样的述行揭示了存在于意识形态形式中的矛盾，但没有使"述行矛盾"本身成为可能。

还有另外一种观察述行矛盾的方式，它为虚无主义打开了大门，使我们事实上能够成为更加"关注缺席"的人。虚无主义本质上（而且因此根本不是"本质上"）是且一直是一种述行矛盾，正如克莱门斯（Clemens）和克里斯·菲克（Chris Feik）所言："作为一种述行矛盾，'虚无主义'都既是谴责，又是禁令：虚无主义是必须被克服或质疑的东西，或者至少是需要'被描述'的东西——即使这包含一种悖论，即'虚无主义'只能被拿来命名每一种'必须'的紧迫的当代的不-可能性（im-possibility）。"（"Nihilism,

Tonight…"20)① 克莱门斯和克里斯把我们引向了一种"述行矛盾":虚无主义使所有命令变得无效,但又形成一个新的命令。尽管他们对虚无主义矛盾的述行不完全准确(如果你不是一个虚无主义者,那么克服虚无主义的禁令就不是一个真正的问题,而如果你是一个虚无主义者,那么为什么虚无主义就"必须"被克服?),但它确实揭示了虚无主义所拥有的述行矛盾的起源:在它的自我规定中,在它成为这样的"关于虚无的意识形态"的能力中(因此如克莱门斯和菲克所言,也在它们的"至少需要'被描绘'"中)。

一种后现代虚无主义本身就是一种述行矛盾。正如我们已经看到的那样,它是一种不能控制我们、质问我们的意识形态(或者相反,正如我预料到大多数人所想的那样,是对意识形态的绝对神秘化的过程)。它因此**不是**康纳·坤宁海姆(Conor Cunningham)所谓"只是一种本体一元论"。作为一种述行矛盾,它没有陷入"它的各种基本二元论之一的可怕动荡中",这种情况,坤宁海姆在黑格尔、海德格尔、费希特、康德、德勒兹或拉康那里都看到了,因为它与崇高的后现代相关(*Genealogy of Nihilism* 250)。正如在"'既/又'的各种变体"那张图(图 5-1)中所看到的那样,两个术语变成一个综合一元论的合并过程,并没有出现在后现代(它不能溶解它们)中,而且虚无主义连一种值得推荐的可靠的东西也不能自行发现,更

---

① 克莱门斯和菲克的文章关注的是制度在俄国虚无主义那里扮演的角色,但他们的观察具有普遍适用性,就像克莱门斯自己在他的《当代浪漫主义理论》(*The Romanticism of Contemporary Theory*)中拓展这一讨论时所揭示的那样。与这段引语相关,他把"不-可能性"替换为"稳定性、不可能性或不确定性",并认为"这种情态必然不能再以伦理、本体论或政治为基础,或至少不能在当前再与这些范畴退化和衰落的地位相关"(94),因此主张,不是虚无主义位于这些范畴之上,而是虚无主义已经对它们产生影响,因为虚无主义和制度叠覆交叉地共存。

别提两种东西了。它只能（无力地）说："这个句子不是真的。"

我们还可以走得更远，指出作为述行矛盾的后现代虚无主义的地位，源于它的"逻辑矛盾"的本性。这就是说，它从逻辑上看就不可能存在，因为它贬黜了它自己的公设：

> [存在于两种积极力量中的] **真正对立**，不能混同于**逻辑矛盾**，后者的结果是一种不同类型的"零"，**否定性的无**：只有在正被考虑着的客体的观念与客体自身矛盾时，它才会出现，并且因此取消自身。[……] 我们不可能达到对这样的客体的直觉（我们不可能想象一种"方的圆"的样子），因为它们是康德所谓 Unding：一种"非-物"，一种**空洞的缺乏其概念的客体**，而且由于它的自相矛盾性，它在逻辑上是不可能的。（*Tarrying with the Negative* 109）

我们不可能感知到虚无主义的"客体"，或者关于它的"概念"。作为"**一种空洞的缺乏其概念的客体**"，虚无主义既不是任何真正的对立面中的一方面，也不会像齐泽克那样，接着转入描述一种二律背反，后者是诸多"**空洞的缺乏其（直观）客体的概念**"（109）中的一个，是康德式的范畴，一种"[……] 永远保持'空洞的'客体，因为它永远不可能成为我们感官的对象，成为我们可能的经验的对象"（110）。尽管虚无可以成为一种二律背反（我们可以想象，却永远不可能经验到的东西），但后现代虚无主义——关于**虚无**的自反性意识形态——甚至不可能真正**存在**，尽管它已经在这里被概念化了。

此刻最简单的道路当然就是废除整个规划——毕竟，后现代虚无主义根本就不存在。当然，这也**恰恰**是后现代虚无主义激进的可能性所在。通过这种说明，让我总结一下本书关于那些最典型的（注意这里的悖论）后现代文本——品钦的《万有引力之虹》——所说过的话。在"关于虚无的意识形态"的后现代文学中，这本书是表达最清晰的例子之一，它通过"控制"的矛盾内涵（既意味着"测试主体"，也意味着"权力"）来探讨这种虚无主义，并且让我们发现后现代虚无主义和现代主义虚无主义的区别。《万有引力之虹》表现了现代主义的波因茨曼和后现代的斯洛索普这两个极端。波因茨曼是一个心理学家，在"圣维罗妮卡医院的肠道与呼吸系统疾病影像中心"（46）工作，研究巴甫洛夫条件反射，而且是巴甫洛夫"首次四十一节讲稿""这本书"的临时拥有者（88），这暗示着他与理性主义传统的关联。相比之下，斯洛索普是一个测试主体，原来受拉斯洛·雅莫夫（另一个巴甫洛夫）控制，现在受波因茨曼控制。斯洛索普与 V-2 火箭计划有内在关联；每次他性交时，一颗炸弹就会于几天后降落当地。斯洛索普对火箭落地点的预知能力被规定为"**一种零界点以下的隐性去除**"（85；正如品钦在文本中所言，"黑体为波因茨曼先生所加"），在那里，当炸弹降落就会有一次勃起的条件反射，逐渐被减少到趋近零的程度：他必须在炸弹降落之前才会勃起。①

　　《万有引力之虹》事实上可以被解读为描述了一系列相互对立的虚无主义，是对"关于零的意识形态"（149）的一次探讨。诺拉·道增-特拉克，一个中介，"她**曾经**多次把她的脸转向那外部的

---

①　尽管这似乎颠倒了一般的逻辑，实际上却真正唯一地颠倒了原因与结果的时间顺序。火箭还是勃起的原因，只是结果（勃起）先于原因（火箭落地）。

辐射，但什么也没有看到。而且每一次都在自身之内多了一个'零'的意念"。她象征着"色情"虚无主义（149-50）。① 罗杰·墨西哥，"从来没有真正到过地狱，但总说自己是堕入地狱最深的一个人"，是"不值钱的虚无主义"的象征（57）。对立最明显的，是斯洛索普和波因茨曼。正如品钦所言："永恒的核心可以被视为最后的零。名字和方法可以多样，但朝向宁静的运动完全一样。"（319）波因茨曼象征着"最后的零"，一种致力于毁灭的虚无主义——"非现实的行动、行动、行动观念"（266）——的目的论终结。他属于"对零的否定"的一部分，正如德怀特·艾丁斯（Dwight Eddins）所言，是"一种恶意的激励的编码，来自超越零的灭绝（这里指的是否定）过程，一种在缺席里反抗生命的在场的徽章，这种缺席包含自己的神学与宗教文化"（Gnostic Pynchon 142）。不过，斯洛索普象征"永恒的核心"，对立于这种"法西斯观念"的消极性。品钦于是显示了两种类型的虚无主义，"意味深长的事情是对他们来说的，对我绝不意味着这些。绝不。两种秩序的存在，看上去一样……但是，但是……"（Gravity's Rainbow 202）波因茨曼的现代主义的虚无主义寻求把每一种东西都变为零的地方，斯洛索普的后现代虚无主义证明渴望返回虚无的存在。

很明显，在一种根本上是庸常的现代主义的虚无主义和一种不切实际的后现代虚无主义之间，存在一种对立。虚无主义的前一个方面暗含于由波因茨曼象征的那些"渴望死亡的结构"（167）中，这些结构破坏了不切实际的冲动，只关注毁灭。通过在小说中消失

---

① 诺拉·道增-特拉克的虚无主义可以和尼采在《善恶的彼岸》中的声明——"当你长久注视深渊，那深渊也会长久注视你"（102；§146）——相比较。

而非死亡，斯洛索普"逃离"了这些结构："好了，这里他滑到一片类似占卜台上的乩板上，在他的大脑的空洞循环里显现的东西可能连贯起来成为一种信息，也可能没有，他将必须去发现。"（283）尽管斯洛索普偶尔会"重访"文本，"大多数其他人很早就放弃了和他一起，甚至像一个概念"（740）。斯洛索普的崇高的消解，是他所象征的虚无主义的说明——从里面对概念进行的消解，而非从外面对概念的毁灭。① 在波因茨曼寻找零点的地方，斯洛索普成为零，消解了他自己的自我感，那种自我感，只在"谦卑中，在灰色的过去时态的灵魂中"（742）可以发现。

当然，消解我们自己，滑到"乩板上"，对我们中的大多数来说都不是可选项，尽管藏在"沉默的伦理学"背后的原则宣称，我们应该摧毁我们自己的主体性立场，而不是把它们奉为"真理"。但是，这允许一种"躲避"统治性的意识形态的可能性，而非一种从所有意识形态中获得不可能实现的且最终是自我摧毁式的解放。通过接受一种不可能的关于虚无的意识形态，我们可以述行一种矛盾，而且接受"虚无"的表面价值（连同内含于这个语词中的伦理关系）。这样看来，意识形态和欲望（齐泽克）、结构（脚本）和述行（巴特勒）、社会客观性和个体解放（拉克劳）之间的区别，基本上都是类似的：两者之间总是存在一种对抗，在两个对立面之间总是有一片空间或裂隙，它创造了质问霸权和意识形态的潜能。

---

① 约瑟夫·塔比（Joseph Tabbi）发现，《万有引力之虹》"颠覆了所有体系的现状，即使它们是科学的、语言的或者被意识形态描述为'人道的'"（*Postmodern Sublime* 78），认为这部小说在维斯科尔的消极性意义上是崇高的。但是，由于拒绝"自我证明的体系［……的］危险"（79），甚至以自己的自我证明为代价，《万有引力之虹》也是"后现代虚无主义"的一部分。

后现代虚无主义质问它自己的意识形态地位，质问它自己的霸权潜能，而那些"相信"这一点的人——后现代虚无主义者——陷入了他们自己的意识形态欲望（拥有某种可以相信的确定性）和拒绝他们的意识形态欲望（被告知不要相信它的那种不确定性，他们不能相信它的那种不确定性）之间的裂隙中。换句话说，一个后现代虚无主义者是欲望虚无却永远不能得到它的人。波因茨曼最初的目标是把斯洛索普减少为"**一种零界点以下的隐性去除**"（*Gravity's Rainbow* 85）：他是一个现代主义的虚无主义者。但是，在斯洛索普那里，我们可能看到一种"后现代"虚无主义的激进潜能，其中他的"欲望"是成为虚无，是去消解（尽管这种欲望是不是**被设计的**还是一个问题）。①

这种欲望本身就是崇高。齐泽克的《意识形态的崇高客体》整本书都在暗指二者之间的同一性，尽管没有明确相关于虚无主义。比如，我们可以考虑他对拉康式的现实的定义：

> 从积极的角度看，现实本身不是其他，就是一种空洞、缺失、彻底的否定性的具体表现。**它不能被否定，因为一种纯粹的否定性、空虚已经存在于它自身，存在于它的积极性里**。这就是在一种严格的拉康的意义上，现实的客体是一个崇高的客体的原因——这种客体只是对缺乏他者和象征秩序的具体表现。崇高的客体是不可能被太接近的客体：如果我们走得太近，它

---

① 斯洛索普是被设计成拥有欲望，还是欲望超越对他的设计，这对后现代关于欲望的讨论来说是关键的，正如哈钦所言，她区别了"那些具有超越文化和政治的欲望的人，以及认为欲望主体被某些由意识形态规定的立场所主宰的人"（*The Politics of Postmodernism* 144）。

会失去它的崇高性，变成一种普通的庸俗的客体——它只能存在于一种空隙中，一种中间状态，只能从一个半遮半掩的视角去看。（170）

尽管这段话并没有谈论虚无主义，但很明白，虚无主义——不过如果被视为一种欲望的客体，它就是不可能的——某种意义上就是崇高。它是一种积极的"对某种空洞之物的体现"，"不能被太接近"，只能作为概念之间的空隙的一部分。齐泽克后来又写道："崇高不再是一种（经验主义的）客体，通过它的不充分来暗示一种先验的物自体（理念）的维度，而是这样一种客体，它占据着一个位置，它取代和填满了作为空洞之物、作为绝对否定性的纯粹虚无的空虚空间——崇高是这样一种客体，它的积极的形体只是虚无的体现。"（206）这种"虚无的体现"把诺拉·道增-特拉克的"色情虚无主义"转变成哈桑的"从生存的色情撤退"（*Dismemberment of Orpheus* 14），可能是布洛德利布感受到的后现代的唯一答案：如果后现代拒绝有形体的，那么就让一种后现代虚无主义拒绝它自己的形体，并接纳一个他者的形体。

在黑格尔、萨特和列维纳斯区别"为他者的"存在和"为自己的"存在的地方，关注缺席的存在把我们引向一种不同的存在方式："不为自己"而存在，"不为他者"而存在，而是"作为不"而存在。尽管在虚无主义的现代主义类型中，重点就是关注"不为他者"而存在（也就是"为自己"而存在），但一种（后现代的）关于虚无的意识形态，在它作为一种意识形态的不可能性中，显示它的"崇高的客体"是留给我们的唯一道德的关系。通过"作为不"，我们虽然不是"为他者"而存在，但允许他者在没有我们的情况下简简单单地"存在"。虚无主义，正如瓦蒂莫所言，是"我们（唯一的）机会"（*End of Modernity* 23）：

> "绝对的"反基础主义者：他会摧毁自己的基础。
>
> "绝对的"偶像破坏者：他会摧毁他自己的偶像，甚至会摧毁偶像主义。
>
> "绝对的"虚无主义者：他什么都不相信，甚至不相信虚无主义。①

---

① 我必须对在这里过度使用否定性陈述而道歉，因为这种使用似乎在有意模糊主题。但是，就像海德格尔对动词"存在"的扭曲使用不断出现在他的表述中，关于虚无的意识形态也是如此，以至于如果不依赖于一种类似的扭曲否定，它就不能被表达。

"第二个前言"

> 他们的书也不同于我们自己的书。他们的小说只有一个简单的情节，还有各种可以想象到的安排。他们的具有哲学本性的书不可避免地包含主题与反主题，具有严格的**正、反**观点。一本书不能包含它的反书（counter-book），这本书就被视为不完整的。（Borges，"Tlon，Uqbar，Obis Tertius"，in *Collected Fictions* 77）

本书已经指出虚无主义与崇高是后现代主义的两个关键成分，也规定了后现代虚无主义的特征。但是，最后有必要指出这种假设具有的一系列问题。正如我们在第 4 章中所看到的那样，自我指涉性的命题的悖论，存在于后现代虚无主义的核心，所以认为虚无主义和崇高作为一种二元性存在于后现代主义中，这个结论就太简单了。这个结论——冠名为"第二个前言"，因为它是"前言"的悖论的加强版——因此必须消解目前这个观点。准确地说，呈现在本书中的虚无主义类型的悖论本性，要求摧毁包含在它里面的每一种观点：为了得出它的假设，它必须同时运用它的主题（thesis）和反主题（antithesis），却并不把它们归结为一个综合体（synthesis）。本书表现它的反书，不是为了完整，而是为了表明虚无主义本身是不完整的。它通过它的结构的语言取消自身，解构自身。

　　这种自我解构行为明显见于这个观点的主线中。值得注意的第一件事是出现在前四章的虚无主义和崇高的历史性结构。正如我们已经看到的那样，这根本上就是现代性的历史，一种虚无主义和崇高被建构为现代性的支柱的**宏大叙事**。把"现代性"简化到这种程度，忽视了这个时期和虚无主义与崇高并存的反运动。同样，把虚无主义感受为"崇高的一种被暂时取代的类型"，是向荒诞的还原。存在于17世纪后期和18世纪早期的美学的复杂性，意味着从崇高的各种类型中可以得出各种结论，而虚无主义只是其中一种。当这一点被添加到后现代主义的结构上时，这些结论或许以最初的假设为基础是有效的，但那些假设本身是不正确的。这本书因此并不包含一个独特的主题，即那个虚无主义、崇高和后现代主义彼此相关的假设，是作为**正面**与**反面**观点的集合。

　　因此，后现代虚无主义的产品是既明白无误，又不明白无误的。它的传播需要一个命题，一种述行活动（一种述行**矛盾**），它使自己的述行无效化：引用我朋友的话说，就是"语词什么也没有告诉自己"。通过宣布虚无主义的本质，本书事实上自动无效化了自己的观点，因为虚无主义不可能成为那已经被证明的东西。就像巴塞尔姆和利特尔从未真正再现过"虚无"，马克·泰勒也没有真正再现过"不"，如果不把虚无主义再现为它不是的某种东西，我也不能再现虚无主义。就像斯蒂文·阿尔福特在讨论奥斯特的《纽约三部曲》时所言："我们必须进入论证的第二阶段，那里充满了对悖论的意识：我在断言一种观点的真理，它假定真理奠基其上的保证的无效性。"（"Mirrors of Madness" 22）通过论证虚无主义的"真理"，本书陷入一种悖论，即维护一种不可能被维护的真理。

这样，我们就在过度与缺席、太多的语词和一句话也没有之间看到了一种两难困境。值得指出的是德·劳拉提斯的一个观点，尽管她指的是卡尔维诺和贝克特的作品。她写道，卡尔维诺展示了一种"对写作符号的大量调度，而贝克特的'套路指向了沉默'"["Reading the (Post) Modern Text" 143]。这种"对写作符号的大量调度"，不是"表达的不可能性，缺席，痕迹，语言撕碎和溶解进沉默，而是大量的在场，具体的物质性，压力，语词和意义的增加"（143）。这种对立支持既作为后启示录式的毁灭又作为存在之前的缺席的虚无主义类型，它们可以在"后现代虚无主义与后现代美学"一章中看到。不过，德·劳拉提斯在这里看到另一种可能性，就是"被鲍德里亚预知到的'内爆'，现代主义和后现代主义一起向黑洞的疯狂猛冲"（143）。这种虚无主义的内爆，现代主义的虚无主义和后现代虚无主义自身消解的地方，是虚无主义概念本身被贬黜的黑洞。

安妮·斯蒂文森（Anne Stevenson）《四个半跳舞的男人》（*Four and a Half Dancing Men*，1993）中的诗歌"黑洞"，对此是一个很有用的寓言。尽管这首诗关注的是抑郁，但诗的用词显示的那种矛盾情绪，正好包含在本书的虚无主义概念中。诗的开头这样写道：

> 我变小了
> 在我语词的房子里
> 空洞而坚硬；
> 咯咯吱吱钻进贝克的鹅卵石。（1-4）

本书作为一个"语词的房子"或"叶房",包含一颗虚无主义的种子,它已经"变小了","空洞而坚硬"。虚无主义在文本的概念之前已经存在,一种绝对内在的虚无主义在这个主题所描述的那种虚无主义中已经存在。后来,斯蒂文森写道:

> 我忍不住成为那个洞
> 我已经堕入其中。
> 希望我能告诉你
> 我的感受。(9-12)

虚无主义只能作为那个它堕入其中的洞而存在,就像悖论式的观点在被注意到的行为中消解自身。这样,虚无主义不可能被交流,因为它是一种缺席,这种缺席总是已经缺席了,它不可能被语词的在场所揭示。诗的结语如下:

> 语词的痔,
> 真的,显示了我所在之地。
> 但是关于我,没有什么真的,
> 孩子。(21-24)

本书对虚无主义的建构是"语词的痔",就像巴特勒和利特尔的"虚无",泰勒的"不",它们都是"语词的痔","没有什么真的"意义。这既指"所有的东西都是假的",而且悖论性地,又指"虚无是真的":虚无主义只有在它既真又假或者既不真又不假时才是真的,于是没有什么能保持虚无,除了鲍德里亚的"剩余物的剩余物"（*Simulacra and Simulation* 143）。尽管邦达斯的"解构的虚无主义"的结构貌似可信，但他写道："虚无，所有这一切，阻止我们谈论虚无主义的修辞学。"（"Minoritarian Deconstruction of the Rhetoric of Nihilism" 82）但是，在所有这些"语词的痔"中，正是虚无在"阻止我们谈论虚无主义的修辞学"，因为虚无将总是话语的他者。谈论虚无主义的修辞学的唯一方式，就是用存在于自身的语言和策略，就像奥斯特的"碎片的乌有之乡"（*New York Trilogy* 72），或者摧毁整个观念，正如巴塞尔姆所言："谁能与之匹配？"（"Nothing：A Preliminary Account" in *Sixty Stories* 247）虚无主义是（不是）"既不是此也不是彼"，"不是'不'"，任何对它的解释都不是"初步的"，根本上就不是解释，甚至不是偶然的。

那么，这个（第二个）结论包含了什么内容？它可能以这样的话结束，即尽管有这些事实，但"本书在很多方面是对虚无主义和后现代主义的关系的探讨"，因此暗示一种返回其开端的循环，尽管这将表明一种永恒轮回的形式，它建议给虚无主义的结构一种内在的逻辑。同样，它可能终结于一种省略，一种整本书都在用的符号，表明后现代虚无主义可能意味着——〔……〕——尽管这也可能是不正确的，因为表现虚无主义的行为，即使作为一种缺席的省略号，也仍然会把它吸收进"影像的秩序"。事实上，任何修辞都可以被建议来作结尾，从关于被迷宫捕获的引语，到简单的结论，即本书严格意义上不能结尾，如果没有一种对后现代虚无主义的"初始的解释"（那就是说，根本就不是一种解释）的话。解决方法出现在对一种"伦理性的"虚无主义的描述中，因此伦理性的语言，正如罗宾斯所言："必须不仅仅证实或描绘伦理性的东西，它必须述行这种东西。"（*Altered Reading* 11）这给了我们唯一可能的伦理性策略以结束本书，因为伦理性地对待虚无主义，就是让虚无主义自身去言说：①

---

①　作者在这里以冒号结尾，意在用冒号后的空无说明虚无主义自身的言说特征。——译者注

后　记
或者我为什么（不）是一个虚无主义者

在已经提供给读者两种其他结论（在"后现代虚无主义与后现代伦理学"的"尾声"部分，以及在"'第二个前言'"的结尾部分）后，现在以一种个人的语气来终止这（最后的）结尾"后记"，似乎比较恰当。当我回首这项写作计划的历史、发展和核心比喻时，两个特别的逸事出现在我心头。第一个发生于为博士学位而进行的口头答辩阶段，本计划就以博士学位论文为基础；第二个是在被问及他的戏剧的"虚无主义"时，尤奈斯库（Ionesco）给出的观察。

在口头答辩过程中，马克·柯里（Mark Currie）指出这篇论文似乎（他应该不那么喜欢这个词，还有那个逻辑倒错的"建议"一词）有点精神分裂。他的观点是，这篇论文某种程度上存在一种连贯的主题，它受到来自各种文本的证据的支撑，并且会得出一种有力的逻辑推论，但是这一主题——可能同时——害怕提供一种观点。尽管这明显是一种批评，但我却在这种观察中发现了一些引以为自豪的东西，并且对这样一种狡猾的评论产生了一些敬意。承认没有一种观点（或者害怕给出结论），在学术界是一种重罪，但是这正是本书的目的——如果说本书还有一个目的的话。在一个多元主义的环境中给出一个真理，实在是太容易了（毕竟，它们都是真理）；困难的是承认某人个人化的真理毫无意义，以及面对这样一个事实，即这本身就是一种意义，它是如此没有意义以至于我们甚至不可能悖论式地得到安慰。

这样棘手的两难问题对许多学术讨论来说是必要的，尤其与处理关于虚无主义的哲学研究相关。除非你想就某个话题——虚无主义意味着 x——采取一个安全的立场——虚无主义会用绳结［(k) nots］把你牢牢绑紧。在博士学位论文和出版著作的转换过程中，我做了一系列的更改，以更加清晰地阐述这些绳结，但仍然不能充分应对那些从头到尾出现的不可通约的哲学。这样的问题对文学研究来说是固有的：我们阅读的是符号还是指示物？是说现实世界很重要，还是说文学（以及文学理论）无力以任何"有意义的"——我有意选择这个词——方式介入现实世界？因此，对本书所表现的主题，存在许多切题的观察。这些观察不是先发制人的批评，而是质疑那些来自这个计划的本性的东西。首先，学术话语愿意否定它自己的观点吗？这就是说，如果后现代小说能那么轻易地拒绝"不矛盾律"，就像柯里所做的那样（*Postmodern Narrative Theory* 64），那么为什么论述后现代小说的（后现代）学术话语就不能这样做？其次，在被轻率地命名为"现实世界"的地方，"沉默的伦理学"曾经起过作用吗？最后，对矛盾的述行曾经把我们从意义的负担中解放出来过吗？为了使这一点变得更不透明，"述行矛盾"总是还要述行某种东西，即使这个东西就是一个矛盾？这些问题在同一点上关联在一起：我们总是在建议，即使我们建议了一个矛盾，而且我们无法摆脱这一事实。正如巴特勒所言："这不是说不存在真理，只是说不管他是什么样的真理，它都将以某种方式呈现出来，甚至

可能通过省略或沉默，但那还是要被阅读的某种东西。"（"Dynamic Conclusions" 279）

事实上，本书既尝试证明又反驳关于这些问题的所有可能的答案。和许多其他学术著作一样，本书可以根据两种方式中的一种来解释。第一种解释是，就它是一篇明确论述后现代环境中虚无主义的本性的论文来说，它是"学术性的"。其他学者将会（不管是积极地还是消极地）与本书包含的观点互动，我们将会共同开始建立对虚无主义的更完整的理解。对虚无主义的"伦理性"描述可能也不可能在现实世界起作用，但这个观点现在已经准备接受经验的检测（当然，这种悖论性的结构——"对虚无主义的更完整的理解"——很多方面都消除了这个声明本身，述行为一种矛盾，把我们引入一个与现实世界无关的复杂的学术关系网）。第二种解释也是"学术性的"，尽管这里的意思是说，它在很多方面与现实世界完全不相关。正如奥斯特在《纽约三部曲》之一的《巨兽》中所言，它可能"太文学化。太多自己的小聪明"（19）——尽管有些读者不同意说本书的观点无论如何都是"小聪明"。通过"沉默的伦理学"而思考，会不可避免地把我们引向这一结论，即我们应当倾听（尽管我们不是被迫去倾听）而非建议，而且我们也不能通过这份计划真正建议什么东西（或者建议"虚无"）。正如丹尼利斯基可能说过的那样，对于虚无这个"没有什么可说"（*House of Leaves* 545）的东西来说，这是一本"太长"的书。

这种考察导致我曾提及的第二件逸事。在一次《纽约时报》访谈中回应一个有关他的戏剧的虚无主义方面的别有用心的问题时，尤奈斯库这样说道："那么你了解虚无主义吗？对我来说，我很难清楚它意味着什么。"（引自 Glicksberg, *Literature of Nihilism* 222）

对我来说，这意味着棘手的两难处境，任何研究虚无主义的学者都必然会面对这种处境：尤奈斯库宣称，"虚无主义对我来说什么也不意味着"。我不了解虚无主义，而且反对任何人说他了解虚无主义，但我也可以说非常了解它——它意味着"虚无"。于是（按照逻辑应该如此）：

> **如果**
> 因为我不相信任何东西，我就是一个虚无主义者，
> **那么**
> 因为我不相信虚无主义，我就不是一个虚无主义者。
> **于是**
> 虚无主义对我来说什么也不意味（意味着虚无）。

参考文献

Abrams, M. H. "The Deconstructive Angel." *Critical Inquiry* 3 (1977): 425–38.

Acker, Kathy. *Eurydice in the Underworld*. London: Arcadia, 1997.

Adams, Robert Martin. *Nil: Episodes in the Literary Conquest of Void during the Nineteenth Century*. New York: Oxford University Press, 1966.

Adorno, Theodor W. *Negative Dialectics*. Trans. E. B. Ashton. London: Routledge & Kegan Paul, 1973.

———. *Prisms*. Trans. Samuel Weber and Shierry Weber. Cambridge: MIT Press, 1997.

———, and Max Horkheimer. *Dialectic of Enlightenment*. Trans. John Cumming. London: Verso, 1997.

Alford, Steven E. "Mirrors of Madness: Paul Auster's *The New York Trilogy*." *Critique* 37.1 (1995): 17–33.

———. "Spaced-Out: Signification and Space in Paul Auster's *The New York Trilogy*." *Contemporary Literature* 36.4 (1995): 613–32.

Allen, Mary. *The Necessary Blankness: Women in Major American Fiction of the Sixties*. Urbana: University of Illinois Press, 1976.

Anderson, Walter Truett. "Four Different Ways to Be Absolutely Right." In *The Fontana Postmodernism Reader*. Ed. Walter Truett Anderson. London: Fontana Press, 1996. 106–12.

Annesley, James. *Blank Fictions: Consumerism, Culture and the Contemporary American Novel*. London: Pluto Press, 1998.

Auster, Paul. *The Invention of Solitude*. New York: Penguin, 1982.

———. *The New York Trilogy*. London: Faber and Faber, 1988.

———. *In the Country of Last Things*. London: Faber and Faber, 1989.

———. *Moon Palace*. London: Faber and Faber, 1990.

———. *Mr Vertigo*. London: Faber and Faber, 1995.

Bachelard, Gaston. *The Poetics of Space*. Trans. Maria Jolas. Boston: Beacon Press, 1994.

Badiou, Alain. *Ethics: An Essay on the Understanding of Evil*. Trans. Peter Hallward. London: Verso, 2002.

Baker, Carlos. *Shelley's Major Poetry*. Princeton: Princeton University Press, 1948.

Barrow, John D. *The Book of Nothing*. London: Vintage, 2001.

Barth, John. "The Literature of Exhaustion." In *Surfiction: Fiction Now . . . And Tomorrow*. Ed. Raymond Federman. Chicago: Swallow Press, 1975. 19–33. Originally published in *Atlantic Monthly* 220.2 (1967): 29–34 .

———. *The Floating Opera and The End of the Road*. New York: Anchor Press, 1988.

Barthelme, Donald. *Sixty Stories*. New York: Penguin, 1993.

Barthes, Roland. *Image—Music—Text*. Trans. Stephen Heath. London: Fontana, 1977.

Baudrillard, Jean. *Fatal Strategies*. Trans. Philip Beitchman and W. G. J. Neisluchowski. New York: Semiotext(e), 1990.

———. *The Illusion of the End*. Trans. Chris Turner. Oxford: Polity Press, 1994.

———. *Simulacra and Simulation*. Trans. Sheila Faria Glaser. Ann Arbor: University of Michigan Press, 1997.

———. *Cool Memories IV: 1995–2000*. Trans. Chris Turner. London: Verso, 2003.

Beckett, Samuel. *Waiting for Godot: A Tragicomedy in Two Acts*. London: Faber and Faber, 1965.

———. *Molloy/Malone Dies/The Unnamable*. London: Calder, 1994.

———. *The Complete Short Prose 1929–1989*. Ed. S. E. Gontarski. New York: Grove Press, 1995.

Bell, Daniel. *The Coming of Post-Industrial Society: A Venture in Social Forecasting*. London: Penguin, 1976.

Benjamin, Andrew, ed. *The Lyotard Reader*. London: Blackwell, 1989.

Berdiaev, Nikolai. *The Russian Revolution*. Ann Arbor: University of Michigan Press, 1966.

Berman, David. *A History of Atheism in Britain from Hobbes to Russell*. London: Routledge, 1990.

Blackledge, Catherine. *The Story of V: Opening Pandora's Box*. London: Weidenfeld & Nicholson, 2003.

Blake, William. *The Complete Poems*. Ed. Alicia Ostriker. London: Penguin, 1977.

Blanchot, Maurice. *The Space of Literature*. Trans. Ann Smock. Lincoln: University of Nebraska Press, 1982.

———. *The Infinite Conversation*. Trans. Susan Hanson. Minneapolis: University of Minnesota Press, 1993.

———. *The Writing of the Disaster*. Trans. Ann Smock. Lincoln: University of Nebraska Press, 1995.

Blocker, Gene. *The Meaning of Meaninglessness*. Belgium: Martinus Nijhoff, 1974.

Bloom, Harold, et al. *Deconstruction and Criticism*. London: Continuum, 2004.

de Bolla, Peter. *The Discourse of the Sublime: Readings in History, Aesthetics and the Subject*. London: Basil Blackwell, 1989.

Boly, John R. "Nihilism Aside: Derrida's Debate over Intentional Models." *Philosophy and Literature* 9.2 (1985): 152–65.

Borges, Jorge Luis. *Collected Fictions*. Trans. Andrew Hurley. London: Penguin, 1998.

Boundas, Constantin V. "Minoritarian Deconstruction of the Rhetoric of Nihilism." Darby, Egyed, and Jones 81–92.

Brodribb, Somer. *Nothing Mat(t)ers:A Feminist Critique of Postmodernism.* Melbourne: Spinifex Press, 1993.

Burke, Edmund. *Reflections on the Revolution in France and on the Proceedings of Certain Societies in London Relative to the Event.* Ed. Conor Cruise O'Brien. London: Penguin, 1983.

——. *A Philosophical Enquiry into the Origin of our Ideas of the Sublime and Beautiful.* Ed. Adam Philips. Oxford: Oxford University Press, 1998.

Butler, Judith. "Performative Acts and Gender Constitution: An Essay in Phenomenology and Feminist Theory." In *Performing Feminisms: Feminist Critical Theory and Theatre.* Ed. Sue-Ellen Case. Baltimore: Johns Hopkins University Press, 1990. 270–82. Rpt. in *Writing on the Body: Female Embodiment and Feminist Theory.* Ed. Katie Conboy, Nadia Medina, and Sarah Stanbury. New York: Columbia University Press, 1997. 401–17.

——. *Excitable Speech: A Politics of the Performative.* New York: Routledge, 1997.

——. "Dynamic Conclusions" In *Contingency, Hegemony, Universality: Contemporary Dialogues on the Left.* Judith Butler, Ernesto Laclau, and Slavoj Žižek. London: Verso, 2000.

Byron, George Gordon, Lord. *Don Juan.* Ed. T. G. Steffan, E. Steffan, and W. W. Pratt. London: Penguin, 1987.

Cacciari, Massimo. *Architecture and Nihilism: On the Philosophy of Modern Architecture.* Trans. Stephen Sartarelli. New York: Yale University Press, 1993.

Cage, John. *Silence: Lectures and Writings.* London: Marion Boyers, 1978.

Callinicos, Alex. *Against Postmodernism: A Marxist Critique.* New York: St Martin's Press, 1990.

Calvino, Italo. *Six Memos for the Next Millennium.* Trans. Patrick Creagh. London: Jonathan Cape, 1992.

——. *Cosmicomics.* Trans. William Weaver. London: Picador, 1993.

——. *The Castle of Crossed Destinies.* Trans. William Weaver. London: Vintage, 1997.

——. *The Literature Machine: Essays.* Trans. Patrick Creagh. London: Vintage, 1997.

——. *If on a winter's night a traveller.* Trans. William Weaver. London: Vintage, 1998.

——. *Mr Palomar.* Trans. William Weaver. London: Vintage, 1999.

Carr, Karen L. *The Banalization of Nihilism: Twentieth-Century Responses to Meaninglessness.* Albany: State University of New York Press, 1992.

Carter, Angela. *Heroes and Villains.* London: Penguin, 1981.

——. *The Infernal Desire Machines of Doctor Hoffman.* London: Penguin, 1982.

——. *The Passion of New Eve.* London: Virago, 1996.

——. *Love.* London: Vintage, 1997.

Caygill, Howard. "The Survival of Nihilism." Pearson and Morgan 189–97.

Chambers, Judith. "Parabolas and Parables: The Radical Ethics of Pynchon's *V.* and *Gravity's Rainbow.*" In *Powerless Fictions: Ethics, Cultural Critique, and American Fiction in the Age of Postmodernism.* Ed. Ricardo Miguel Alfonso. Amsterdam: Rodopi, 1996. 1–23.

Clemens, Justin. *The Romanticism of Contemporary Theory: Insitution, Aesthetics, Nihilism.* Aldershot: Ashgate, 2003.

——, and Chris Feik. "Nihilism Tonight . . ." Pearson and Morgan 18–36.

Colish, Marcia L. "Carolingian Debates over *Nihil* and *Tenebrae:* A Study in Theological Method." *Speculum* 59.4 (1984): 757–95.

Collings, Matthew. *This is Modern Art.* Italy: Seven Dials, 2000.

Critchley, Simon. *Very Little, almost Nothing: Death, Philosophy, Literature.* London: Routledge, 1997.

Crosby, Donald A. *The Spectre of the Absurd: Sources and Criticisms of Modern Nihilism.* Albany: State University of New York Press, 1988.

Crowther, Paul. "*Les Immatériaux* and the Postmodern Sublime." In *Judging Lyotard.* Ed. Andrew Benjamin. London: Routledge, 1992. 192–205.

——. "The Postmodern Sublime: Installation and Assemblage Art." *Art & Design Profile* 40 (1995): 8–17.

Culler, Jonathan. "Prolegomena to a Theory of Reading." In *The Reader in the Text.* Ed. Susan Suleiman and Inge Crosman. Princeton: Princeton University Press, 1980. 46–66.

Cunningham, Conor. *Genealogy of Nihilism: Philosophies of Nothing and the Difference of Theology.* London: Routledge, 2002.

Curran, Stuart. "Women Readers, Women Writers." In *The Cambridge Companion to British Romanticism.* Ed. Stuart Curran. Cambridge: Cambridge University Press, 1993. 177–95.

Danielewski, Mark Z. *House of Leaves.* Bath: Anchor Press, 2000.

Darby, Tom, Béla Egyed, and Ben Jones, eds. *Nietzsche and the Rhetoric of Nihilism: Essays on Interpretation, Language and Politics.* Ottawa: Carleton University Press, 1989.

David-Ménard, Monique. "Kant's 'An Essay on the Maladies of the Mind' and *Observations on the Feeling of the Beautiful and the Sublime.*" Trans. Alison Ross. *Hypatia* 15.4 (2000): 82–98.

Derrida, Jacques. *Spurs: Nietzsche's Styles.* Trans. Barbara Harlow. Chicago: University of Chicago Press, 1979.

——. *Of Grammatology.* Trans. Gayatri Spivak. Baltimore: Johns Hopkins University Press, 1976.

——. *Positions.* Trans. Alan Bass. Chicago: University of Chicago Press, 1981.

——. *Margins of Philosophy.* Trans. Alan Bass. Chicago: University of Chicago Press, 1982.

——. "No Apocalypse, Not Now (full speed ahead, seven missiles, seven missives)." *Diacritics* 14.2 (1984): 20–31.

———. "Deconstruction and the Other." In *States of Mind: Dialogues with Contemporary Thinkers*. Ed. Richard Kearney. New York: New York University Press, 1995. 156–76.

———. "Letter to a Japanese Friend." In *Derrida and Différance*. Ed. David Wood and Robert Bernasconi. Evanston: Northwestern University Press, 1985. 1–5.

———. *The Monolingualism of the Other OR The Prosthesis of Origin*. Trans. Patrick Mensah. Stanford: Stanford University Press, 1998.

———. "Living On." Trans. James Hulbert. Bloom et al. 62–142.

———. *Writing and Difference*. Trans. Alan Bass. London: Routledge, 2004.

Donougho, Martin. "Stages of the Sublime in North America." *Modern Language Notes* 115.5 (2000): 909–40.

Dostoevsky, Fyodor. *Demons: A Novel in Three Parts*. Trans. Richard Pevear and Larissa Volokhonsky. London: Vintage, 1994.

Dryzhakova, Elena. "Dostoyevsky, Chernyshevsky, and the Rejection of Nihilism." *Oxford Slavonic Papers* ns 13 (1980): 58–79.

Eagleton, Terry. *Sweet Violence: The Idea of the Tragic*. Oxford: Blackwell, 2003.

Eddins, Dwight. *The Gnostic Pynchon*. Indianapolis: Indiana University Press, 1990.

Elam, Diane. *Feminism and Deconstruction*. London: Routledge, 1994.

Ellis, Bret Easton. *Less Than Zero*. London: Picador, 1986.

———. *American Psycho*. London: Picador, 1991.

Erickson, Steve. *Tours of the Black Clock*. London: Futura, 1990.

———. *Arc d'X*. New York: Poseidon Press, 1993.

———. *Amnesiascope*. London: Quartet, 1996.

———. *Days Between Stations*. London: Quartet, 1997.

———. *The Sea Came in at Midnight*. New York: Perennial, 2000.

Esslin, Martin. *The Theatre of the Absurd*. New York: Penguin, 1982.

Ferguson, Frances. *Solitude and the Sublime: Romanticism and the Aesthetics of Individuation*. New York: Routledge, 1992.

Fish, Stanley. *Is There a Text in this Class?: The Authority of Interpretive Communities*. Cambridge, MA: Harvard University Press, 1980.

Fraser, Duncan. "Cordelia's Nothing." *Cambridge Quarterly* 8 (1978–79): 1–10.

Furrow, Dwight. *Against Theory: Continental and Analytic Challenges in Moral Philosophy*. New York: Routledge, 1995.

Gallop, Jane. *Thinking Through the Body*. New York: Columbia University Press, 1988.

Gide, André. *The Immoralist*. Trans. Dorothy Bussy. London: Penguin, 1960.

Gillespie, Michael Allen. *Nihilism Before Nietzsche*. Chicago: University of Chicago Press, 1996.

Gleason, William. "The Postmodern Labyrinths of *Lot 49*." *Critique* 34.2 (1993): 83–99.

Glicksberg, Charles. *The Literature of Nihilism*. Lewisburg: Bucknell University Press, 1975.

Goudsblom, Johan. *Nihilism and Culture*. Oxford: Blackwell, 1980.

Graves, Robert. *The Greek Myths*. 2 vols. London: Folio Society, 1999.

Harrigan, Anthony. "Post-Modern Nihilism in America." *St. Croix Review* 31.5 (1998): 24–32.

Harvey, David. *The Condition of Postmodernity: An Enquiry into the Origins of Cultural Change.* Cambridge, MA: Blackwell, 1994.

Hassan, Ihab. *The Dismemberment of Orpheus: Toward a Postmodern Literature.* New York: Oxford University Press, 1971.

——. *The Postmodern Turn: Essays in Postmodern Theory and Culture.* Columbus: Ohio State University Press, 1987.

Heidegger, Martin. "The Word of Nietzsche: 'God is Dead.'" In *The Question Concerning Technology and Other Essays.* Trans. William Lovitt. New York: Garland Press, 1978. 53–112.

——. "What is Metaphysics?" In *Martin Heidegger: Basic Writings from* Being and Time *(1927) to* The Task of Thinking *(1964).* Ed. David Farrell Krell. London: Routledge, 1993. 93–110.

Heise, Ursula K. *Chronoschisms: Time, Narrative, and Postmodernism.* Cambridge: Cambridge University Press, 1997.

Hollinger, David. "The Enlightenment and the Genealogy of Cultural Conflict in the United States." In *What's Left of Enlightenment?: A Postmodern Question.* Ed. Keith Michael Baker and Peter Hanns Reill. Stanford: Stanford University Press, 2001. 7–18.

Hutcheon, Linda. *A Poetics of Postmodernism.* London: Routledge, 1992.

——. *The Politics of Postmodernism.* London: Routledge, 1993.

Huyssen, Andreas. *After the Great Divide: Modernism, Mass Culture, Postmodernism.* Bloomington: Indiana University Press, 1986.

Jackson, Tony. "Nihilism, Relativism, and Literary Theory." *SubStance* 24.3 (78) (1995): 29–48.

Jameson, Fredric. *Postmodernism, or, The Cultural Logic of Late Capitalism.* London: Verso, 1991.

——. "Is Space Political?" In *Rethinking Architecture: A Reader in Cultural Theory.* Ed. Neil Leach. London: Routledge, 1998. 255–69. Originally published in *Anyplace.* Ed. Cynthia Davidson. Cambridge: MIT Press, 1995. 192–205.

Janowitz, Tama. *Slaves of New York.* London: Bloomsbury, 2002.

Jay, Martin. *Downcast Eyes: The Denigration of Vision in Twentieth-Century Western Thought.* Berkeley: University of California Press, 1994.

Jencks, Charles. *What is Postmodernism?* London: Academy Editions, 1986.

——. *The Language of Postmodern Architecture.* London: Academy Editions, 1991.

Johnson, Denis. *Angels.* London: Faber and Faber, 1984.

——. *Resuscitation of a Hanged Man.* London: Faber and Faber, 1992.

Kant, Immanuel. *The Critique of Judgement.* Trans. James Creed Meredith. Oxford: Clarendon Press, 1957.

——. "Answering the Question: What is Enlightenment?" In *Kant: Selections.* Ed. Lewis White Beck. New York: Macmillan, 1988. 462–67.

Kaplan, Robert. *The Nothing That Is: A Natural History of Zero.* London: Penguin, 2000.

Kay, Wallace G. "Blake, Baudelaire, Beckett: The Romantics of Nihilism." *Southern Quarterly* 9 (1971): 253–59.

Keats, John. *The Complete Poems.* Ed. John Barnard. London: Penguin, 2003.

Kellner, Douglas. "Postmodernism as Social Theory: Some Challenges and Problems." *Theory, Culture, & Society* 5.2–3 (1988): 239–69.

King, Anthony. "Baudrillard's Nihilism and the End of Theory." *Telos* 112 (1998): 89–106.

Koepke, Wulf. "Nothing but the Dark Side of Ourselves? The Devil and Aesthetic Nihilism." In *The Fantastic Other, an Interface of Perspectives.* Ed. Brett Cooke, George E. Slusser, and Jaume Marti-Olivella. Amsterdam: Rodopi, 1998. 143–63.

Krell, David Farrell. *Daimon Life: Heidegger and Life Philosophy.* Bloomington: Indiana University Press, 1992.

Kristeva, Julia. *Powers of Horror: An Essay on Abjection.* Trans. Leon S. Roudiez. New York: Columbia University Press, 1982.

Kundera, Milan. *The Unbearable Lightness of Being.* Trans. Michael Henry Helm. London: Faber and Faber, 1995.

Kvale, Steinar. "Postmodern Psychology: A Contradiction in Terms?" In *Psychology and Postmodernism.* Ed. Steiner Kvale. London: SAGE Publications, 1992. 31–57.

LaBelle, Maurice Marc. *Alfred Jarry: Nihilism and the Theater of the Absurd.* New York: New York University Press, 1980.

LaChance, David. "Naïve and Knowledgeable Nihilism in Byron's Gothic Verse." *Papers on Language and Literature* 32.4 (1996): 339–68.

———. "Nihilism, Love & Genre in *Don Juan*." *Keats-Shelley Review* 11 (1997): 141–65.

Laclau, Ernesto. *New Reflections on the Revolution of Our Time.* London: Verso, 1990.

———. *Emancipation(s).* London: Verso, 1996.

Lacoue-Labarthe, Philippe. *Heidegger, Art, and Politics.* Trans. Chris Turner. London: Blackwell, 1990.

Langer, Lawrence. *Holocaust Testimonies: The Ruins of Memory.* New York: Yale University Press, 1991.

de Lauretis, Teresa. "Reading the (Post)Modern Text: *If on a winter's night a traveller*." Ricci 131–45.

Lavender, William. "The Novel of Critical Engagement: Paul Auster's *City of Glass*." *Contemporary Literature* 34.2 (1993): 219–39.

Lefebvre, Henri. *The Production of Space.* Trans. Donald Nicholson-Smith. Cambridge: Basil Blackwell, 1991.

Levin, David Michael. *The Opening of Vision: Nihilism and the Postmodern Situation.* London: Routledge, 1988.

Levinas, Emmanuel. *Existence and Existents.* Trans. Alphonso Lingis. The Hague: Martinus Nijhoff, 1978.

———. *Totality and Infinity.* Trans. Alphonso Lingis. Pittsburgh: Duquesne University Press, 1985.

———. "The Trace of the Other." Trans. Alphonso Lingis. In *Deconstruction in Context.* Ed. Mark C. Taylor. Chicago: University of Chicago Press, 1986. 345–359.

———. "Meaning and Sense." In *Collected Philosophical Papers.* Trans. Alphonso Lingis. Dordrecht: Kluwer, 1987. 75–107.

———. "The Paradox of Morality." Trans. Andrew Benjamin and Tamra Wright. In *The Provocation of Levinas.* Ed. Robert Bernasconi and David Wood. London: Routledge, 1988. 168–180.

———. "Ethics as First Philosophy." Trans. Seán Hand and Michael Temple. In *The Levinas Reader.* Ed. Seán Hand. Oxford: Blackwell, 1989. 75–87.

———. *Difficult Freedom.* Trans. Seán Hand. Baltimore: Johns Hopkins University Press, 1990.

Levy, Edith Rechter. "Admitting Reality: The Need for Accuracy in the Portrayal of the Holocaust in Literature and the Arts." *Western Virginia Philological Papers* 44 (1999): 92–97.

Little, William G. "Nothing to Go On: Paul Auster's *City of Glass.*" *Contemporary Literature* 38.1 (1997): 133–63.

Locke, John. *A Letter Concerning Toleration.* New York: Prometheus, 1990.

Longinus. *On Sublimity.* Trans. D. A. Russell. Clarendon: Oxford University Press, 1965.

Löwith, Karl. *Martin Heidegger & European Nihilism.* Trans. Gary Steiner. Ed. Richard Wolin. New York: Columbia University Press, 1995.

Lyotard, Jean-François. "Complexity and the Sublime." In *Postmodernism: ICA Documents 4 & 5.* Ed. Lisa Appignanesi. London: Free Association Books, 1986. 10–12.

———. *The Differend: Phrases in Dispute.* Trans. Georges Van Den Abbeele. Minneapolis: University of Minnesota Press, 1988.

———. "The Sublime and the Avant-Garde." Trans. Andrew Benjamin. Benjamin 196–211.

———. "Newman: The Instant." Trans. David Macy. Benjamin 240–49.

———. *The Inhuman: Reflections on Time.* Trans. Geoff Bennington and Rachel Bowlby. Cambridge: Polity Press, 1991.

———. *Libidinal Economy.* Trans. Iain Hamilton Grant. Bloomington: Indiana University Press, 1993.

———. *The Postmodern Condition: A Report on Knowledge.* Trans. Geoff Bennington and Brian Massumi. Manchester: Manchester University Press, 1999.

Marmysz, John. *Laughing at Nothing: Humor as a Response to Nihilism.* Albany: State University of New York Press, 2003.

Martin, Robert L. Ed. *Recent Essays on the Truth and Liar Paradox.* Oxford: Clarendon Press, 1984.

Marx, Karl, and Friedrich Engels. *The German Ideology*. Ed. S. Ryananskaya. Moscow: Progress, 1968.

McCaffery, Larry, and Takayuki Tatsumi. "An Interview with Steve Erickson." *Contemporary Literature* 38.3 (1997): 395–421.

McCloskey, Mary A. *Kant's Aesthetic*. London: Macmillan, 1988.

McConnell, Frank D. *Four Postwar American Novelists: Bellow, Mailer, Barth and Pynchon*. Chicago: University of Chicago Press, 1977.

McHale, Brian. *Postmodernist Fiction*. London: Methuen, 1987.

———. *Constructing Postmodernism*. London: Routledge, 1992.

Miller, J. Hillis. "Critic as Host." *Deconstruction and Criticism*. Bloom et al. 177–208.

Milton, John. *Paradise Lost*. Ed. Christopher Ricks. London: Penguin, 1989.

Monk, Samuel Holt. *The Sublime: A Study of Critical Theories in XVIII-Century England*. Ann Arbor: University of Michigan Press, 1960.

Morgan, David R. "And Now the Void: Twentieth Century Man's Place in Modern Tragedy." *Contemporary Review* 234 (1979): 315–20.

Motte, Warren F., Jr "Telling Games." Ricci 117–30.

Nealon, Jeffrey. *Double Reading: Postmodernism after Deconstruction*. Ithaca: Cornell University Press, 1996.

Newman, Barnett. "The Sublime is Now." *Tiger's Eye* 1.6 (1948): 51–53. Rpt. in *Art in Theory: 1900–1990*. Ed. Charles Harrison and Paul Wood. Oxford: Blackwell, 1992. 572–74.

Nietzsche, Friedrich. *The Birth of Tragedy and The Genealogy of Morals*. Trans. Francis Golffing. New York: Anchor Press, 1956.

———. *The Will to Power*. Trans. Walter Kaufman and R. J. Hollingdale. Ed. R. J. Hollingdale. New York: Vintage, 1968.

———. *The Gay Science*. Trans. Walter Kaufman. New York: Random House, 1974.

———. "On Truth and Lie in an Extra-Moral Sense." In *The Portable Nietzsche*. Ed. and trans. Walter Kaufmann. New York: Penguin, 1976. 42–47.

———. *Beyond Good and Evil: Prelude to a Philosophy of the Future*. Trans. R. J. Hollingdale. London: Penguin, 1990.

Norris, Christopher. *What's Wrong with Postmodernism?: Critical Theory and the Ends of Philosophy*. Baltimore: Johns Hopkins University Press, 1992.

———. *The Truth about Postmodernism*. Oxford: Blackwell, 1993.

Novick, Peter. *The Holocaust and Collective Memory*. London: Bloomsbury, 2000.

Paterson, R. W. K. *The Nihilistic Egoist: Max Stirner*. Oxford: Oxford University Press, 1971.

Patrick, Morag. "Assuming Responsibility: Or Derrida's Disclaimer." In *Applying to: Derrida*. Ed. John Brannigan, Ruth Robbins, and Julian Wolfreys. London: Macmillan, 1996. 136–52.

Pearson, Keith Ansell, and Diane Morgan, eds. *Nihilism Now! Monsters of Energy*. Houndmills: Macmillan, 2000.

Perec, Georges. *A Void*. Trans. Gilbert Adair. London: Harvill Press, 1995.

———. *Life: A User's Manual*. Trans. David Bellos. London: Harvill Press, 1996.

———. "Species of Spaces." In *Species of Spaces and Other Pieces*. Trans. John Sturrock. London: Penguin, 1999. 1–96.

Pozefsky, Peter C. "*Smoke* as 'Strange and Sinister Commentary on *Fathers and Sons*': Dostoevskii, Pisarev and Turgenev on Nihilists and their Representations." *Russian Review: An American Quarterly Devoted to Russia Past and Present* 54.4 (1995): 571–86.

Priestman, Martin. *Romantic Atheism: Poetry and Freethought, 1780–1830*. Cambridge: Cambridge University Press, 1999.

Pynchon, Thomas. *The Crying of Lot 49*. London: Picador, 1979.

———. *Gravity's Rainbow*. London: Vintage, 1995.

———. *V.* London: Vintage, 1995.

———. *Vineland*. London: Minerva, 1997.

Rey, Jean-Michel. "Nihilism and Autobiography." Darby, Egyed, and Jones 23–36.

Ricci, Franco, ed. *Calvino Revisited*. Ottawa: Dovehouse, 1989.

Robbins, Jill. *Altered Reading: Levinas and Literature*. Chicago: Chicago University Press, 1999.

Rosen, Stanley. *Nihilism: A Philosophical Essay*. South Bend: St Augustine's Press, 2000.

Safer, Elaine. "Dreams and Nightmares: 'High-Tech Paranoia' and the Jamesonian Sublime—An Approach to Thomas Pynchon's Postmodernism." In *Traditions, Voices, and Dreams: The American Novel since the 1960s*. Ed. Melvin J. Friedman and Ben Siegel. Newark: University of Delaware Press, 1995. 279–97.

Sainsbury, R. M. *Paradoxes*. Cambridge: Cambridge University Press, 2000.

Sartre, Jean-Paul. *The Transcendence of the Ego: An Existential Theory of Consciousness*. Trans. Forest Williams and Robert Kirkpatrick. New York: Farrar, 1957.

———. *Being and Nothingness: An Essay on Phenomenological Ontology*. Trans. Hazel E. Barnes. London: Routledge, 2000.

Saunders, David. *Russia in the Age of Reaction and Reform 1801–1881*. London: Longman, 1995.

Sbragia, Albert. "Italo Calvino's Ordering of Chaos." *Modern Fiction Studies* 39.2 (1993): 283–306.

Schacht, Richard. *Nietzsche: Selections*. New York: Macmillan, 1993.

Schaper, Eva. "Taste, Sublimity, and Genius: The Aesthetics of Nature and Art." In *The Cambridge Companion to Kant*. Ed. Paul Guyer. New York: Cambridge University Press, 1992. 367–93.

Schaub, Thomas Hill. *American Fiction in the Cold War*. Madison: University of Wisconsin Press, 1991.

Schneider, Marilyn. "Subject or Object? *Mr Palomar* and *Invisible Cities*." Ricci 171–87.

Schwartz, Stephen Adam. "The Deconstructive Imperative." *Modern Language Notes* 105.4 (1990): 857–74.

Seife, Charles. *Zero: The Biography of a Dangerous Idea*. London: Souvenir Press, 2000.

Shakespeare, William. *King Lear.* Ed. Kenneth Muir. London: Routledge, 1994.

Sheehan, James J. *German History 1770–1866.* Oxford: Clarendon Press, 1993.

Shelley, Percy Bysshe. *Shelley's Prose, or, The Trumpet of a Prophecy.* Ed. David Lee Clark. London: Fourth Estate, 1988.

——. *The Poems of Shelley.* Ed. Geoffrey Matthews and Kelvin Everest. 2 vols. London: Longman, 1989.

Sim, Stuart. "Lyotard and the Politics of Antifoundationalism." *Radical Philosophy* 44 (1996): 8–13.

Slocombe, Will. "'This is not for you': Nihilism and the House that Jacques Built." *MFS: Modern Fiction Studies* 51.1 (2005): 88–109.

Stevenson, Anne. *Four and a Half Dancing Men.* Oxford: Oxford University Press, 1993.

Stirner, Max. *The Ego and its Own.* Trans. Steven Byington. London: Rebel Press, 1993.

Tabbi, Joseph. *Postmodern Sublime: Technology and American Writing from American to Cyberpunk.* Ithaca: Cornell University Press, 1995.

Taylor, Barry. "The Violence of the Event: Hannibal Lecter in the Lyotardian Sublime." In *Postmodern Surroundings.* Ed. Steven Earnshaw. Amsterdam: Rodopi, 1994. 215–30.

Taylor, Mark C. *Altarity.* Chicago: University of Chicago Press, 1987.

——. *nOts.* Chicago: University of Chicago Press, 1993.

Trussell, Denys. "The Arts and Planetary Survival." *Ecologist* 19.5 (1989): 170–76; 20.1 (1990): 4–8.

Turgenev, Ivan. *Fathers and Sons.* Trans. Richard Freeborn. Oxford: Oxford University Press, 1998.

van de Vall, Renée. "Silent Visions: Lyotard on the Sublime." *Art & Design Profile* 40 (1995): 68–75.

Vattimo, Gianni. *The Transparent Society.* Trans. David Webb. Cambridge: Polity Press, 1992.

——. "Optimistic Nihilism." *Common Knowledge* 1.3 (1992): 37–44.

——. *The End of Modernity: Nihilism and Hermeneutics in Post-modern Culture.* Trans. Jon R. Snyder. Cambridge: Polity Press, 1994.

——. *Nihilism & Emancipation: Ethics, Politics, and Law.* Ed. Santiago Zabala. Trans. William McCuaig. New York: Columbia University Press, 2004.

Venturi, Franco. *Roots of Revolution: A History of the Populist and Socialist Movements in Nineteenth Century Russia.* Trans. Francis Haskell. London: Weidenfeld & Nicolson, 1964.

Virilio, Paul. *Popular Defense and Ecological Struggles.* Trans. Mark Polizzotti. New York: Semiotext(e), 1990.

——. *The Aesthetics of Disappearance.* Trans. Philip Beitchman. New York: Semiotext(e), 1991.

——. *The Lost Dimension.* Trans. Daniel Moshenberg. New York: Semiotext(e), 1991.

——, and Sylvère Lotringer. *Pure War.* Trans. Mark Polizzotti. New York: Semiotext(e), 1997.

Vonnegut, Kurt. *Slaughterhouse Five, or The Children's Crusade: A Duty-Dance with Death*. London: Vintage, 1991.

———. *Breakfast of Champions*. London: Vintage, 2000.

Weiskel, Thomas. *The Romantic Sublime*. Baltimore: Johns Hopkins University Press, 1986.

Weiss, Peter. *The Persecution and Assassination of Marat as Performed by the Inmates of the Asylum of Charenton under the Direction of the Marquis de Sade*. Trans. Geoffrey Skelton. London: Marion Boyars, 1999.

Wellek, René. "The New Nihilism in Literary Studies." In *Aesthetics and the Literature of Ideas: Essays in Honor of A. Owen Aldridge*. Ed. François Jost and Melvin J. Friedman. Newark: University of Delaware Press, 1990. 77–85.

Wigley, Mark. "The Domestication of the House: Deconstruction after Architecture." In *Deconstruction and the Visual Arts: Art, Media, Architecture*. Ed. Peter Brunette and David Wells. New York: Cambridge University Press, 1994. 203–27.

Williams, Raymond. *Marxism and Literature*. Oxford: Oxford University Press, 1977.

Wood, T. E. B. *The Word "Sublime" and its context, 1650–1760*. The Hague: Mouton, 1972.

Woodman, Ross. "Shelley's 'Void Circumference': The Aesthetic of Nihilism." *English Studies in Canada* 9.3 (1983): 272–93.

Wordsworth, William. *The Prelude: The Four Texts (1798, 1799, 1805, 1850)*. Ed. Jonathan Wordsworth. London: Penguin, 1995.

———, and Samuel Taylor Coleridge. *Lyrical Ballads & Other Poems*. Ed. Martin Schofield. Ware: Wordsworth Poetry Library, 2003.

Zammito, John. *The Genesis of Kant's "Critique of Judgment."* Chicago: University of Chicago Press, 1992.

———. "Nihilism before Nietzsche." *Journal of Modern History* 68:4 (1996): 976–78.

Žižek, Slavoj. *Tarrying with the Negative: Kant, Hegel, and the Critique of Ideology*. Durham: Duke University Press, 1993.

———. *The Sublime Object of Ideology*. London: Verso, 1994.

Zurbrugg, Nicholas. *The Parameters of Postmodernism*. London: Routledge, 1993.

译后记

翻到《虚无主义与崇高的后现代——从浪漫主义到后现代主义一段艰难关系的历史（故事）》（*Nihilism and the Sublime Postmodern: The (Hi) Story of a Difficult Relationship from Romanticism to Postmodernism*）这本书最后一页，那里写着一行小字："2016 年 7 月 24 日 9 点 35 分，初译毕。"时间过得真快，倏忽之间，八年已逝。还好，这本书的中文版终于要面世了。

近十年来，我一直专注于虚无主义问题，因为越来越多的思想家、学者都把虚无主义视为现代性危机的根源，而我个人的虚无主义体验也已经到了非找到出路不可的地步。随着研究的深入，我越发真切地体会到，要想弄清楚虚无主义问题，必须回到西方学者的著述，因为这个问题首先诞生于他们所属的文化和历史。就这样，电脑里的译稿一部一部地多了起来。

正如该书作者威尔·斯洛克姆所言，西方学者的虚无主义问题研究主要采取了两种模式：一种是年代学模式，如迈克尔·艾伦·吉莱斯皮的《尼采之前的虚无主义》，用哲学史上最初被使用的虚无主义定义——雅克比的"虚无主义"——一以贯之地梳理从笛卡尔到尼采的西方现代性历史；另一种是系谱学模式，如约翰·古德斯布鲁姆的《虚无主义与文化》、唐纳德·A. 克罗斯比的《荒诞的幽灵——现代虚无主义的根源与批判》和凯伦·L.卡尔的《虚无主义的平庸化——20世纪对无意义感的回应》等，认为存在多种虚无主义，而西方现代性历史就表现为由这些虚无主义组成的散漫网络。

斯洛克姆希望自己能够开创第三种模式，即年代学与系谱学的结合。他首先梳理了虚无主义在西方现代性历史中相继出现的四种类型，即人道主义的虚无主义、反独裁主义的虚无主义、反人道主义的虚无主义和独裁主义的虚无主义，并且发现虚无主义其实还有另外一个名字，那就是崇高。从启蒙人道主义开始，大多数意识形态总是自命崇高，并把自己所反对的意识形态斥为虚无主义，但最终又会被另一种意识形态视为虚无主义。这种情况一直延续到以利奥塔、鲍德里亚、德里达等为代表的后现代主义和后结构主义，他们把自己崇尚的非理性提升为崇高，而把基督教的先验性和启蒙的元叙事视为虚无主义，但同样没有逃出被其他意识形态指责为虚无主义的命运。

在斯洛克姆的行文中，虚无主义已经从系谱学意义悄悄转向了年代学意义。也就是说，他发现人道主义的虚无主义、反独裁主义的虚无主义、反人道主义的虚无主义、独裁主义的虚无主义、后现代主义的虚无主义和后结构主义的虚无主义等都有一个共同点，即它们都是作为否定哲学的虚无主义：它们总是在否定对方，而缺乏自我否定的意识；它们总是指责对方的非真理性，却从不怀疑自身的真理性；它们毫不留情地否定他者的合法性存在，却从不怀疑自身存在的合法性。正是这种作为否定哲学的虚无主义一以贯之地主导着西方现代性的进程，也正是这种虚无主义导致西方现代性的危机，即同一性的幽灵支配一切，他者的他异性被根除殆尽，原本无限丰富的存在正快速蜕变为彻底的空白状态。

有没有一种意识形态，可以引领我们走出现代性的危机？

斯洛克姆仍然主张诉诸虚无主义，并且认为这是走出现代性危机的"唯一的机会"。

为什么还是虚无主义？在斯洛克姆看来，虚无主义如果被根除，就会招致一种新的基础主义，一种可能比第一次启蒙运动更危险的新启蒙运动。于是，他主张把虚无主义悖论式地保留于当下的哲学与文化中。当然，这里的虚无主义已经不再是上述作为否定哲学的虚无主义，而是作为自否定哲学的虚无主义。斯洛克姆把作为否定哲学的虚无主义总称为"现代主义的虚无主义"，而把作为自否定哲学的虚无主义称为"后现代虚无主义"。当现代主义的虚无主义针对某一话语空间给出"不存在真理"的论断时，它实际上是在说"不存在真理，除了不存在真理这一声明"，而这意味着它并没有否定自身声明的真理性。凭借这种表达方式，现代主义的虚无主义成为利奥塔意义上的"元话语"，因为它通过让自己保持在话语的外边和禁止真理来赋予自身合法性。与此相对，后现代虚无主义主张把"不存在真理"这样的声明本身也视为非真理："后现代虚无主义所关注的是这样的观念，即虚无主义不能真正地说'不存在真理'。这种描述不会尝试让自己保持在自己要否定的东西之外，意思就是说，这个声明本身会**既是**真的，**又是**非真的，或者作为虚无主义，它**既不是**真的，**又不是**非真的。这之所以被视为后现代，是因为它不能既保持为真，又把真理指示给别的东西。在这种描述中，虚无主义的声明本身是这个声明要否定的东西的一部分——'不存在真理'就像适用于其他东西那样适用于它本身。这样，后现代虚无主义可以被视为**自我指涉性的**，它不仅批评处于它之外的任何事物，还批评它自身。"①

这种怀疑自身元叙事性的虚无主义完成了虚无主义的自我指涉，从而实现了整个虚无主义史都没有实现的内在潜能。尼采曾经把虚无主义定义为"最高价值的自行贬黜"，但这一定义只是被用于反对基督教，而没有用于反对虚无主义本身。也就是说，他只是在虚无主义的外部而非内部写作。只是从海德格尔在《形而上学是什么？》一文中把虚无主义定义为"无自身无化"，虚无主义才开始自我指涉，因为这一定义意味着虚无主义不仅否定自身之外存在真理的可能性，还否定自身的真理性。正是这样一种定义，开始让虚无主义具有"伦理性"维度，因为从此以后，虚无主义不再总是以真理自居，不再总是否定他者存在的权利，而是懂得尊重他者的他异性。② 正是这种伦理性虚无主义，让我们不再"为自己而存在"，也不再"为他者而存在"，而"作为不而存在"。"通过'作为不'，我们虽然不是'为他者'而存在，但允许他者在没有我们的情况下简简单单地'存在'。虚无主义，正如瓦蒂莫所言，是'我们（唯一）的机会'。"③

就在这里，我想起了老子的话："是以圣人处**无**为之事，行**不**言之教；万物作而**弗**始，生而**弗**有，为而**弗**恃，功成而**弗**居。夫唯

① Will Slocombe, *Nihilism and the Sublime Postmodern: The (Hi) Story of a Difficult Relationship from Romanticism to Postmodernism*, New York: Routledge, 2006, p. 101.

② Will Slocombe, *Nihilism and the Sublime Postmodern: The (Hi) Story of a Difficult Relationship from Romanticism to Postmodernism*, New York: Routledge, 2006, pp. 101 - 104.

③ Will Slocombe, *Nihilism and the Sublime Postmodern: The (Hi) Story of a Difficult Relationship from Romanticism to Postmodernism*, New York: Routledge, 2006, p. 170.

弗居，是以**不**去。"（《道德经》第 2 章，黑体为笔者所强调）老子的思想是不是一种强调"作为不"而存在的自否定哲学或伦理性虚无主义？我当然清楚，任何没有建立在严格学理追究基础之上的比附都是很危险的。但是，如果我的联想还有那么一点点道理，是不是可以继续说，斯洛克姆所谓走出现代性危机的"唯一机会"，已经存在于古老的东方智慧中？当然，这样的推论并非出于"万物皆备于我"的狂妄自大，而是出于和斯洛克姆同样的问题意识：最初被迫卷入现代性进程，如今同样面临现代性危机的中华文明，如何在自己的传统中找到走出危机的资源？

图书在版编目（CIP）数据

虚无主义与崇高的后现代：从浪漫主义到后现代主义一段艰难关系的历史（故事）/（英）威尔·斯洛克姆（Will Slocombe）著；张红军译. -- 北京：社会科学文献出版社，2024.6

书名原文：Nihilism and the Sublime Postmodern —The（Hi）Story of a Difficult Relationship from Romanticism to Postmodernism

ISBN 978-7-5228-2415-4

Ⅰ.①虚… Ⅱ.①威… ②张… Ⅲ.①虚无主义-研究 Ⅳ.①B089

中国国家版本馆 CIP 数据核字（2023）第 162818 号

虚无主义与崇高的后现代

——从浪漫主义到后现代主义一段艰难关系的历史（故事）

著　者 /〔英〕威尔·斯洛克姆（Will Slocombe）
译　者 / 张红军

出 版 人 / 冀祥德
责任编辑 / 袁卫华
责任印制 / 王京美

出　　版 / 社会科学文献出版社·人文分社（010）59367215
　　　　　地址：北京市北三环中路甲 29 号院华龙大厦　邮编：100029
　　　　　网址：www.ssap.com.cn
发　　行 / 社会科学文献出版社（010）59367028
印　　装 / 三河市龙林印务有限公司

规　　格 / 开　本：889mm × 1194mm　1/32
　　　　　印　张：9.125　字　数：217 千字
版　　次 / 2024 年 6 月第 1 版　2024 年 6 月第 1 次印刷
书　　号 / ISBN 978-7-5228-2415-4
著作权合同
登 记 号 / 图字 01-2023-4293 号
定　　价 / 79.00 元

读者服务电话：4008918866